孔子读本

彩色插图本

汤恩佳　朱仁夫　著

南方日报出版社
NANFANG DAILY PRESS

图书在版编目（CIP）数据

孔子读本 / 汤恩佳，朱仁夫著. —广州：南方日报出版社，2007.4

ISBN 978-7-80652-620-0

Ⅰ.孔… Ⅱ.①汤… ②朱… Ⅲ.孔丘（前551-前479）—哲学思想—研究

Ⅳ.B222.25

中国版本图书馆CIP数据核字（2007）第041154号

孔子读本

著　　者：汤恩佳　朱仁夫

责任编辑：刘志一

E-mail:liuzhiyiliuzhiyi@sina.com

特约编辑：陈益洪

出版发行：南方日报出版社

地　　址：广州市广州大道中289号

电　　话：（020）87373998-8502

经　　销：全国新华书店

印　　刷：广州丰彩彩印有限公司

开　　本：710mm × 1000mm　1/16

印　　张：17

字　　数：300千字

版　　次：2007年4月第1版

印　　次：2007年4月第1次印刷

定　　价：32.00元

投稿热线：（020）87373998-8503　读者热线：（020）87373998-8502

网址：http://www.nanfangdaily.com.cn/press　http://www.southcn.com/ebook

仲尼，日月也，无得而逾焉。

——春秋　子贡

自生民以来，未有盛于孔子也。

——战国　孟子

高山仰止，景行行止。虽不能至，然心向往之。

——汉　司马迁

德侔天地，道冠古今；删述六经，垂宪万世。

——唐　吴道子

天不生仲尼，万古如长夜。

——唐　杜甫

万世师表。

——清　康熙

先孔子而生，非孔子无以圣；
后孔子而生，非孔子无以明。

——南怀瑾

序　天不生仲尼　万古如长夜

孔子，名丘，字仲尼（公元前551—公元前479年），春秋时期鲁国人，我国古代伟大的思想家、教育家、政治家和儒家学派创始人。

在中华文明5000年的历史长河中，孔子是一位光照古今的划时代人物。“在孔子以前，中国历史文化当已有2500年以上的积累，而孔子集其大成；在孔子以后，中国历史文化又复有2500年以上之演进，而孔子开其新统。在此5000多年，中国历史进程之指示，中国文化思想之建立，具有最深影响最大贡献者，殆无人堪与孔子相比伦。”（钱穆）在孔子之后的近2500年历史上，他被后世尊称为“大成至圣文宣王”、“素王”和“万世师表”。唐代大诗人杜甫有诗形象地比喻孔子在中国历史中的地位：“天不生仲尼，万古如长夜。”

孔子儒家学派与思想，自汉以来，不仅成为中国主流文化的道统，而且东传朝韩、日本，南传越南、新加坡、马来西亚等国，形成亚洲儒家文化圈。孔子不仅影响了东方世界，成为东方文化的象征，而且影响了西方，受到西方许多著名思想家、学者、政治家的尊崇。近代以来，各国汉学家译注儒学经典，孔子思想西传欧美，流播世界各地。近年来，美、英、法、德等世界各国共设立了孔子学院达100余所。

在当代，孔子与那些创造并影响了人类文明历史的西方巨哲如柏拉图、亚里士多德、牛顿、达尔文等同列为世界十大思想家，并居首位。

孔子生活的时代，周朝王室统治衰微，列国之间争雄称霸，连年争战，民不聊生，而周天子无力发号施令，“礼乐征伐自诸侯出”；各诸侯国内部，豪族强宗逐渐兴起，与国君分庭抗礼；而大夫又往往受制于掌控权力的家臣，篡弑事件，累见不鲜，是一个“天下无道”、“礼崩乐坏”的春秋乱世。

孔子出身于没落的“士”家庭，先祖原是宋国贵族，远祖可追溯至殷商帝胄微子，自木金父避仇迁鲁，定居鲁国，到孔子已是第六代。父亲叔梁讫任鲁国陬邑大夫，为鲁国三勇士之一。孔子三岁丧父，随母迁居都城曲阜附近的阙里。孔子自幼天资聪悟，聪明好学，秉承母教和习俗的濡染，五六岁时，就常与儿童伙伴们模仿大人演习祭祀礼仪。15岁之后，孔子开始“志于学”，探求社会、人生的“大学问”，而且师无常师、不耻下问，问礼老子，学琴师襄子……最终精通六艺，广学博识。30岁后，孔子杏坛设教，有教无类，开创了我国古代“私学”教育的先河，打破了“学在官府”、教育仅限于贵族子弟的传统，为中华民族的教育、文化发展打开了广阔的天地。孔子壮年仕鲁，做过鲁国中都宰、司空和司寇，在孔子的治理下，鲁国出现过道不拾遗、政通人和的治世光景。但是，好景不长，齐国君臣感到邻国鲁国日益强盛，对齐国是一个威胁，于是，齐景公“患之”，送“女乐文马”骄逸鲁君，致使定公无心国事，沉迷于声色犬马之中。在无可奈何之下，孔子带着弟子们踏上周游列国、游说诸侯，寻求实现社会理想和抱负的漫漫长途。

孔子晚年，深感无力推行自己的抱负和理想，只能把希望寄托于弟子及后世，于是，晚年回到故乡，一边教授齐鲁子弟，一边删诗书、订礼乐、著春秋，完成了浩繁的中国文化典籍的重要修订工程，成为集中华文化大成的东方圣人，继往开来，光照古今。孔子身后，弟子三千，身通六艺者七十有二。儒家学说，经孟子、荀子发扬光大，至汉董仲舒“罢黜百家，独尊儒术”，遂成为主流文化，又经两汉经学、魏晋玄学至宋明理学，传承至清末，2500年来，一直作为中华文化的“道统”，承载着华夏文明历史的契阔悲欢，积淀在炎黄子孙的精神血脉之中，成为中华民族传承千年的精神家园。

1840年鸦片战争后，国门洞开，西学东渐，本土文化受到西方文明冲击。面对一个“弱肉强食”、“适者生存”的强权世界，新文化运动的先驱者们感到救亡图存的紧迫性，于是从文化改造入手，提出了“打倒孔家店”的口号，虽具有时代的进步意义，但置于更深远的历史文化层面考量，却显得过于偏激和短视。后来，“文化大革命”又把儒家典章当“四旧”破除，致使国学凋敝，传承数千年的中国文化出现了一个触目惊心的历史断层。

本人幼时入私塾，敬慕夫子学问道德，稍长赴港，商海谋生，几十年风雨沉浮，略有成就，受惠于先圣教益良多。五十年来热衷于弘扬孔子儒家思想，1993年接任香港孔教学院院长之后，更将大部分精力投入到孔子儒家思想的研究、弘扬和社会捐助工作中。在对儒学现代化及其价值方面作出深入考量和研究后，我认为孔子儒家思想对现代世界仍然有着非凡的教益功能：

儒学礼乐精神，中庸和谐的思想，如同人类和平的东方“福音书”，能消弭世界战争和争端，促进世界多民族的长久和平。

夫子“温良谦恭让”，儒学“仁义礼智信”，是人类永恒的道德典范和追求，因此，儒学能提升全人类的道德素质。

在中华文明历史中，儒学体现出与异族文明的睦邻相处与包容性，因此，能与世界多元文化共存共荣。

数千年来，孔子及其儒学思想作为华夏子孙的精神家园，无疑是中国56个民族、十几亿全球华人的精神轴心，其凝聚力和向心力对于巩固民族团结，缔造“共同繁荣和谐社会”有着巨大的作用和帮助。

儒学为海峡两岸共同的文化传统和精神遗产，能促进祖国统一。

儒家虽非现代意义的宗教，但儒家所体现的教化功能与影响，对世道人心的匡正与启迪，以及丰富的文化精神遗产，将对人类社会产生深远的影响。

1988年，诺贝尔奖获得者在巴黎聚会，他们在《巴黎宣言》中呼吁：“人类若生存于21世纪，必须回首2500年去孔子那里寻找智慧。”这是世界智识之士对现代人类命运的睿智洞见和人文关怀。

孔子生平言行，载于其门人弟子结集而成的《论语》，其家世生平和活动之大概，则散见于《春秋左传》、《孟子》等先秦文化典籍，最后，西汉司马迁撰《史记》采集以前各书材料成《孔子世家》，是记载孔子生平的第一篇传记。以浅显通俗文字，再现孔子生平及思想学说的适合现代人的启蒙读物，是我与朱仁夫教授合作撰写此书的初衷。

孔子“仰之弥高，钻之弥坚”，这份初衷无疑是一个无法企及的理想。但是，正如太史公所言：“虽不能至，然心向往之。”以期抛砖引玉，与读者诸君共识。

是为序。

汤恩佳
于香港孔教学院

第一篇 幼学

第二篇 行教

第三篇　入仕

第四篇　周游

第五篇　立说

孔子读本　第一篇

幼学

俎豆礼容
明《圣迹图》

远祖微子

孔子，名丘，字仲尼，春秋时期鲁国人，生于公元前551年（鲁襄公二十二年）冬，卒于公元前479年（鲁哀公十六年）夏，活了73岁。

孔子的祖先原是宋国贵族，远祖是殷商后裔，家世渊源最早可追溯到微子。孔子临终前也说：“予，殷人也。”

中华文明历史悠久，源远流长。上古神话传说盘古开天辟地，伏羲画八卦，女娲抟土造人，神农氏尝百草……这是华夏文明最古老的源头。炎帝教民耕种，中国社会进入刀耕火种的农耕文明，黄帝自战胜炎帝，擒杀蚩尤后，成为中国广大领土上部落联盟的首领。炎黄二帝是中华民族公认的人文始祖。之后，出现了三位圣王——尧、舜、禹。三位圣王相继禅让。禹即是中国历史上第一个世袭王朝夏的开国之君。至夏朝末年，夏桀无道，商汤取而代之，在伊尹辅佐下，选贤任能，怀柔四方，华夏文明进入到一个强盛的历史时期。商王盘庚迁都于河南“殷”地，故商朝又称殷商。王位传到帝乙，帝乙有两个妃子：正妃生有三个儿子，长子名启，次子名仲衍，小儿子名辛。次妃生有一子，名箕子。

帝乙很喜欢长子启，因为他知书识礼，仁爱厚道，是一个能治理天下、守住家业的人。小儿子名辛，虽然聪颖敏捷，勇力过人，但为人骄横，脾气暴虐。确立太子时，因为母亲在生启时还只是一个妃，而在生辛时已是王后，因此，帝乙在太史的劝说下，立辛为太子。帝乙去世后，太子继位，号为“帝辛”，即是商王朝最后一个无道昏君商纣王。

商纣王哥哥启，起初封于微地，职位是子爵，所以世称微子。

商纣王继位，为政暴虐，宠爱妲己，酒池肉林，荒淫无道。哥哥微子忠心辅佐纣王，多次劝谏，纣王都不予理睬，仍然一意孤行，弄得国势衰弱，民怨沸腾。被纣王囚禁的

孔子燕居像

商汤

商的开国君主，名履，初居亳（bó），为夏方伯。夏桀无道，汤兴兵伐之，放桀于南巢，遂有天下，在位30年。商汤开以武力夺得天下的先例。

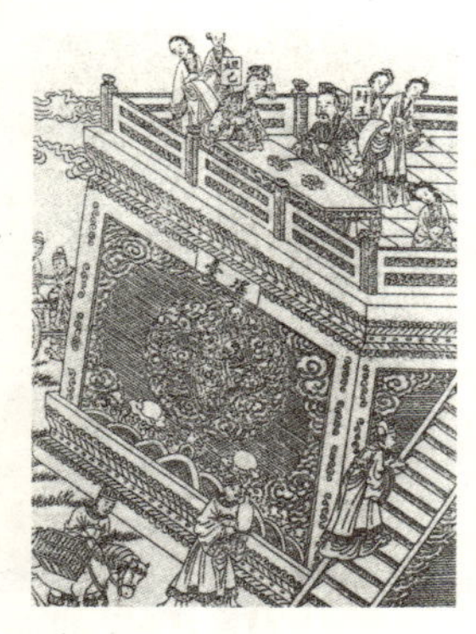

商纣王瑶台宴乐

商朝末代国君，荒淫无度，沉湎酒色，宠爱妲己，不听其兄微子启的劝告，一意孤行，最后，断送了商朝的江山社稷。

周文王

姓姬，名昌，商纣时为西伯侯，建国于岐山之下，积善行仁，德泽生民。因崇侯虎向纣王进谗言，而被囚于羑里，后得释归，继续行仁政教化，诸侯臣服。子武王取得天下后，追尊为文王。儒家推崇的圣君，西周的奠基者。

西伯侯姬昌（即周文王），被释放回国后，施行德政，受到众诸侯方国的拥护，国家迅速强大。当姬昌以武力灭掉黎国后，微子感到商朝大祸将临，劝纣王推行仁政，怀柔诸侯，安定天下。纣王不以为然地说："我有命在天！怕什么？"微子听后，知道纣王已执迷不悟，连连摇头叹息。

微子心情沉重，摆在面前的有两条路：一条是逃离殷朝宫廷；一条是以死谏纣，使其醒悟。两条道路都有风险，犹豫不决之下，微子就去请教王叔比干。他说："祖先以贤良的德行，建立功业，以清廉的政治治理国家，百姓爱戴，诸侯臣服，政通人和，国势昌盛。时至今日，那些创造过王道盛世的祖先已经逝去，纣王和一些朝臣都沉湎于酒色，把仁德和清廉丢到一边。大小官吏都不遵守法典，随便行事，为非作歹，鱼肉百姓。甚至连执掌大权的卿士也在相互仿效，违法乱纪。而那些犯罪的人，竟然都逍遥法外。天下就好像在渡大河，茫茫无际，找不到能上的岸，商朝灭亡的日子看来不远了！"

王叔比干听了微子这番话，无限感慨地说："这些大逆不道的事情已形成一种风气，积重难返。我看，如果能使国家得到治理和恢复太平，虽死无憾；如果以身殉国，而又无法挽救局势，那又何必白白地去送死呢？我劝你还是尽快逃走，以自己的方式，继续先王开创的事业。"

过了一段时间，比干因为直言劝谏，被纣王剖胸挖心处死，极其惨烈，微子感慨地说："父子有骨肉之情，君臣凭道义结合。如果父亲有过失，子女经过多次劝谏仍不听，子女也只能随之号哭；臣子累次劝谏而君王不听，则道义不能合，就可以离去了。"

于是，微子打点行装，悄悄从商都溜走，隐居在民间。

后来，周武王伐纣，攻入殷都朝歌。微子得到这个消息，连忙从隐居之地赶回殷都，拿着祭祀礼器，袒露肩膀，背捆双手，左边的随从牵着羊，右边的随从拿着表示归顺的白色茅草，跪在武王的营门前。武王早就听说微子为人忠厚仁爱，因不忍看到纣的残暴、殷的灭亡而逃到民间，于是立即为微子松开绑绳，待如上宾，并恢复了他的爵位。

微子创立宋国

周武王灭了商朝，建立了周朝。

不久，武王生了重病。这时，天下还没有完全安定，辅佐的诸公感到不安，都虔诚地占卜，为武王祈祷健康。武王的弟弟周公旦，德高望重，看到武王病重，更是万分焦急，就斋戒沐浴，为武王举行消灾除邪的祭祀仪式，在天、地、神和先王灵位前拜祭，说愿以自身代替武王生病。然而没过多久，武王还是逝世了。太子诵继承王位，就是周成王。

周武王

姓姬，名发，文王之子，兴师伐纣，会盟各诸侯于孟津。牧野之战，打败纣王，建立西周，都镐京。

成王即位时，年龄还小，缺乏处理国家政事的能力。刚刚建立起来的周朝，政权尚未巩固。周公旦唯恐四方诸侯不服，动摇周朝政权，便以自己的德行向天下保证忠心辅佐成王，代行政治权力，主持国事。

周公摄政后，管叔、蔡叔不服，怀疑周公有篡位野心。于是，一面散布流言蜚语，一面联合纣王儿子武庚起来叛乱。周公奉成王命令，讨伐叛乱，诛杀了武庚和管叔，流放了蔡叔。

武庚背叛被诛杀后，商室家族无人，周成王就命微子代为商朝后嗣，以续成汤先王宗庙，并将他分封在商丘（今河南商丘）一带，安抚殷遗民，主持对商汤等先王的祭祀。微子不忍纣的残暴，离纣出走民间，深受国人称赞，他又具有执政才能，因此得到了商室民众的爱戴和拥护。微子启建立了宋国，成为宋国的第一代君王。

周公

姓姬，名旦，周文王第四子，武王的弟弟，我国古代著名的政治家。曾两次辅佐周武王东征伐纣王，并制作礼乐，天下大治。因其采邑在周，爵为上公，故称周公。

微子在任宋国第一代国君时，国泰民安，与友邻诸侯和睦相处。到了暮年，微子看到自己后嗣无人，就主动把王位禅让给了弟弟衍。衍号称仲微，仲微就是孔子的先祖。

仲微生宋公稽，宋公稽生丁公申，丁公申生缗公共。缗公共承先祖遗风，播仁德于天下，没有把君位传给自己的儿子，而是禅让给了贤能的弟弟襄公熙。

第三次是弗父何禅让。襄公熙有两个儿子：弗父何与厉公方祀。襄公熙准备把王位交给长子弗父何。弗父何承继伯父缗公的美德，主动让弟弟厉公方祀继承王位。到正考父（弗父何曾孙）从政后，他忠心耿耿地先后辅佐戴公、武公、宣公，三

微山微子墓

山东微山县微山岛上微子墓，传为宋国国君、孔子先祖微子葬地。

次辅政。在宋国的先人中，除微子启以外，只有正考父和孔父嘉父子有籍可考，是孔氏家族有影响的人物。

正考父业绩卓著，声誉颇高。他因袭自弗父何以来的宋卿之职，在辅佐戴公、武公、宣公三位国君过程中，不仅鞠躬尽瘁，还以恭敬谦让闻名。他曾铸鼎铭文，以诫后人。

鼎铭云："一命而偻，再命而伛，三命而俯，循墙而走，亦莫余敢侮。饘（zhān）于是，粥于是，以糊余口。"

意思是说：每逢接受任命，就越来越谦恭。始而低头，继而曲背，三而弯腰。走路的时候都小心翼翼，沿着墙边走，可是却没有人敢侮慢我。用这鼎煮稀饭，熬稠粥，以糊口充饥。可见其清廉谦谨的德行风范。

弗父何让出王位后，他的子孙们就世代只为宋国公卿，再未享受过王位。

孔姓第一人

微子传到弗父何是五代，弗父何传到孔父嘉又是五代。从弗父何至孔父嘉，已五世亲满，按先王礼制，孔父嘉就要另立公族。孔父嘉以孔姓立族，是孔姓第一人，他再传七代，就诞生了孔子。

孔父嘉当时担任宋国大司马，执掌国家的军事大权，忠心辅佐宋殇公。

孔父嘉继承先祖美德，为人诚恕宽厚，崇尚礼仪，忠贞爱国，受到宋殇公的尊重和信任。太宰华督（宋戴公的孙子）在立君问题上就与孔父嘉意见分歧，后来又在政见上与宋殇公、孔父嘉时有不合。华督常以太宰之权处处刁难大司马，还造谣中伤，诬陷孔父嘉。他在朝野传言："宋殇公即位不过十年，却打了十一次仗，国库空虚，百姓苦不堪言，这都是大司马孔父嘉好战的结果，不除掉孔父嘉，宋国就没有安宁的日子。

宋殇公十年，即公元前710年，郑国宣称将联合其他诸

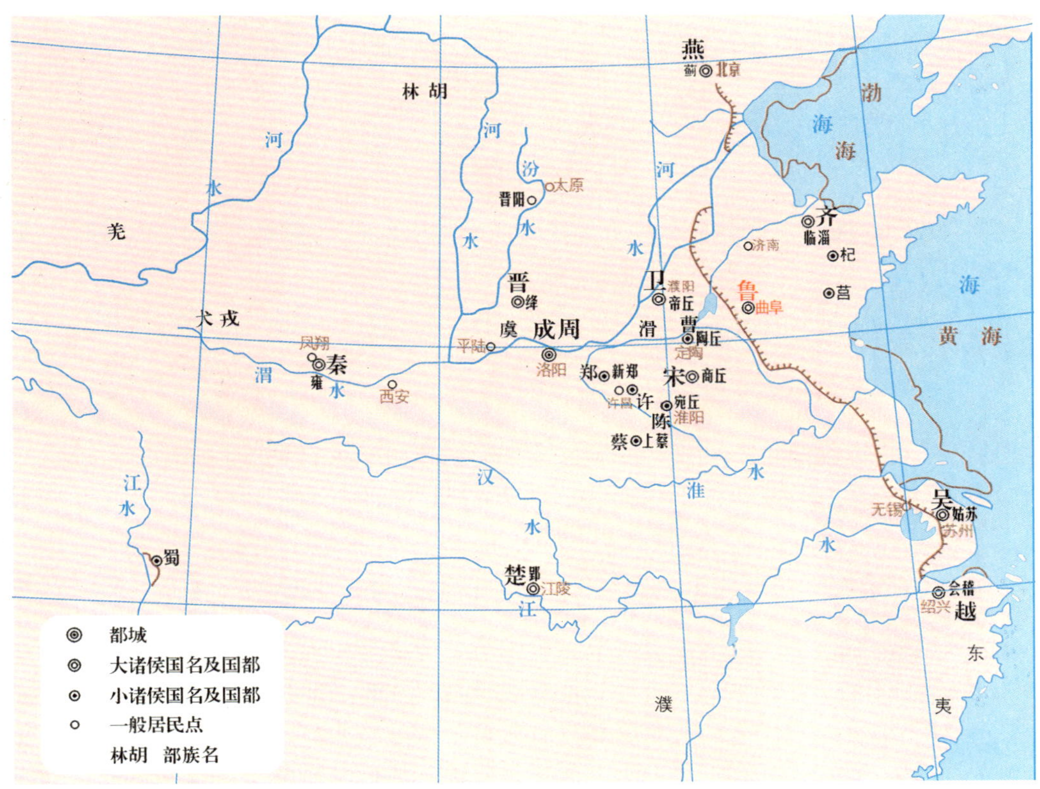

春秋诸侯国形势图

春秋时期主要诸侯国

齐　都临淄
鲁　都曲阜
郑　都新郑
燕　都蓟
晋　都绛
陈　都宛丘
曹　都陶丘
蔡　都上蔡
许　都许
宋　都商丘
卫　都帝丘
秦　都雍
楚　都郢
吴　都姑苏
越　都会稽

侯国大举进攻宋国，宋国舆论哗然。华督遂借机兴风作浪，发动宫廷政变，率军攻打孔父嘉的府第，“攻杀孔父”。“殇公知孔父死己必死，趋而救之”，结果华督“遂杀殇公，而迎穆公子冯于郑而立之，是为庄公”。

孔父嘉的儿子木金父，畏惧华督的凶残，怕他再生祸端，像微子逃离商纣王一样，举家避难，从宋国逃到鲁国。定居鲁国的木金父后来成为鲁国大夫。

孔父嘉被杀，木金父避仇迁鲁，孔子的祖先虽然遭受厄运，仍然心怀仁德，代代承继。在鲁国这块土地上，木金父生睾夷，睾夷生防叔，防叔生伯夏，伯夏生叔梁纥（hé），叔梁纥生仲尼。

尼山致祷
明《圣迹图》
孔子之母颜徵在到尼山祈祷，生孔子头顶中间低，四周高，状似尼丘山，故取名为丘，字仲尼。

圣人出　黄河清

孔子的父亲叔梁纥，名纥，字叔梁，任鲁国陬（zōu）邑下大夫。当时鲁国分上大夫、中大夫、下大夫，乡邑大夫是个下大夫。论官职，叔梁纥是个职位不大的武官，但在陬邑乃至鲁国却享有盛名。他纯朴善良，性情率直。叔梁纥身高十尺，力大无比，骁勇善战，与秦营父、狄虎弥并称为鲁国的三勇士。

有一次，鲁国进攻郑国，攻进了郑国的都城。郑国的兵士在城内背水一战，将鲁兵包围，鲁兵拼命突围，丢盔弃甲而逃。郑国兵士欲将城门上的千斤闸门放下，先入城的队伍眼看就要被隔断在城里了。在这千钧一发之际，叔梁纥不顾个人安危，以他无比的力量和勇气托住了千斤闸门，一托就是半个时辰，掩护鲁兵撤退而免遭围歼，为鲁国立下了汗马功劳，为此受到鲁君封赠。他在担任乡邑大夫期间，为政清廉，不越周礼，受到百姓的爱戴和拥护。

叔梁纥曾两次娶妻。第一位妻子施氏，生了九个女儿，而无子继嗣。于是他又娶一妾，生子取名孟皮。孟皮天生病足，礼制规定病足者不能祭祀宗庙。叔梁纥这时已64岁，他仍欲求得一子以续孔氏后嗣，于是上门向当地士人颜襄再次求娶。

颜襄把三个女儿叫到身边说："陬邑大夫叔梁纥，因无子续祀宗庙香火，前来向你们求婚。虽然他只是个士，但他是先王圣人的后代，身高十尺，武功绝伦，年纪虽然已老，但身体强健，性格和顺，崇尚仁德，遵循礼仪，为人忠诚纯朴，是一个正直的好人，陬邑的百姓对他极其爱戴，我对这个人也很尊重。你们三个谁愿意嫁给他啊？"

夫子洞

位于尼山东麓。为一天然石洞，传为孔子出生地。旧日洞内有石床、石枕及孔子石像。又名坤灵洞，取人杰地灵之意。

颜襄的大女儿和二女儿听后，都默不作声。小女儿颜徵在看到两个姐姐不愿意，就主动回答说："徵在愿遵从父亲的心愿，答应这门亲事！"

这样，16岁的颜徵在嫁给了64岁的叔梁纥。这种年龄悬殊的婚姻，虽然不违背礼制，但不能按照正常的结婚仪式举行婚礼，而只能将颜徵在迎娶至孔氏宗庙内，然后两个人再相见。这种规矩，人称"野合"。

婚后，颜徵在与叔梁纥互敬互爱，和睦幸福。他们虔诚地来到尼山祈祷，祈求上天赐子。

传说一天夜里，颜徵在忽然做了一个梦，梦见从西北天空，飘来一朵五色彩云，落到家门前。云彩散开，见一只麒麟，张着嘴朝她嬉笑，口吐"水精之子，继衰周而素王"的天降玉书。颜徵在越看越爱，刚想伸手，麒麟猛地向前一蹿，把颜徵在吓醒了。徵在把梦告诉丈夫，丈夫高兴地说："这是尼山显灵送子！"

果然，颜徵在不久就怀孕了，肚子一天天大起来。

徵在从小勤于劳动，怀孕后也从不清闲，坚持劳动。一天夜里，她又梦见有两条苍龙自天而降，守在尼山左右，两个和善的女神，手擎馨香立于尼山上空，用香照着徵在，许久后才离去。徵在醒来，已是朝霞满天。她起床后，一边盥洗，一边回味梦中之事，然后跪地叩谢上天恩赐，感觉神清气爽，心中荡漾着无限的喜乐和恬静。她按往日习惯慢慢走出住所向着山坡散步，行走不过百步，忽然感觉到腹中胎儿躁动，她来不及归家，婴儿已呱呱坠地。

等叔梁纥赶到身边，徵在将发生的一切都告诉了丈夫，并说："感谢上天恩赐，我们盼望的儿子终于来到了人间，你快给他取个名字吧！"

麒麟玉书

明《圣迹图》

传说颜徵在生孔子之前，梦见一只麒麟，口吐“水精之子，继衰周而素王”的天降玉书。之后怀胎11个月才生孔子。

叔梁纥沉思片刻说：“儿子出生在这尼山之丘，你看他头顶中间低，四周高，就像尼丘山的形状，大概是他接受了这尼山之灵气，就取名为丘吧；既然他出生在尼山，在家又排行第二，他的字就叫仲尼吧！”

就在公元前551年（鲁襄公二十二年）夏历八月二十七日，孔子降生后，传说“圣人出，黄河清”，滔滔的黄河水，九曲十八弯，处处浊水澄清，清亮见底。

三岁丧父

叔梁纥晚年得子，乡邻有的送鸡蛋，有的缝衣，有的酿喜酒，有的捕鲜鱼，一时像过节一样热闹。有算命先生为孩子算了一命，说他大智大慧，天帝之位，圣人之相。

孩子满月那天，叔梁纥设宴款待亲戚朋友。席间，婴儿活泼可爱，啼声宏亮，众人夸奖不已，无不说他将来定可荣宗耀祖，夫妇二人更是高兴，将其视若掌上明珠。

叔梁纥老来得子，后继有人，心情有说不出的畅快。虽然政务繁忙，但他总是兢兢业业做好分内之事，空闲时再回到家中享受天伦之乐。不觉时间一晃过去了三年，仲尼牙牙学语，父母精心教育，这孩子天赋聪明，一教就会，学后又不忘，叫夫妇二人怎不高兴。一家人其乐融融。

阙里

鲁国曲阜城内西南隅。孔子三岁时，随母迁居阙里。孔子早期办教育也在此处。

但是好景不长。一天傍晚，叔梁纥拖着沉重的身子，步履艰难地走到家门口。徵在望去，只见丈夫脸色蜡黄，忙问："您今天怎么啦？"说完，忙上前搀扶叔梁纥入室。

叔梁纥说："今日出门时身体就不适，加上公务特别多，没来得及休息。现在头昏脑涨，四肢酸痛，恐怕是感了风寒。"

徵在也认为只是伤风感冒，关系不大，就按平日办法，烧了热汤，给丈夫散散风寒。不料第二天，叔梁纥病情加重，高烧不退，不能起床，饮食不进。徵在忙差人请医调治，可是服药无效，病情一日重于一日。徵在焦急异常，衣不解带地日夜侍奉。叔梁纥深知一命难逃，便叫徵在抱着儿子坐在床边。

叔梁纥喘着粗气，吃力地说："你是世上贤德无双的女子，娶你为妻，实在委屈你了，你又为我生下仲尼，使我孔家有嗣续祀，叔梁纥在此感谢你。"说完直流眼泪。

徵在说："既为夫妻，何须这样客气，做你的妻子是徵在的心愿，你如今要静心调养，念在仲尼年幼，一定要把病治好！"说完，眼泪也夺眶而出。

叔梁纥说："看样子我是不行了，纥今年已是六十有八了，也算得是有寿之人。只是有几句话要交代于你。"

徵在拉着丈夫的手，哭泣着说："你就说吧，徵在自当谨记！"

叔梁纥说："我走了以后，家境当会贫寒，希望你以贤德将仲尼抚育成人，教育他继承孔氏先祖的德行，能光宗耀祖而有惠于百姓，我在九泉之下也就安息了！"

徵在说："这一点你放心，徵在将尽心抚育他成人。"

叔梁纥喘息片刻，接着说："我走后，你就搬回曲阜阙里老家去吧。我虽不能以俸禄养你们，但那里还有几亩薄田，略有些收成，你们可以与孟皮母子共同耕种，养活自己。孟皮跛足，他的生母无力照顾他，希望你能像亲母一样待他。"

叔梁纥说完后，眼泪涌泉般地流下，待欲再开口时，已无法出声了，嘴唇动了几下，双眼慢慢闭上，就与世长辞了。

徵在丧夫，伤心已极。她按照礼制，将丈夫埋葬在防山，三个月后，带着三岁的仲尼，回到了曲阜阙里。

俎豆游戏

颜氏携仲尼回到曲阜故里，又把跛足的孟皮接来，母子三人相依为命。颜父听说女儿和外孙流落曲阜，便找上门来，要他们娘仨搬到颜家去。颜徵在谢绝了父亲的好意，决心用自己的双手抚育儿子成才。她在家门前开了一块小荒地，种蔬菜，种杂粮，夜夜纺织做鞋，还帮人拆补浆洗，赚些零用钱。

曲阜是鲁国的都城，国家宗庙与孔家相距不远。宗庙举行祭祀时，徵在就要孟皮带着弟弟前去观看，兄弟俩逢祭必去。天长日久，仲尼五六岁时，就把祭祀仪式的程序熟记在心间了。孟皮有时在家读书，他就在院内拌和着泥土，捏挖成俎、豆、鬲、鼎、簠等礼器和牛、羊、猪祭祀三牲，圆的是鼎，方的是簠，高的是豆，粗的是鬲，平的是俎，还经常邀来邻家孩子，在院内演习祭祀礼仪。仲尼幼小的脸上神情肃穆，在他的指挥下，有的主祭，有的上香，献爵、奠酒、行礼、诵祝、燔柴都一一分工明确。哪些地方不对，或是不够严肃认真，他又指挥重来。那些幼小的伙伴，也毕恭毕敬地听他安排。小孩子游戏，大人们也好奇围观，看到幼小的孩子识礼仿礼，态度端庄，觉得他们今后定有出息。年龄最小的仲尼，更得到大人们的赞赏喜爱。

徵在看着这一切，笑在脸上，甜在心里，真是上天有眼、祖宗有福，生下了这么一个懂事的孩子！五六岁的孩子做祭祀游戏，此事传遍了整个曲阜城。

俎豆礼容

明《圣迹图》

孔子三岁丧父，随母搬回曲阜阙里。由于受到礼俗环境熏陶，他在与小伙伴玩乐中即常以泥制俎豆形状祭祀。

颜氏教子

颜氏天天教孟皮读书识字。孟皮学习认真，徵在心中甚是高兴。孟皮把颜氏当作亲娘孝敬，除了读书，还尽力做些力所能及的家务，一家人母慈子孝，兄弟相亲，生活虽然清苦，倒也过得舒心。

这一天，颜氏教完孟皮后，看到仲尼又在院内做俎豆祭祀的游戏，精神饱满，毫不厌倦，于是就对仲尼说：“你天天戏演俎豆，难道学会了这祭祀礼仪，要去做管宗庙的礼官么？”

仲尼说：“孩儿要读书识字，母亲说我年纪小，只肯教哥哥读书，不肯教我，我没有事做，不玩游戏干什么？”

颜氏说：“你本来就小嘛！”

“还小，我已经六岁了。”仲尼接着哀求道：“母亲，你就教我识字吧！”

颜氏想，这孩子天资聪慧，教孟皮之时就认识了不少字，现已六岁，既然他主动要求读书，那就随他的心意吧，于是说：“好，从明天起，娘就教你识字，不过，再不能贪玩了！”

仲尼跟着母亲识字读书，听母亲讲做人做事的道理，不久，母亲就感到孩子禀赋特别，不像一般孩子仅仅满足于识

入平仲学

清《孔子圣迹图》

孔子七岁入平仲（晏婴）乡学，接受启蒙教育。这种说法与史实不符，因晏婴此时已为齐国国卿。但孔子幼时接受过乡学的启蒙教育。

几个字，读几本书，而是穷根问底，追寻生活中更深刻的道理。颜母见儿子如此聪明好学，心想，还是把他送入学堂就读为好。一则自己没有时间去教他，因为还要靠自己来供养一家人生活；二则自己教的也不系统，容易耽误他的前程。于是，便去与那讲学的老先生联系，把孟皮、仲尼都送到私塾就读。

进了学堂后，以前常和仲尼一起玩的小朋友们也慢慢疏远了。仲尼心里总有一个疙瘩解不开：这些小朋友为什么不去学堂读书呢？

这天，仲尼终于忍不住问颜氏：“母亲，我的那些伙伴为什么不上学呢？”

颜氏回答：“学堂不收他们啊！”

“我和哥哥为什么可以收呢？”

“因为你们是叔梁纥的儿子！”

“叔梁纥的儿子为什么能上学呢？”

“因为叔梁纥是陬邑大夫。”

“大夫和种地的人有什么不同？”

“大夫是官，种地的是民，学堂历来不收农民的孩子，只收当官的孩子！”

“这是为什么？”

“老百姓可以让他们干活，但不能让他们学得知识。自古以来就是这么说的。”

颜氏也知道这个规矩不公平，但因循已久，从来没有人提出过异议，也就认为是一件理所当然的事。现在，经小仲尼这一发问，仔细一想，倒真的是个非同寻常的问题啊！

小仲尼没等母亲回答完就接着说：

“母亲，我长大后，要改掉这规矩，自己办学堂，自己当先生，不管当官的孩子还是种地的孩子，我都教他们！”

颜氏听后，心中一热。心想小仲尼不仅智力超群，会读书，而且思想特别，志向远大，也许这孩子将来真会成大器。

但是，仲尼的学堂教育，并没有顺利地完成。原来事情是这样的：一天，老师讲古历史文献中“盘庚”一课，先读课文，然后释字讲解，课堂里一片寂静，小仲尼和同学们都端坐在教室里认真听讲。

老师讲盘庚是一个圣明的君主，如何有政绩，如何爱护奴隶，去世后有许多奴隶为他殉葬。仲尼听到这里，向老师举手质疑道：“老师，殉葬的事为什么没有写进‘上古史书’呢？”老师说不知道。仲尼又问：“用活人为死人殉葬对不对呢？”先生说是对的。先生说：“盘庚要奴隶陪葬正是爱奴隶，把奴隶带到阴间去享福。”仲尼反问：“盘庚的母亲非常疼爱盘庚，为什么他母亲去世的时候，不把盘庚也拉去陪葬呢？”这时，先生恼火了，说小仲尼亵渎圣明先王，是大逆不道，就将他赶出了学堂。

了解事情原委后，颜氏觉得儿子没有错，先生说的不在理，准备亲自找先生说说，但转念一想，小仲尼资质不同于一般孩子，只用两三年时间就学到了不少知识，懂得了不少道理，这位先生也许难以继续教他了，还是另请高明吧！

孔宅故井

据传为孔子当年的吃水井，位于诗礼堂后，井深3米，明中期以雕花石栏围护，内立明代“孔宅故井”碑。井水“既清且渫”，被称为“圣水”。

初遇良师

孟皮十五岁了，虽然跛足，但却聪明能干。颜氏想，孟皮继续读书也没什么用场，将来既不能出仕做官，也不能聚徒教书，总得想办法找条出路，一个残疾人，学做什么好呢？颜氏想了许久，也想不出一个理想的办法。

一天，颜氏看到一个残疾人走乡串巷，叫卖布匹，心想，何不让孟皮学习经商，做一些葛、麻、山货之类不十分费力的买卖呢？于是跟孟皮商量，孟皮有些犹豫，怕干不好，小仲尼便说：“哥哥会计算，人也精明，此事办得成。”做买卖得筹集本钱，颜氏把家里仅存的一点积蓄拿出来，还找邻居借了一些，母子三人商量得非常周全。颜氏反复叮嘱孟皮，生意要学着做，不要想一下子赚大钱，就是缺经验蚀了点本也没有关系，买卖公平，童叟无欺，诚信交易，才是最重要的。

经过一个多月的张罗，一个经营葛、麻、山货的小店就在家门口开张了。颜氏坐后台，孟皮站柜台。曲阜新添了一家山货商店，说来也奇，开张后生意十分兴隆，买进卖出忙个不停。三天后，孟皮盘底，颇有盈利。

原来，一则是叔梁纥残疾儿子开店，大家都称道孟皮懂事，能为母亲分忧，不愧为叔梁纥的后代，愿意来帮忙照顾他的生意；二来孟皮诚实，受人信任；三是价格公道，不短斤少两，顾客称道。哥哥开店，弟弟也跟着忙乎，有时帮着拿货，有时帮着收钱，月底还帮着哥哥盘点。邻居说，孟皮开店经商，有一半是仲尼的功劳！

自从哥哥做生意，仲尼便离开学堂在家里自学。可他越学越烦闷，因为书中有很多地方他想不通，小时候的伙伴，大多数都八九岁了，要帮助大人们下地干活了，想找他们玩玩、散散心也很难得。为此，仲尼常拿着书本出神，想着自己的心事。

一天，颜氏看到儿子发呆，问：“仲尼呀，你好像有什么心事？”仲尼知道母亲已察觉了自己的心事。于是就说：“母亲，这些书我自己一个人越读越不懂，如果能有位老师替我讲解讲解，那就好了。”

母亲一听，觉察出孩子已不是一般地读书识字，而是在深究学问了。她对儿子说：“仲尼，你的外公遵循先王之德，好行仁义之事，是个学问渊博的先生，为娘的学问都是他传授的。早年他也聚徒讲学，只是近年因年纪大了，在家休息。你聪明伶俐，外公素来钟爱你，娘想带你去外公家，拜他老人家为师，你可愿意？”

仲尼听说拜外公为师，高兴不已，对母亲说：“外公学问高又很疼爱我，我当然愿意，只是我喜欢提问，总是打破砂锅问到底，怕外公生我的气，又把我赶回来！”

颜氏说：“你只管去问吧，现在你还难不倒他，他的回答会使你满意的。不过，千万要有礼貌，因为你是叔梁纥的儿子，你列祖列宗都是贤德之人。”

颜徵在带儿子来到娘家，向老父说明来意。颜襄平时最疼爱这个女儿和外孙，便欣然答应。并说：“我一生学问，礼、乐、书、数四科，可当外孙的老师，至于射、御两科，我不过略知一二而已。”女儿回答道：“仲尼是我的独生子，将来我不送他从军，射、御两科不教没关系。”于是，仲尼师从外公，不仅增长了知识，而且与外公一起探究了礼、乐、书、数和仁政、仁爱、孝道等问题，学问大长。

一次，仲尼问：“外公，怎样做一个君子呢？”

外公说：“人生在世有三个问题要认真思考：一是年少不勤学，年长了就一无所能；二是年老不讲学，死后无人纪念他；三是有财吝啬，不施舍给穷人，自己穷了就无人相助。也就是说，年少要勤学，年老要讲学，有财要布施。”

仲尼想了想，表示一定要做个善于三思的君子！

外公继续讲道：“君子除了三思外，还有‘四恕’要身体力行。恕，就是推己及人，感同身受地替他人着想。所谓‘四恕’，一是要侍奉国君，有国君不去侍奉，一当官就求取个人得失，这便不是恕；二是要孝敬父母，家中有父母双亲不去孝敬，却要求自己的儿女孝敬自己，这也不是恕；三是恭敬兄长，有兄长不去恭敬，却只要求弟弟顺从自己，也不是恕；四是要帮助朋友，朋友有困难，你不去救助他，当

帝尧

尧，中国古代圣王，传说他号陶唐，故称唐尧。相传尧身为帝王，仍穿粗布衣、吃糙米，过简朴生活。

他有能力时，你又想他尽心尽力帮助你，也不是恕。总之，遇事先想到国君，想到父母，想到兄长，想到朋友，这便是‘四恕’。”

外孙回答：“这三思、四恕是一辈子的事，有的目前我无法做到，比如，有国君，他没有用我；有父亲，却已逝去；有朋友，我没有什么先去施予。我的心中很是伤感啊！”外公看他一本正经的样子，微笑着说：“你的年纪现在尚小，还在求学的阶段，当然谈不上这些‘恕’字，将来你若是能去做官，能够身居高位处理国家政事，就应当远要尊崇尧舜的仁义，近要遵守文武（周文王、周武王）的道德，顺天时，察地理，通人情，小则可以教育百姓安居乐业，大则可以治理国家平定天下。要谨记我今日对你说的这些话，做一个顶天立地的人。可惜我天命将尽，看不到你成名了！”

那年九月，颜襄去世，仲尼陪伴母亲守孝百日。

小吏乘田

帝舜

姓姚，传说目有双瞳而取名重华，又称虞舜，尧将帝王禅让给舜，并将女儿娥皇、女英嫁给舜。

外祖父去世，仲尼一家失去了一个重要的经济来源，颜氏的家庭生活重担更沉了。十三岁的仲尼产生一个念头：我要帮助母亲撑起这个家。这个想法他没有告诉母亲，而是暗暗藏在心底。

一天，他看到一群牛羊被几个孩子用鞭哨驱赶，向着东面的山坡跑去，他也情不自禁地跟着来到山坡上。

牛羊在山坡上吃草，小朋友们就躺在草地上围着仲尼问这问那，仲尼和过去一样亲切地和他们交谈，把在外公家五年读书的见闻心得一一告诉他们。小伙伴也告诉他，他们现在已经是鲁国大夫叔孙家的牧童，帮叔孙家放牧，除有饭吃，每天还能得到一斗小米的报酬。呵！一斗小米，对仲尼来说，够他和母亲吃一天了，这不是可以减轻母亲的劳累、分担家庭的生活重担吗？他心中暗暗想参加这个牧童行列。

职司乘田

明《圣迹图》

孔子曾为季氏掌乘田之职，负责牛羊畜牧。

叔孙家管理放牛孩子的乘田，年纪四十开外，为人和善，他见仲尼知书识礼，与一般放牛娃不同，又是陬邑大夫叔梁纥的儿子，很想将仲尼也带去放牧，但又怕他不同意。于是，和善亲切地跟仲尼说："如果你也来做个牧童，我会每天给你一小斗半小米，因为你是个读书人，还能教这些小伙伴识字、唱诗。"乘田说到这里停了一下后又询问道："愿意来吗？你还有什么要求？"

仲尼说："愿意，不过我有个小小的请求：我每天一定把牛羊放好，但我还是要每天一边放牧一边读书；每当我不愿意放牧时，我可以不受限制地辞工，至于每天一小斗半小米，每十天领一次。你看能行吗？"

乘田深知仲尼的心意，对这个年纪小又懂事的仲尼也更加喜爱了，于是就爽快地答应了他的要求。

就这样，仲尼为减轻母亲的劳累，瞒着母亲私自在叔孙家放牧。每天早出晚归，不觉已是十天了。这天晚上，他来到母亲面前，双膝跪下后说："母亲，请原谅孩儿事先没向您禀告，私自做了一件事，恕孩儿隐瞒之罪！"徵在这下惊呆了，儿子从来都是孝敬自己的，为什么今天有如此反常的举动呢？忙问："仲尼，快站起来，你做了什么事直说就是，娘不会怪罪你的。"

仲尼说："母亲，您为了抚育我，终日劳累，疲劳不堪，我看着实在伤心，总想为您减轻负担，只因年小无能为力。因此，便跟随小伙伴去放牧，能在那里吃一餐中饭，减轻您一点负担。那乘田很喜欢我，每天给我一小斗半小米。儿想，每天能有这些米，我们就能有饭吃了，就能减轻母亲的辛劳。我瞒着母亲，现在已放牧十天了，请娘恕儿隐瞒娘亲的过错！”说完失声痛哭。

徵在早已泣不成声了，抱着仲尼的头说：“孩子啊，娘平日就看出了你心疼为娘的心，你是个孝顺娘的好儿子，你的父亲在九泉之下也会含笑的。只是让你从小就挑起生活重担，为娘心里不忍。不过你要记住，比我家贫困的还有很多呢！你长大成人若能有个一官半职，千万要关心穷人的疾苦，做一个有仁德之心的人才是啊！”

仲尼说：“孩儿谨记母亲教诲，明天我就去叔孙家领取十五斗小米。”

说完，母子又抱头痛哭起来。

当时的鲁国三个最有权势的大夫是：季孙氏、叔孙氏、孟孙氏。其中季孙氏是正卿大夫，家族最富有，权倾一时，炙手可热。仲尼在叔孙家当牧童的事在鲁国广为传颂，季氏也风闻此事，心想，若让这个人来季家当乘田，既可为自己管好牛羊，增加财富，又体现了自己平日在国君面前劝谏选贤的主张，不是一举两得的事吗?

季孙氏命人找到仲尼，要他来季家当乘田。仲尼当然乐意，乘田虽是管理畜牧牛羊，但毕竟成了一个正卿大夫家的小吏，现在能够做好小吏，将来也就能做个大夫。征得颜氏同意后，他辞去了叔孙家牧童的职，去季孙家当了一名乘田。

季孙氏有数十个牧群，规模远远大过叔孙氏。仲尼忠于职守，上任后不久，就把所有的牧群管理得井井有条。牧人中，老老少少，各种年龄的都有，还有中年人。这些人大都欠了季氏家的债务还不起，只得以劳力来抵债。抵债者就得终身为季氏做事，除了勉强糊口外也没什么报酬，实际上就是季氏家的奴隶。有的人虽然能成一个家生儿育女，但他们的儿女都还得做父辈一样的奴隶活。仲尼对这些穷苦的人，给予了一份深切的同情和关怀。

仲尼亲切、平等地对待他们，与他们同劳动，同饮食，同娱乐，亲密无间。这些放牧人慢慢感到仲尼与以前的乘田完全不同，遇到有病或行动不方便的老人，他都能给予照顾，让他休息，在放牧闲暇之时，他们还能听这位乘田讲古代圣明先王的故事。仲尼和这些放牧的人打成了一片，牛羊也被他们养得膘肥体壮。不到一年，牛羊数量大增，季孙氏对此自然高兴，对仲尼当然也更为器重。

学习“六艺”

当乘田事情虽然不少，但主要是管理好那些放牧的人，只要牛羊等牲畜膘肥体壮、繁殖快、不丢失就行了。由于仲尼与放牧人平等相待友爱相处，放牧的人都听从他的安排，尽职尽责，他就有时间学习。仲尼的诗和礼受教于外祖父，已扎下了根基，不过，诗礼之学，若要趋于精纯，还需勤学苦练，实践练习起来还得有乐伴奏。因此，仲尼就认真学习起音乐来了。

仲尼虚心向一切懂得音律的人学习，学习吹打，学习弹唱，学习古典舞蹈。他还深究音乐的起源，研究夏、商、周三代音乐源流，了解各诸侯国的音乐内涵。两年刻苦学习，仲尼领悟到宫、商、角、徵（zhǐ）、羽，这五声分别代表君、臣、民、事、物，五声和谐，国家就政通人和，繁荣昌盛。如果一个国家的音乐中透出怨、怒、淫、哀之声，并让其泛滥，就会造成社会混乱，民心困惑。而且，好的音乐应合乎礼仪，音乐和礼仪是相通的，不可分割。

仲尼一边学习音乐，一边又向内行人学习射、御。放牧人中有的会射箭和驾车，仲尼就拜他们为师。

射，是国家礼仪的一种。古时候诸侯举行射礼，必须先举行燕礼。卿大夫举行射礼，必须先举行乡饮酒礼。所谓射礼，前进、后退、左右转身，都必须合乎礼仪，内心虔敬，外表端庄，才能射中目标。若不能中的，再反省自身，

申包胥所作的漆瑟

漆瑟是迄今发现的楚瑟中最为精美的。据铭文，作器者为春秋时期楚国人申包胥。

于是练习日久，可以净化身心，锻炼体魄。仲尼习射后颇有心得，他说：“君子没有所争的东西，只有在射箭上可以争高下。比赛射箭时，作揖谦让着登上射台，比完赛下台后又共同饮酒，这才是君子风度。”仲尼学驾车，不仅掌握驾车的技术，还学习驾车的礼仪，懂得了御史、巾车、典路、车仆、司常等管理御车和行车的规矩以及各种礼仪。

在季孙氏家任乘田的日子里，仲尼一边做好本职工作，一边潜心音乐、射箭和驾御的学习，为他今后精通六艺，以至成为千秋圣哲先师打下了坚实的基础。

太庙问礼

鲁国典籍丰富，学者众多，仲尼15岁立下“志于学”的宏愿，学无常师，勤学好问。阙里在鲁国国都的西南隅，他一有机会就进入鲁国太庙，悉心研究太庙收藏的典

太庙问礼

清《孔子圣迹图》

古代开国之君称太祖，太祖之庙称为太庙。鲁国是周公封地，鲁国太庙就是周公之庙。孔子少年时，勤学好问，一有机会就进入鲁国太庙，悉心研究太庙收藏的典籍和礼器、礼仪。

籍和礼器。

这天他早早起床，洗漱正冠，虔心静举，来到太庙。古代开国之君称太祖，太祖之庙称为太庙。鲁国是周公封地，鲁国太庙就是周公之庙。仲尼对周公辅佐文王、武王立国的事非常熟悉。进入庄严高大的鲁国太庙，面对周公塑像，也跟着大人们三跪九拜。仲尼进庙后，看到各种各样的祭器，如鼎、鬲、簋、豆、爵、觚、簠、壶等，一一询问用途。大祭仪式开始，鼓乐齐鸣，人头攒动，太庙里香烟缭绕，一会儿燔柴，一会儿上猪牛羊，一会儿献爵，一会儿奠帛，一会儿读祝，一会儿叩拜，做一件，仲尼就问一件。

这祭祀大礼鲁城的人都熟悉，有人问仲尼为何要处处问个详尽，仲尼回答："勤于求教，不耻下问，这本身就是知礼，我这是以礼问礼！"

发乎情　止乎礼

仲尼17岁时，颜氏积劳成疾，咳嗽、喘息，痰中带血一病不起，每到下午发烧时，苍白的脸颊顿时变得绯红。到了夜间，常常大汗淋漓。仲尼四处奔波，为母亲求医问药。有的药，药店没有，仲尼就爬山崖，攀古藤，过山涧，采摘新鲜草药。

医药乏术，无力回天，34岁的圣母丢下仲尼，过早地离开了人世。仲尼伏在母亲身上，放声恸哭。母子俩相依为命十余年，历历往事，犹在眼前，母亲的日夜辛劳，谆谆教诲，关怀体贴，使仲尼终身难忘。他穿起麻布孝衫，系上麻拧的孝带，戴上白布叠缝的孝帽，日夜守护在母亲灵前。

圣人多磨难，孔子三岁丧父，17岁丧母。有母亲在，不但给予仲尼母爱，而且能以弱小的翅膀替仲尼遮挡一些风风雨雨，有一份温暖和依靠。母亲去世，今后的日子就更加困苦。他孑然一身，举目无亲。一个十几岁的孩子，不但衣食冷暖无人照料，而且要自己养活自己，独自安排未来人生旅

梁公林大门

梁公林是为纪念孔子之父叔梁纥而建的林墓，在曲阜城东15公里，防山之阳。梁公林又称“启圣王林”，为孔子父母合葬之处，其兄孟皮亦葬于此。

程。

由于幼受母训，而且经历了艰难生活的磨炼，仲尼继承了母亲的坚强性格。他虽然无法摆脱厄运，却没有被厄运打倒，面对人生的不幸，显得更加沉着而坚毅。按照古代的礼俗，父母应该合葬在一起，但是仲尼不知父亲的墓在何处（因为丧父时，母亲年轻不能送葬至坟地，亦无法告诉儿子去处），怎么办？为了把父母合葬，仲尼将母亲的灵柩先停放在五父衢中，望空遥拜，向四方揖拜，跪告说：“父母合葬，古之常礼，今孔丘不肖，竟不知父亲墓地，只好将母亲灵柩停放此地。各位乡邻，各位亲朋，四方君子，八方过客，有知丘父叔梁纥墓地者，乞请指示，孔丘将没齿难忘！……”

上天护佑，就在此时，一位陬邑车夫的母亲披衣拖履，来到棺前。原来她是陬邑的老邻居，曾参加过孔子父亲的葬礼，知道叔梁纥墓地。仲尼叩首谢恩，随着车夫之母的指引，抬着母亲的灵柩来到防山，找到了父亲的墓地。合葬时，仲尼说：“古人只挖墓穴葬人，不准堆坟茔以作标记，我现在是一个游子，不住在防山这个地方，只得在父母坟上堆坟茔以作标记，以便日后前来祭拜。”于是仲尼将父母合葬墓筑成“斧”形，十分醒目。

为了守孝，仲尼在坟墓边筑起墓庐，守丧三年。

鲁国公族大夫孟釐子病重，听到仲尼的孝举后，甚为感动，他把嗣子孟懿子喊到床前，郑重地叮嘱道：“孔丘确实不愧是圣贤君主的后代，才德在鲁国堪称第一。我恐怕将不久于人世，日后你一定要拜他为师，切记切记！”

孟釐子交代后，不到一日就去世了。孟懿子遵照父亲的遗愿，去找仲尼学礼，于是邀集他的兄长南宫适同行。南宫适是孟懿子兄长，因为贤德，孟釐子赐他南宫之姓，遂以南宫为姓，名适，字子容，后谥敬叔。南宫适与孔仲尼志同道合，交往甚密，见孟懿子相邀自然高兴，只是顾虑仲尼在服孝期间拜师恐怕不合礼仪，心里有些犹豫。孟懿子说：“礼在任何时候都是通行的，如果不合礼仪，仲尼自然会告诉我们，我们去和他见见面也是好的。”于是二人从曲阜来到陬邑防山。仲尼见到他们后，以丧礼迎接，让入墓庐中，三人坐定。

南宫说："令堂仙逝数月，我等前来看望你，希望节哀，以免令堂挂念！"

仲尼说："谢谢二位！"

懿子说："我们这次前来，不知是否合乎礼仪？"

仲尼说："人情尚在，当合礼仪。"

南宫说："此次前来，一来看望你，二来遵家父遗训，向先生请教礼仪，望不吝赐教。"

懿子接着说："你我都在服丧期间，来学礼，不知是否合礼？"

仲尼说："守孝，本身就是遵礼，议论礼也是遵礼，没有关系的。"

懿子于是向仲尼请教："何谓礼？"

仲尼回答："所谓礼，就是把人的'情'和'义'充分展示出来。情，就是喜、怒、哀、惧、爱、恶、欲七种情感；义，就是父慈、子孝、兄良、弟悌、夫义、妇柔、长惠、幼顺、君仁、臣忠。讲信修睦，就是情义。这些离开了礼都不能实现。"

懿子又问："礼，具体体现在哪些方面呢？"

仲尼说："在人的生活中无不体现着礼。所谓的六礼、七教、八政，都是礼。六礼，即冠礼、婚礼、丧礼、祭礼、乡饮酒礼、士相见礼；七教，包括父子、兄弟、夫妇、君臣、长幼、朋友、宾客的人际关系；八政，包括饮食习惯、衣服制度、技艺标准、器具品类、度、量、数目、规格等。"

春秋时期礼的形式很繁琐，但关于礼的内容与精神，仲尼最后总结道："礼有大，有小，有明显，有隐微。所以'大'礼有三百，'小'礼有三千，但有一个基本的目的就是合乎人情。发乎情，止乎礼，就像进入房屋没有不从门口进入的一样。"三人墓庐谈礼，不知不觉已过数日。在那样荒凉孤苦的日子里，与良朋灯下夜话，关怀时局的变迁和鲁国的前途，也是仲尼不幸中有幸，思亲之痛，暂时得到了缓解。

南宫适

姓南宫，名适，字子容，后谥敬叔。孔子弟子，品德高尚，世清不废，世浊不污，孔子把侄女嫁给了他。

职司委吏

明《圣迹图》

孔子成年后，担任成县的委吏，计算合理，公正无私。

小试

为母服丧三年期满，仲尼从防山回到曲阜家中，五天后弹琴还不能成调，哀思之情仍盈心中。南宫适前来看望仲尼，劝孔子节哀，并为今后的前途作些打算。南宫适劝仲尼：“先生才学渊博，应该入仕为民造福。我认为，从政当由小地方做起，取得经验后方可担负重务。”

仲尼也表示自己愿意从政，说：“这样去做官叫‘小试’，一个人有了才学，光藏在肚子里，他人是不会知道的，只有当了公家的职司，才可以显出自己的才干，有了经验和政绩后，才可以做更大的事。”

南宫适说：“你若愿意去‘小试’，倒有个现成的地方，就是成县专管田赋的委吏，只是职位很小，委屈了你。”

仲尼回答：“承蒙引荐，怎敢不遵命！”南宫于是告辞仲尼，来到他兄弟孟懿子面前，荐举仲尼为成县委吏。成县是国君赐给孟氏的私县，懿子继承父职掌权，听到南宫引荐后，孟懿子立即答应委任仲尼为成县委吏。

原任成县委吏和家臣私通作弊，以大斗征收等手段，加收田赋中饱私囊，苦了那些种田的农民。仲尼接任委吏后，亲自到农户中间了解他们的苦衷，了解前任委吏作弊的种种手段。等到征收田赋开始时，仲尼果断处理了四件事：第一，将过去凡参与作弊而中饱私囊者，撤除差使职务，送交孟叔孙家处理。第二，将过去作弊用的大斛一律更换成通用斗斛。第三，通告新的收赋方法：确立收赋期限，凡在限期前交清的只纳九成，限期内交完的只纳九成五，超过期限交清的加一成。对抗不纳税者，将他的田地另配给他人耕种，待交清欠赋后才能取回耕种。第四，在农户中选拔公正之人协助征收，由这些人掌握斗斛去量征收的谷物。

仲尼这种赏罚严明的做法，得到了人们的拥护，尤其是那些首先交纳田赋的农民，回家后到处传扬今年委吏征赋公平。农民争先恐后交纳，限期未到，如额收足，这是成县有史以来第一次。

新任委吏，政绩卓著，仲尼“小试”，才干显露。

飨士宴受辱

春秋时期，各国诸侯大夫每年都要举行“飨士”会，宴请社会名流。这是辅佐文王、武王的周公定下的制度，利用宴会，层层推荐，举贤任能。年轻的仲尼，也希望有机会参加这样的宴会，以便成为社会上名副其实、受人敬仰的贤士。当时“士”分为三等：上士、中士、下士。仲尼心想自己身为陬邑大夫叔梁纥的儿子，出身于“士”的阶层，从小好学，知识博通，好行礼义，孝行笃厚，加上年少就任乘田、委吏，参加飨士宴会，应该名正言顺。

在仲尼为母服丧期满回阙里后不久，鲁国正卿大夫季孙氏正准备举行“飨士”宴会。仲尼跃跃欲试，想检验一下自己的学识与才能，以便早日为国出力，也可弘扬先祖仁德，光宗耀祖。

为了这次宴会，仲尼作了充分准备，他反复翻阅竹简，诵《诗》记《诗》，因为在隆重场合，名士之间对话往往要

鲁国贵族就餐的用具

鲁国贵族就餐盛食的器皿。器身饰以变体蟠虺纹，盖的花形部位和盘下的圆足有透雕纹饰，盖器对铭，表达长寿无疆、子孙后代永宝此器的祈望。

用《诗》里的句子，以显高雅和博学。

按照礼仪，参加“飨士”宴会，要着青衣，戴“章甫”帽，穿双底的丝鞋，仲尼一一置办停当。赴宴那天，仲尼衣冠楚楚，举止高雅，落落大方，前往季孙大夫家。此时季孙家门前，人来车往，花团锦簇，彩带缤纷。然而仲尼一进门，就被一个凶汉挡住去路。这凶汉就是季氏家臣中蛮横专权的阳虎，他凶恶地问道：

“孔丘，你来作甚？”

“季孙大夫飨士，我前来赴宴。”

“季孙家设宴招待名流。你只是放牛的名流，吹唢呐的名流，催租收税的名流。飨士的宴会不能飨‘叫化子’，这里没有你的席位，赶快走开！”

仲尼像被恶狗咬了一口，他质问阳虎：“出身大夫之家，先祖个个圣贤，学问满腹，德行无双，这还不是真正的‘士’吗？季孙氏怎么让你这样的恶徒看门？”一气之下，愤然拂袖离开了季孙氏家门。

娶妻亓官氏

一天，南宫适来到孔家，对仲尼说：“先生年已十九，应该娶妻完婚以尽人生大礼啊！”

仲尼说：“先生之言确在情理之中，家母临终之日，也盼仲尼早日成家，只是无奈家境贫寒，实在无能求娶。”

南宫说：“我今日就是为先生的婚姻大事而来，有意为先生做媒。”

仲尼问：“敢问是哪家千金？”

南宫说：“宋国亓官氏。”原来有一次，几个大国在陈国聚会，鲁国派去了南宫适，宋国派去了如会大夫。如会与南宫适谈起宋国流迁鲁国的一支后裔，谈到了叔梁纥之子孔丘。当知道孔丘丧母孤身一人时，如会说：“鲁宋两国历有姻缘，孔丘先祖为宋人，应娶个宋女为妻。”并介绍了宋国大夫亓官氏之女。南宫适向仲尼介绍说："亓官氏大夫，廉洁勤政，人品可嘉，他生有一千金，今年芳龄十八，温良娴淑，才貌双全。你先祖本为宋人，鲁宋联姻，也是佳事一桩。"

仲尼沉吟片刻说："先生做媒，怎敢不从？只要那亓官氏大夫不嫌仲尼贫寒，仲尼自然应允。"

迎娶那天，按照婚姻礼仪，仲尼穿戴好衣冠，提着雁进了亓官氏家门，作揖谦让登上庙堂，再下拜摆好雁，表明他是遵父母之命而来迎娶的。然后走下堂，出门驾好新娘坐的马车，把上车的引绳交给新娘，驾车让车轮转过三圈，再改由车夫驾驶。自己乘车先到家门外等候。新娘到达后，仲尼向新娘作揖，请新娘进门。吃饭时，夫妻共享同一牲牢的食物，合用同一个酒杯饮酒，以表示合为一体，尊卑同等，结为亲眷。

孔子娶妻宋女亓官氏，鲁宋两国公卿大夫甚为嘉许。夫妻二人门当户对，志同道合，相敬如宾。

昭公贺"鲤"

仲尼娶亓官氏后，夫义妇柔，日子过得十分和美。仲尼为委吏尽职尽责，处处想着百姓的困苦，深得百姓信赖，在征赋中事半功倍，又得到了孟孙氏的信任。亓官氏料理家务，将仲尼的生活照顾得十分周到，小两口其乐融融。不久，亓官氏身怀有孕。

十月怀胎已满，眼看就要分娩了。仲尼两口子平日与乡邻和睦相处，济助贫寒，乡邻们都前来帮忙，为亓官氏分娩作准备，日夜守护关照。

亓官氏顺利产下一男婴后，乡亲邻里、平日相交的贤才德士纷纷前来祝贺，季、孟、叔三家也都送来了贺礼。迎宾送客，仲尼忙得不亦乐乎。

孩子满三月的时候，仲尼按乡俗礼仪，设宴酬谢宾客，

命名荣贶

明《圣迹图》

孔子生儿子，鲁昭公送一条鲤鱼作贺礼，他很感动，命子名为“鲤”。曲阜孔子后裔不敢吃鲤鱼或不得已吃时，则以“红鱼”名之。

并为儿子正式命名。

这一天，宾客来得齐整，堂屋内外，亲朋满座。正在这时，有人通报，鲁昭公遣人前来赐赠贺礼。仲尼立即出门恭迎。

原来，仲尼自任孟氏家委吏以来，德行才能为鲁国人称道。昭公是个敬贤之君，于是召见仲尼，听了仲尼对国家政事的言论后，产生了深刻的印象，将他作为鲁国贤士看待。所以听到仲尼得子的消息后，昭公便派人送来贺礼。

仲尼将昭公的差使迎至客厅，宾主分次而坐，差使将礼品献上，传达昭公礼贺之词，仲尼按君臣之礼收下礼物。当仲尼看到贺礼为一条鲤鱼时，知道这是国君对自己崇尚礼仪的嘉许，心情欣慰异常。为了纪念国君礼贤下士，又如此赐赠，于是，便将儿子取名为鲤，鲤、礼谐音，语音双关，意味深远。

在举行为小儿命名仪式时，仲尼高兴地将鲁昭公的赐赠向宾客们展示，并宣告为感谢昭公之意，就将小儿定名为鲤，字伯鱼。

司职吏

仲尼任成县委吏，管理田赋，农民减轻了负担，国家还增加了收入，县官与差役中饱私囊的弊端也被革除。南宫子容看出了仲尼的才能，特地向朝廷举荐，让他兼任司职吏。

司职吏是专管户口的小官吏，官职虽小，却关系着国家的人口大事。春秋时期，各诸侯国的强弱是以人口数量为标准的。而鲁国为周公之后裔，是最大的诸侯封国，人口众多，需要特设司职吏，专司调查户口。这个小官受委于公家，不比家臣只为私家办事，又是季、孟、叔三家商议达成共识后设置的，因此它比一般家臣显得更为重要。仲尼兼任司职吏后，提出了增加户口的五条措施：薄赋税，轻徭役，慎刑戮，定婚嫁，行节俭。

仲尼将五条措施上奏朝廷，国君采纳后不到半年，周围国家的百姓闻讯纷纷迁来鲁国，鲁国的人口、户数陡增。

要增加人口，除了吸引外来人口迁入外，还要在本国婚嫁生育制度上有正确的措施，于是他又向朝廷提出：早婚，夫妇发育不足，生下的男女身体不会健康，遗害很大；晚婚，男女虚度青春，超过生育黄金期，势必减少生育，也不合理。因此男子婚龄应当以22岁为限，女子应以18岁为限，男女过此期限，而不婚嫁者（如果没有特殊原因），一律处罚他们的家长。

兼任鲁国司职吏，且政绩卓著，充分显示了仲尼从政的卓越才能。

黄帝像

传说上古帝王轩辕氏的称号。姓公孙，生于轩辕之丘，故称为轩辕氏。黄帝曾在大将风后、力牧的辅佐之下，与蚩尤大战于涿鹿，擒蚩尤而诛之，诸侯尊为天子，成为天下的共主。因有土德之瑞，故称为黄帝。

问官郯子

公元前525年（鲁昭公十七年）秋天，郯国国君郯子到鲁国朝见。郯国是个小国，位于鲁国东南（今山东郯城附近）。郯子是少昊氏的后裔。据说少昊金天氏，姓己，名势，是黄帝后裔，曾经建都于曲阜。

炎帝

即神农，也称烈山氏，远古传说中的“三皇”之一。他发明耒耜，教民耕植。神农氏尝百草，也是中医药始祖。

鲁昭公设宴招待郯子，宴会之间，鲁国大夫叔孙昭子借机向郯子询问少昊氏以鸟名命官的问题。

郯子回答说：“从前黄帝用云纪事，所以各部门的长官都用‘云’字命名。炎帝用火纪事，所以各部门的长官都用‘火’字命名。太昊氏以龙纪事，所设各部门的长官都用‘龙’字命名。我的高祖少昊氏即位的时候，恰巧有凤凰飞来，所以就用鸟开始纪事，所以各部门的长官都用鸟名来命名。”

郯子来鲁国的消息，传到孔子那里，孔子对郯子深表钦佩，便设法拜见郯子，向他请教。这一年，孔子27岁。

春秋以前，学在王宫，即文化学术都是由王室的专职人员掌握；春秋时期，礼崩乐坏，天子礼乐被诸侯以至大夫使用，文化下移，春秋后期，又出现了文化职务人员由各国官府流向民间的情形，一些文化职务官吏不能保持其世袭爵禄，于是脱离官府，散落民间，以其掌握的文化、学术知识谋生，或做相礼，或为人师，以传授知识、技艺。

孔子请教郯子以后，曾经对别人说：“我原来听说：天子那里失去官守，官制的学问保存在边远国家，这话是可以相信的。”

孔子向郯子问官，了解了远古时代的情况，学习了古代文化学术和礼仪制度的知识。

少昊

黄帝之子，号金天氏，上古东夷各族的首领。该地区以鸟为图腾，少昊治下的百官也用鸟来命名。山东曲阜有少昊陵。

学琴师襄子

从政期间，孔子并没有放弃学问的追求，而是勤于求教，寻师访友，不耻下问。孔子认为音乐里有深奥的学问，不彻底弄懂就难以为人师表，于是下决心向鲁国乐师师襄子学习。

师襄子首先介绍琴的构造。

神农氏造五弦琴，用来禁淫邪，匡人心。琴用桐木制作，桐木颇有灵性，能知闰年，能知春秋。琴面是圆的，

学琴师襄

明《圣迹图》

孔子向师襄学琴很认真，一直重复而不换别的曲子，原来那曲子是周文王的《文王操》。

象征天，底是方的，象征地。琴长三尺六寸，象征一年三百六十日，宽六寸，象征六合。五弦，象征金、木、水、火、土五行，分别配宫、商、角、徵、羽五音。古代的名琴有伏羲造的婴硒、贡粹，柏皇造的丹维、粗床，晏龙造的菌首、白民，周文王造的七弦，周宣王造的响风，名琴弹名曲，自然高雅无比。

学琴，要一个曲子一个曲子地学，学会一个曲子，才能再学另一个曲子。师襄子教仲尼弹一个曲子，他就按其指教精心弹奏，一连十天没有向师襄子学习新曲子。师襄子见仲尼弹奏的曲子，声韵俱备，就对仲尼说："可以学习新曲了。"

孔子却说："我虽已熟悉曲子了，但还没有掌握弹奏的要领。"

过了些时候，师襄子说："你已经掌握了弹奏的要领，可以换新曲子了！"

孔子说："我还没有领会到乐曲的意蕴。"

又过了几天，师襄子又说："你已经掌握了乐曲的意蕴，可以换新曲子了！"仲尼又说："通过乐曲，我还没有体察出曲作者是什么样的人。"于是仍静心凝神地反复弹奏。过了几天，仲尼肃穆深思，随后又若有所悟、心旷神怡，显示出视野宽广、志向高远的神态，就对师襄子说：

“先生，现在我体察出曲子作者是什么样的人了，他的皮肤黝黑，身材高大，目光明亮而高瞻远瞩，好像统治四方诸侯的君王，除了周文王谁能够如此呢？”

师襄子一听，立刻离开座位向仲尼拜了两拜，说：“原先我的先生对我说过，这首曲子名叫《文王操》，确系周文王所写。你今天已经领悟出来，乐已经学到家了。”

自从请教郯子后，孔子对古代文化学术散佚的情况了解更深，这让他深感紧迫，暗暗立下搜集、整理、弘扬中华文化典籍的愿望。孔子的一生，都是在继承和弘扬先王道统，欲行道于天下。但是，通过参政推行自己的政治主张，是一个比较遥远的事情，于是，孔子开始做一个终生实践的事业：创办私学。

孔子读本 第二篇

行教

孔子讲学图
明代

杏坛

孔子三十岁生日那天，亲朋好友都来庆贺。宾客散去，夜阑人静，他思考着自己三十年来的生活道路。幼时秉承父母教诲，把“志于学”摆在第一位。寒来暑往，春去秋来，他刻苦学习各种典章文献，又勤于请教师友，不仅精通了一般士大夫应该掌握的“六艺”（礼、乐、射、御、书、数），而且通晓了《诗》、《书》、《易》、《礼》、《乐》，懂得了仁政德治，还有当乘田、委吏的经历，取得了一定的政绩和入仕经验。

杏坛

《庄子·渔父篇》说“孔子游于缁帷之林，休坐乎杏坛之上”。后世在今曲阜孔庙大成殿前设置杏坛，以示对孔子教育活动的纪念。

但是，社会现实令人痛心。周王室的统治衰微，“礼崩乐坏”，诸侯纷争迭起，伦理秩序紊乱，不仁不义之徒到处横行，君不君、臣不臣，父不父、子不子。为此，他想得很多，他想到自己的先祖弗父何禅让君位，想到正考父曾接连辅佐宋国三公，想到父亲叔梁纥，勇猛震三鲁，母亲颜徵在含辛茹苦，抚育教诲他成人等等。

孔子叩心自问：我为什么不能像传说中的盘古那样，一斧劈开混沌的世界，令天地分开、泾渭分流呢？为什么不能像文武周公那样，文治武功，把天下治理得太太平平呢？……自己没有君王之位来施展政治抱负，没有威武之师可以征伐世上邪恶。但是，我有知识，我有智慧，我可以用教育启人心智，用“六艺”来培养“上事君以忠，下使民以惠”的贤臣，改造“礼崩乐坏”的社会，实现“大道之行，天下为公”的太平盛世啊！

孔子看了看熟睡的妻儿，披衣推窗望着繁星闪烁的星空，三十而立啊！我要走上讲台，传先王之道，授六艺之技，育天下之才，步成汤、文武、周公后尘！对！就是这个主意，明天就辞去委吏、司职，筑设讲坛，收徒讲学……

开学那天，几位弟子在刚筑好的讲坛旁栽下一棵银杏树，孔子抚摸着银杏树遐想联翩：银杏多果，象征着弟子满

杏坛礼乐
明《圣迹图》
孔子三十而立，杏坛设教，有教无类，开创了我国古代私学教育的先河。

天下；树干挺拔直立，象征着师生们正直的品格；杏仁既可食用，又可入药，象征着弟子们学成之后有利于社会，有益于国家。好吧，这讲坛就取名叫杏坛吧！

有教无类

孔子聚徒讲学的消息在鲁国传开，那些有志于学的人纷纷前来拜师受教。孔子来者不拒，都收下为徒，一时弟子云集，门庭鼎盛。

南宫子容曾拜孔子为师学礼，两人交谊甚笃，南宫子容如果一段时间不见孔子，心里就感到不自在。这天，子容又抽空专程前来拜访先生。

子容来到学馆门外，听到里面书声琅琅，欣喜异常，径直入内，只见孔子正襟危坐，面向数十名生徒授教，见子容进门连忙起身迎接，二人寒暄几句后，子容进入客堂就座。

子容问："数日未来拜见先生，今日但见学生如此众多，请问先生，这些都是些什么家庭的子弟？"

孔子说："既有富家的子弟，也有平民百姓的子弟，其中以平民百姓的子弟居多。"

子容说：“古代礼制规定，凡受教育者必须是天子、诸侯、士大夫的子弟，先生收平民百姓的子弟，岂不是违背了先王礼制？”

孔子回答说：“远古时期的人们只会狩猎，采摘果实，生食冷饮，当然就谈不上教育。近古先王时期，虽然有了文字，但都是为先王统治天下百姓用的，当然只让少数人懂得知识就行了。古代教育礼制，是根据当时的情况而定的，时代不同了，教育礼制也应世易时移。再说，古代教育礼制也有不尽合理处，公室王侯的子弟是人，平民百姓的子弟也是人，都是同食五谷，为什么平民百姓的子弟就不能受教育呢！”

子容说：“先生不是说过‘民可使由之，不可使知之’的话吗？难道这句话要作修改吗？”

“不！这句话没有错。有些事情，只让人去做即可，用不着讲清理由。比如打仗，长官下命令让士兵往前冲就行了。如果等到搞懂了，想通了，再让他们行动，那就会贻误战机，甚至遭到失败。那句话，是有所特指的，不可作为不让平民百姓受教育的理由。”

子容说：“那先生是想让人人都能受教育么？”

“是的，我提倡有教无类，也就是说，既然有教育的存在，就要让人人都受教育，只要愿意来接受教育，没有什么贵贱、贫富、地域的差别，我一律接受他们。”

子容又说：“当今百姓还很贫困，来先生这里受教，学习费用恐怕难以承担！”

孔子说：“丘对学生不谈什么报酬，凡是那些能反省自己、检束自己而又肯上进向学的人，我一定会教他们。”

“先生办学宏愿，令人敬佩，只是在这当今世界，恐怕实现起来很困难。”子容感慨地说。

孔子说：“是的，要实现人人受教育的愿望，一时是很困难的，但仲尼要率先这样去做，为人人受教育开创一个先例。”

孔子收徒讲学，教育不分类属，不分贫富，不分尊卑，不分老幼，不分国籍，人人都可受教育、开心智，打破了

孔庙大成殿

大成殿为曲阜孔庙大殿。唐代称为文宣王殿，因宋徽宗推崇孔子“集古圣贤之大成”，即改为大成殿。现所见大成殿为明代建筑，清代重修。殿前“大成殿”竖匾系雍正皇帝手书，字径1米。重檐九脊，气势宏伟，与故宫太和殿、泰山岱庙贶殿并称为东方三大殿。

“学在官府”的传统，开中国历史上民间私学的先河，为中华民族的教育和文化发展，打开了广阔的天地。

颜路

姓颜，名元繇。字路，颜回父亲，孔子早期弟子。

冉耕偷学

有一天，孔子最早的弟子颜路与两三个同学搀扶着一个受伤的青年走近杏坛。

这个青年名叫禾兔，常与颜路一起放牧、打柴。孔子聚徒讲学开始后，他常常来偷听，有时伏在墙头听，有时爬上大树听，同学们朗诵，他也跟着轻声念。日子一久，引起了大家的注意：此人如此好学，为何不来主动拜师呢？……

这天是拜师日，弟子们都整齐地站在杏坛两侧，孔子端坐在屏风前的教席上，新来的两个弟子在引荐弟子的带领下，穿着儒服，高擎贽礼——一只大雁，来到孔子席前跪拜，孔子欣然接纳，收为弟子。拜师仪式完毕，颜路扶着禾兔，来到孔子跟前，禾兔双膝跪倒：“小人早想拜先生为师，只是出身卑贱……请先生收纳！”孔子看到眼前的禾兔，忙将他扶起，说：“孔丘广收弟子，不分年龄大小和身份贵贱，只要肯学就可以！”禾兔连忙拜谢。

“你叫什么名字？”孔子问。

“禾兔”。

“名字不雅，我给你改一个名字吧！你姓什么？”

“冉！”

“就叫冉耕，字伯牛吧！”

冉耕

姓冉，名耕，字伯牛，孔子弟子。春秋末鲁国人，以德行著名。

颜路告诉孔子，其实冉耕早就是夫子的学生了，有那棵最大的银杏树为证，我们栽银杏树时，冉耕就来帮忙了。

听了颜路的介绍，孔子起身走到那棵银杏树前，抚摸着它的树干，仰望着它茂密的枝叶，再回头看着冉耕和这群弟子，他思绪万千……

十年树木，百年树人，但愿这群弟子能早日成材，肩负起天下兴亡之责。冉耕后来成为孔门七十二贤人中的佼佼者！

初教子路

子路

姓仲，名由，字子路，孔子弟子。春秋末鲁国卞（今泗水东）人，以政事见称。性格率直，勇武过人。曾任卫蒲邑大夫，季氏家宰，后为卫大夫孔悝家宰，在卫国内乱中被杀。

在距曲阜百里之遥的卞地，有一人名叫仲由，字子路，性格爽直，为人勇武，信守诺言，比孔子仅小九岁，慕名赶来拜师。

子路初次见孔子，身穿华丽的服装，面色桀骜不驯，见了孔子就朗声说："弟子仲由拜见先生！"

孔子见子路这副模样，心里有点不是滋味，就说："你既为我的弟子，这样穿着华丽服饰，又傲慢不可一世，算是怎么回事呢？"

子路于是退出来，更换了练武的衣服后拔剑在庭院中舞了起来。舞罢，就对孔子说："先生，古时候有道德的人没有不佩剑以自卫的，仲由曾听说先生的父亲生前是位虎将，至今鲁国人尚在称赞。先生应该学剑习武，继承父业。"

孔子听后回答说："古代道德高尚的人都是以忠诚为本性，以仁德保护自身，见到不好的就拿忠恕教化，遇到强暴的就拿仁德感化，何必要用剑来自卫呢？我听说成汤伐桀，武王伐纣，既未亲自拔剑以自卫，也未单枪匹马去冲锋陷阵，而是以仁德统率千军万马，取得了胜利。"

子路听罢，面色羞愧地说："仲由今日听到先生如此教诲，犹如常坐暗室中忽然见到了明灯，请容弟子去更换衣服后再来受教！"说完就退出，更换了平常衣服，除去了佩剑，趋步走近孔子，恭敬地说："请先生赐教！"

孔子说："喜欢自夸的，华而不实；自认勇毅的，傲然自赏；聪明显露在面上而又自夸其能的，便是德行很差的小人。"

子路连忙说："感谢先生教诲，仲由过去不学，行为鄙俗，请先生原谅，今后严加教训！"孔子见子路态度恭顺，再也没有先前武夫的神态，沉吟片刻，说道："人生在世，要做到幼年好学，壮年有勇，老年有贤德才能而能礼让于人。以我看来，只有铜伯华①做到了，可惜此人已亡故，若是他在世，以他的德行，是可以安定天下的啊！"

①铜伯华，春秋时期晋国大夫羊舌赤，铜是他的封地，伯华是他的字。

孔子手植桧

在孔庙大成门内东侧，相传孔子手植桧原有三株，后枯死两株，唯有此株几经枯荣留存至今，树高10余米，粗可合抱。先师手植桧历来受到重视，过去人们把它看作孔子思想的象征，将它的枯荣与孔氏家族和国家兴衰命运联系在一起。

子路说："少年好学，壮年有勇，这是可以做到的，但是身具德才还肯礼让于人，则是难以做到的。"

孔子说："这要看你的修养如何。从前周公官居高位，执掌天下政权，为了选拔天下的贤良之士，一饭三吐哺，甚至有一天接见了170人，我们要见贤思齐呀！"

子路说："先生，您是说只有德行高尚的人才能仁爱天下人吧？"

孔子说："你是个聪明的人啊！一点就明白了。你平日的爱好是什么呢？"

"弟子最爱舞剑。"

"我不是问你的武功，而是问当你有了才能，是否还爱好学问？"

"先生，既有才能，何必再有学问，学问究竟有什么益处呢？"子路又问。

孔子答道："国君没有直谏的忠臣，就会失去尊位；学子没有规过的朋友，就听不到对自己有益的善言；再好的良马没有缰绳，便无法去控制它拉车。树木有了匠人的墨线才能成直材，人有了学问才能办好事情。厌恶学问，放逸心性，还容易触犯刑律。所以要做一个道德高尚的人就不可以没有学问。"

子路说："南山上面的竹子，不去扶它却能自己长直，砍来做成竹箭，就可以射穿犀牛的皮。以这个比喻来说，又何必学习呢？"

孔子说："把那箭装上羽尾，又将它的头磨得更锋利，再射那犀牛皮不是射得更深吗？这学和不学是大不一样的。"

子路听了这些道理后说："先生，仲由过去莽撞任性，就是因为没有学问，先生今日教诲，仲由将永记在心。"

先圣之像

清《孔子圣迹图》

性相近　习相远

颜路、曾点、冉耕、仲由是孔子在阙里讲学最得意的门生。他们勤学好问，深得老师的欢心。这一天，他们又一起来拜见先生，请教学问。

曾点，姓曾名点，字子皙。其先祖为夏朝君王夏康之子曲烈，曲烈封地在鄫（今山东临沂市西南七十里左右）。春秋时期，鄫国被莒国消灭，世子巫公也逃难到鲁国，由巫公三传到曾点。曾点同孔子一样，远祖是显赫的，但是后来却失去了贵族地位，逐渐沦落为平民。相传曾点的妻子要亲自织布来维持家庭生活，儿子曾参曾经穿着破旧衣服耕种。他拜孔子为师后，曾参也师从孔子，父子两人都是孔子学生。

曾点说："数月来，先生教诲弟子，要改变不良的性情，回到本性上来。请问先生，人的性情怎么会有好坏呢？"

孔子说："可以用两句话来回答。一句是'性相近也'，即人的性情本来是相近的，没有贵贱、智愚、贤良不肖之分。另一句是'习相远也'，即因为受不同环境习俗的熏陶，性情便大不一样了。这是我立志行教、勤于学问的理由所在，因为只有通过教育，勤于学问，才能使一个人回到本性上来。"

子路问："先生行教的目的是要我们学会做人、做学问，那么应当如何去做呢？”

孔子说：“要做到四点：一是‘志于道’，即有高远的理想；二是‘据于德’，即以高尚的德行为根本；三是‘依于仁’，即有仁的内在修养；四是‘游于艺’，即有礼、乐、射、御、书、数广博的知识技艺。”

颜回的父亲颜路是孔子早期弟子之一，他问孔子说：“先生教弟子做人、做学问，要教哪些内容呢？”

孔子回答说：“我着重从四个方面施教，那就是文、行、忠、信。文，指知识，文章；行，指一生事业的成果；忠，指对人、对事、对物忠贞不渝的诚心；信，指有信义。”

子路又问：“先生做学问有何乐趣？如何得到这种乐趣？”

子曰：学而时习之，不亦说乎？有朋自远方来，不亦乐乎？人不知而不愠，不亦君子乎？

——《论语·学而》

孔子回答说：“学问是从人生经验上来的，随时随地注意生活，随时随地去学习，随时随地去体验，随时随地去反省，就是学问。这样做了，便自有会心的乐趣，即能自得其乐。其次，做学问可能一辈子都没有人了解，所以要不怕寂寞。但只要有学问，自然有知己。这知己到来的时间可能相隔很久远，但有一个知己来了，那是非常高兴的事情。做学问，不仅要准备着一生寂寞，而且要能痛切反省，使内心里不蕴藏怨天尤人的念头，有这样的修养，才是君子，才能得到做学问的乐趣。”

学而不厌　诲人不倦

孔子讲授《尚书》，弟子们听后，都对舜帝的美德表示敬仰。孔子让弟子们发表自己的意见。

曾点说：“请问先生，弟子们要如何做，才能学到舜帝的美德呢？”

孔子说：“一、在家里孝顺父母；二、在外面敬爱兄长、朋友及一切人；三、做人谨慎，说话诚实可靠；四、广泛地友爱所有的人，亲近那些具有仁德的人。这样做了之后，还有剩余的精力，然后再‘学文’，爱作诗文或其他艺业都可以，可以量力而行，如果你们都能这样诚心地去做，那舜帝的高尚德行就能慢慢学到。”

孔子接着说：“一个道德高尚的人，在日常生活中，还以伦理道德为做人做事的标准，起码在九个方面是要认真思考的：对事情的观察要考虑是否清楚明白；对听来的话要考虑是否已用智慧去判断；待人的脸色要想到是否温和；对人的态度要想到是否恭敬；讲话要想到是否言而有信；做事要想到是否负责尽职；有怀疑时要想到是否和别人一起研究；对一件事，在情绪冲动时要想想是否每件事都有它难的一面，而不轻意去做；见到种种利益，在可以拿到手的时候，要考虑是否合理，该不该拿。”

子路说：“请问先生，做一个有德行的人哪些是需要警醒的呢？”

孔子说：“仲由，你提出的问题很好。我给你们讲过‘君子有九思’，现在再给你们讲‘君子有三戒：少之时，血气未定，戒之在色；及其壮也，血气方刚，戒之在斗；及其老也，血气既衰，戒之在得。’”

子路又问：“请问先生，每一个人在生活中都有自己的乐趣，应如何对待乐趣呢？”

孔子说：“一个人生活在社会中，有益的乐趣有三种，有害的乐趣也有三种。能够做到以得到礼、乐的调节为快乐，以宣扬别人的好处、优点为快乐，以交了不少贤明朋友为快乐，这就受益了。如果以骄奢淫逸为快乐，以冶游为快乐，以聚众大吃大喝为快乐，这就受害了。每一个人的乐趣是否得当，从这一点就可以看出来！”

颜路说：“先生的德行真可与那舜帝并立啊！”

孔子说：“颜路啊，圣者与仁者的境界，这种修养我怎么敢当？不过，我愿一辈子朝着这个方向努力，不仅学而不厌，而且诲人不倦。只有这两点，我可以说是做到了。”

子曰：弟子入则孝，出则悌，谨而信，泛爱众，而亲仁。行有余力，则以学文。

——《论语·学而》

孔子曰：君子有九思：视思明，听思聪，色思温，貌思恭，言思忠，事思敬，疑思问，忿思难，见得思义。

——《论语·季氏》

孔子曰：益者三乐，损者三乐。乐节礼乐，乐道人之善，乐多贤友，益矣；乐骄乐，乐佚游，乐宴乐，损矣。

——《论语·季氏》

丘之好学

子路、伯牛等侍坐在老师身旁，请教有关好学的问题。

子路说："弟子受教于先生以来，先生总是以各个方面的知识来教诲弟子，先生学问如此渊博，仲由终日在想要怎样才能把先生的学问学到手。"

孔子说："过去为了研究一个问题，我曾经整天不吃饭，通宵不睡觉，思考研究，结果发现没有用，不如多读书、多求学。"

子路又问："应如何去求学呢？"

孔子说："学与思要结合，只读书不认真思考，则昏而无得；只思考而不认真读书，则危而不安。能够了解过去的历史，认识现在，预断未来，就可以去做别人的老师了。"

伯牛问："用什么样的态度去学，才算得上是好学呢？"

孔子说："一个有仁德的人，他在学习的时候不要求饮食饱足、居住舒适。工作认真负责，说话谨慎小心，而又勤于去向有道德的人学习，吸取别人的优点，来改正自己的缺点，这样的人就可以说是好学了。"

孔子又说："真正好学的人，他在追求学问的时候，就好像在追赶别人一样，生怕追赶不上，当他赶上了别人又生怕原有的学问修养会丢失。如果一个人读了三年的书，可他还无意功名利禄，仍在孜孜不倦地求学，这种人是难得的。"

子路又问："请问先生，不好学将会产生哪些弊端呢？"

孔子说："仲由呀，你听说过六种个性会带来六种弊病吗？"

子路忙站起来回答说："没有听说过。"

孔子说："好，你坐下，我告诉你。过分爱好仁德却不好学，其弊病是容易迂腐；爱耍聪明，却不好学，其弊病是放荡不受约束；自信心强，却不好学，其弊病是喜爱耍手段，结果反倒害了自己；性情直率，却不好学，其弊病是容

子曰：吾尝终日不食，终夜不寝，以思，无益，不如学也。

——《论语·卫灵公》

子曰：学而不思则罔，思而不学则殆。

——《论语·为政》

子曰：君子食无求饱，居无求安，敏于事而慎于言，就有道而正焉，可谓好学也已。

——《论语·学而》

子曰：由也，女闻六言六蔽矣乎？对曰：未也。

居！吾语女。好仁不好学，其蔽也愚；好知不好学，其蔽也荡；好信不好学，其蔽也贼；好直不好学，其蔽也绞；好勇不好学，其蔽也乱；好刚不好学，其蔽也狂。

——《论语·阳货》

易把事情弄坏，像绳子绞起来一样，太紧了会绷断的；崇尚勇敢，却不好学，其弊病是容易出乱子；个性刚强的人，若不好学，其毛病是狂妄自大。这些你要仔细领会领会！”

子路连连点头，心悦诚服。

颜路问：“先生的渊博学识非同常人，这是如何得来的呢？”

孔子回答说：“任何地方，就是在一个只有十户人家的小乡村里，也一定能找到和我孔丘一样忠厚信实的人，所不同的只是他们不如我孔丘好学罢了。”

子曰：十室之邑，必有忠信如丘者焉，不如丘之好学也。

——《论语·公冶长》

孔子的教育理念

南宫子容这天来到阙里馆舍，向孔子询问有关教育问题。

子容问：“先生施教的主要内容是什么？”

孔子说：“我施教的内容很多，主要有三个方面：一是‘兴于诗’，即用诗来启发学生的性情、品格；二是‘立于礼’，即用礼的道理和规范使学生们在社会中能卓然自立，而不为外物所牵累；三是‘成于乐’，即用音乐和歌舞来陶冶学生们的性情，使其人格得以完善。”

子曰：兴于《诗》，立于礼，成于乐。

——《论语·泰伯》

子容又问：“先生对弟子采用什么样的教育方法呢？”

孔子回答：“无私无隐，是我施教方法的第一个要点。我对学生毫无隐瞒，是因为我的学问已在自己日常生活行为上表达无遗。严格要求，是我施教方法的第二个要点。对弟子有爱心，就要勉励他们；对弟子真心，就要教导他们启发、诱导他们，这是我施教方法的第三个要点。教导弟子，不到他苦思不解而要求解答的时候，不去开导他；不到他想说而又说不明白的时候，不去启发他。直到学生能举一反三，我就不再重复教授这个课目了。”

子曰：爱之，能勿劳乎？忠焉，能勿诲乎？

——《论语·宪问》

子曰：不愤不启，不悱不发；举一隅不以三隅反，则不复也。

——《论语·述而》

观器论道
清《孔子圣迹图》
　　孔子参观鲁桓公庙，向孔鲤解说宥坐的劝诫意义。宥坐，古代帝王用的劝戒器。

做人三要

孔子35岁时，儿子孔鲤已15岁，因自小由父亲亲自授教，孔鲤学问已有一定的根基。

一天，孔鲤跟随父亲去鲁桓公庙中观光，当看见神位前有欹（qī）侧的木器，便问守庙者：“这是什么祭器？”

守庙者回答：“这个器名叫宥（yòu）坐，是帝王用的劝诫器，即用它来随时提醒自已行仁天下。”

孔子忙借机教育儿子：“我曾听说这宥坐器，内中空虚无水它就不正，内中装水半满它就平衡，如果装满了水它就倾覆。这是贤明君王用以劝诫自己用的，所以常将它放在身边。你不妨用水灌注试试！”

孔鲤经守庙者同意，将水灌入器中，灌注到一半时，宥坐器即变得平正不斜，再灌注到十分满时，宥坐器突然倾覆过来，所注入的水全部溢出。

孔子此时长叹说：“世上哪有满盈而不倾的东西！孔鲤呀，你要谨记莫忘啊！”

说罢，又带孔鲤观光北堂。孔鲤在门前止步瞻仰，见北面门棂尽是断损残缺的模样，便问："父亲，这个残败的样子，是工匠的过失没有做好，还是另有典故呢？"

孔子说："建筑太庙，是由朝廷招来的有名工匠，选用的是上等木材，残败朽断的原因，绝不是工匠的过失而没有做好，一定是故意留下残缺，用来告诫后人对太庙要不断修缮吧！"

参观完后回到家中，孔子问："你知道为父带你去太庙观光的用意吗？"

伯鱼说："是教育孩儿怎样做人！"

孔子说："是的，知道就要好好去想想。你年少无知，不懂得立身处世的道理。做人之道有'三要'，就是要知耻、知鄙、知危。幼年不勤学，老来一事无成，这是可耻的；能够做官显贵，遇见过去贫贱的朋友而不理，这是可鄙的；常和那些德行不好的人接近，不去亲近贤良明德的人，这是危险的。这三件事，也是我平日所身体力行的啊！"

孔鲤随父参观庙堂，受到了一次深刻的教育。

问礼老子

一天，孔子与南宫子容议论"礼"。孔子说："闻听老子博古通今，深明礼乐的宗旨，精通道德深义，足当为丘师表，丘想去周天子京都寻访他，不知你愿不愿意与丘同去？"南宫欣然回答说："我极愿奉陪同往，我就去面见鲁君，请求赐给车马以壮行色。"

南宫说罢，作别而去，径直来到宫内向鲁昭公请命道："臣父临终时刻，曾召集他手下的大夫说，礼仪，是做人的根本。没有礼仪，不能自立。臣与孔丘商议，想前往周京城参观先王的遗制，考察礼乐源流，恳请主公赐以车马，臣愿和他同往洛阳。"

昭公欣然同意，便赐仲尼车一乘、马两匹，并准许子容

孔子见老子

武氏墓群石刻，现存山东济宁市中区汉碑馆。

同行。

经过五天的行程，两人来到洛阳。

次日清晨，仲尼与南宫适登门拜访老子。

老子，姓李，名耳，字伯阳，死后谥号为聃，世称老聃。老子先任周朝守藏室之史，后又为柱下史，通晓上下古今之变，晚年躬耕授徒，讲道论德。他对仲尼和南宫适来访非常高兴。老子令童子将道路打扫干净，亲自迎接孔子。

两人相见，孔子恭敬地行见面礼，手捧大雁献给老子，以表示对老子的敬意。

孔子说："丘久慕先生博古通今，深明礼乐和道德，专程和子容前来求教。"

老子答道："二位远道而来，当然表示欢迎，不过我自觉惭愧，学问不及二位渊博，怎敢自居为先知先觉？只能将我的一知半解，尽量贡献给二位，聊以酬答远道来访的盛情。我自以为，对于礼和道德尚能略知一二，讲到乐，自从尧舜禹汤文武成康到现在，古乐今乐不知道有多少，我非乐官，未曾专心研究，而且乐是宴飨要用的东西，关系颇为重要，因不曾学习，不敢乱谈。不过，我的好友苌弘，现在任王宫的乐官长，他的祖辈和父辈也任乐官，经验丰富，倘有所问，必能详细相告。我自然会预先给二位介绍，待后几日再去访问便是。"

孔子拱手道："承蒙盛情介绍，敢问先生，为何今日礼仪不及古代礼仪呢？"

老子叹息地说："这是和周朝王室政治衰微、诸侯各国相互争霸分不开的，各诸侯国为了称雄，不惜僭越礼制，已把周礼弄得不成样子了！"

孔子再问："请问周朝古礼源流？"

老子说："讲到周朝古礼，那是周公旦辅佐武王、成王时制定的，在西周极盛时期，各种礼制也很完备，上下遵守，谁也不敢僭越。自东周以来，王道日渐衰微，古礼也就渐渐泯灭了！"

孔子又说："能否请教先生，周朝古礼有哪些主要的方面？"老子说："论及西周的古礼，我一时也难以说尽，二

问礼老子

明《圣迹图》

孔子和南宫敬叔一齐到洛阳，向老子问礼，因为老子曾做过周王朝的守藏室之史（管理藏书的史官），熟知周礼。

位要知古礼，我看耳闻不如目睹，若二位愿意的话，我当领二位去看一看。”

老子引路走在前面，就近先看明堂。仲尼在明堂前举目四顾，只见四面大门上，画着尧、舜、桀、纣的像。尧、舜的相貌和善魁梧，带着兴旺的神气；桀、纣的相貌凶恶尖削，带着颓废的神情。还有周公像、成王图，还有鼎铭盘铭，多得一时目不暇接。

退出明堂后，老子又引导他们去太庙，参观各式祭器，大大小小约有百数十种，老子将各种祭器的名称和用途都作了说明。孔子走到右边的石阶前，看见有一个制作大小与人相仿的金人，口上粘着三道封锁，背上刻着很长的铭文。孔子将铭文从头到尾详读了一遍，对子容说：“今天见了这三缄其口的金人，才知道做人不要多言，多言多败；不要多事，多事多烦恼。”说完又随着老子退出，时已午后，老子相邀回家，并盛情款待。进餐完毕大家又谈到礼仪上来了。

孔子说：“丘对于各种礼制，因为没有名师指导，不能贯通，敢请先生明示！”

老子说：“国家的礼正，治国就有了准绳，那禹汤、文武、成王、周公都是凭着正直的礼制在位，所以治国之道就兴盛；那幽王、厉王不凭正直礼制在位，所以他们遭致祸殃。由此就可以看出，礼制关系到国家的治乱兴衰，因此不

老子像

元　赵孟頫绘

姓李，名耳，谥曰聃，字伯阳，楚国苦县（今鹿邑县）人，约生活于公元前571至471年之间。中国古代伟大的思想家，道家学派创始人，著有《道德经》。

可等闲视之。要知道古代圣王是凭着天道来治理人情的，为了用敬奉鬼神来教化百姓，便制定了郊社、禘尝、馈奠、射飨等礼制。”

孔子听到这里插言问道：“丘曾经听到郯子说，居家有礼则长幼分，闺门有礼则三族和，朝廷有礼则官爵尊，田猎有礼则戎事闲，军旅有礼则武功成，如果这五者都无礼，其后果又是怎样呢？”

老子回答说：“这五者如果失去礼的约束，就好像瞎子行路，失去了搀扶的人，又好像夜晚一个人坐在漆黑的室内，眼睛什么都看不见，手足无地方放，进退都很难。于是就会居家长幼不分，闺门亲族不和，官爵失去次序，政事无法施行，动静失宜，其遗祸就真不可收拾啊！”大家都很高兴，兴致亦浓，不觉天近黄昏，南宫提议明天再来学习，仲尼等告别老子回到馆舍。

访苌弘

礼和乐都是大学问，孔子请教了礼，再去请教乐。

天刚黎明，孔子和南宫就起床洗漱，简单早餐之后，再次径直来到老子的宅府。

老子说：“二位要问乐之事，我已告知苌弘，约他今日来和二位相见。他是我的好友，要问之事尽管提出，毋须拘泥！”这时苌弘尚未到达，仲尼又向老子请教婚丧、君臣等多方面的礼制，谈话兴致正浓时苌弘进了客厅，老子就将仲尼向苌弘作了介绍。

苌弘说：“苌弘虚名在外，有问无答，在远客面前会出丑啊！”

南宫忙说：“久慕大名，不必客气。再说那乐府，浩如渊海，谁人又能博通无遗呢？但愿先生不吝赐教！”

孔子忙上前向苌弘敬礼，恭敬地问道：“那《武》乐意义深奥，丘往往不得要领，请先生赐教！”

苌弘答道："《武》乐共计六章，俗称六节，内容主要是颂扬武王兴周灭纣的功绩。一章出兵伐纣，二章灭商成功，三章周朝开国，四章是南国诸侯归附，五章是述说周、召二公分陕而治，六章歌颂天子。这就是《武》乐的大成。"

孔子问："《武》乐里有一句'武之备戒之已久'，不知何意？"

苌弘答道："这是周武王担心诸侯不能持久地归顺，所以作此一句以示警戒。"

孔子又问："'发扬蹈厉之已蚤'这句是什么意思？"

苌弘回答说："这句的意思是做什么事情都要不先不后，要到适当的时候去做。"

"'迟矣而久，久立于缀'这句是什么意思？"

苌弘说："这句的意思颇为复杂，在音乐之中其意思是形容成功的。《武》乐都是表彰武王兴周灭纣的功绩，'迟矣而久'，是说灭纣成功的迟缓。'久立于缀'，是说武王统领大军像山川屹立不动，会各诸侯于孟津的意思。"

孔子说："有幸能得到先生的赐教，使丘懂得了《武》乐的源流和含义，但还不知道《武》乐和《韶》乐哪种为好？"

苌弘回答说："《韶》是舜帝的乐名，《武》是周武王的乐名。论他们的功业，舜帝继尧帝治国，武王则是伐纣救民，都堪称先圣先贤。如果就乐论乐，《韶》乐却声宏容盛，字义尽美，《武》乐声容虽美，歌调晦涩，不及《韶》乐。《韶》乐可称尽美尽善，《武》乐却尽美而未尽善。"仲尼详尽询问，苌弘有问必答，不觉时已正午。仲尼所要问的皆问遍了，就向苌弘表示感谢，苌弘首先告辞而去，接着仲尼和南宫向老子道别。老子告诫孔子说："你赞美的那些古人，骨头也烂了，只留下一些话罢了。我听说，会经商的人，常常囤积着货物，却好像货物无多。德行丰厚的人，大智若愚。"

这一天，孔子与南宫向老子辞行，老子说："我听说，富贵者临别赠财，有仁德的人临别赠言。我不是富贵之人，

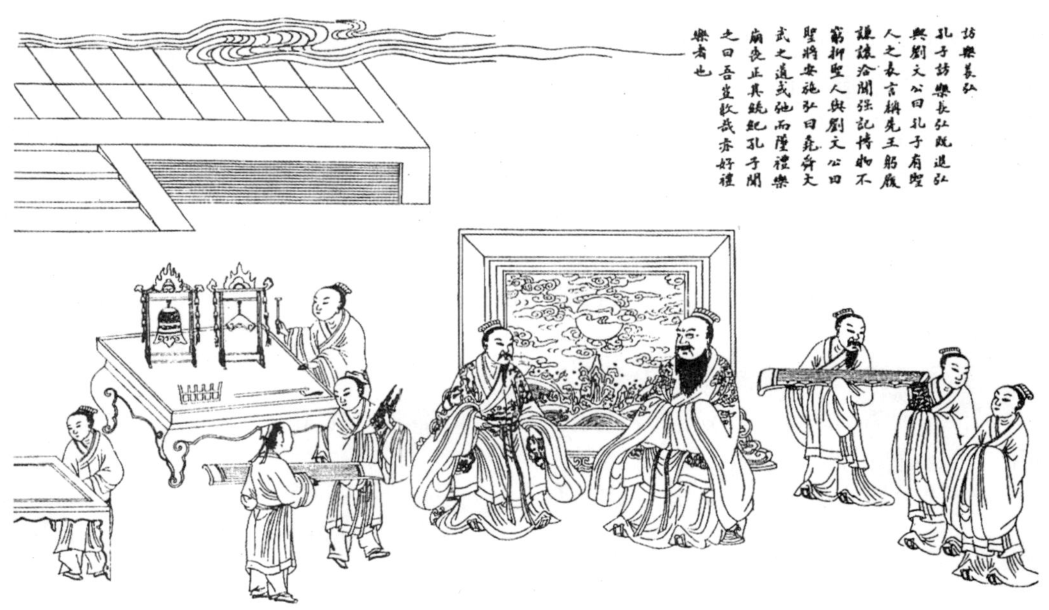

访乐苌弘
清《孔子圣迹图》
孔子曾由老子引荐，向苌弘学习《武》乐和《韶》乐。

就充作仁者，送你几句话吧：聪明深察的人容易横死，因他喜欢议论是非。雄辩博学的难保自身，因他喜欢揭发别人的劣迹。居家则养生孝亲，居官则进退自知。”

孔子谢过老子，告辞回国。

事后，弟子问孔子对老子的印象，孔子想了想才说：

“鸟，我知它能飞；鱼，我知它能游；兽，我知它能跑。地上跑的，可以用网去捕；水中游的，可以用钩去钓；天上飞的，可以用箭去射。而那龙啊，我不知它如何云游四海，上天入地。我说不清老子是怎样一个人，大概就和龙一样吧。”

出走齐国

鲁国的政事，自昭公时已掌握在正卿大夫（丞相）的手中，国君成了只是为正卿大夫发布法令、主持祭祀、接待外国宾客的工具。

昭公以前，鲁国有位正卿大夫名叫季文子，他廉洁俭朴，谨思慎行，先后辅佐了鲁宣公、成公、襄公三位国君，为鲁国的政局稳定立下了功劳。而他的家中却没有一点金银宝玉，就连妻妾也不穿华丽衣服，马也不给吃粟米。之后，鲁国的政权已为季孙、孟孙、叔孙“三家”（或称“三桓”）共同掌握。季文子去世，他的儿子季武子继承正卿大夫之位，辅佐鲁昭公。季氏为三桓之首，权力最大。但是，三桓又互相牵制，各自培植自己的家臣势力，争夺国家的施政权力，从此鲁国公室日益衰微。季武子去世后，他儿子季平子继位，独揽国家政事，国君也成了傀儡。

鲁昭公二十五年（公元前517年），昭公的王亲郈昭伯与季平子斗鸡，季平子给鸡套上皮甲，郈昭伯给鸡绑上金属爪子。季平子的鸡被斗败而恼恨在心，就故意在郈昭伯那里扩展自己的住宅，寻衅闹事。季平子专横跋扈，目无国君，令鲁昭公怒火中烧，只想伺机削弱季氏权力。

季平子得悉鲁昭公的意图后，图谋杀掉昭公，夺取国君之位，他命令家臣阳虎秘密训练二千甲兵，选择时机反叛。

鲁昭公闻讯，立即率领军队去攻打季平子，围住了季氏的住宅，谁知那季平子和孟孙氏、叔孙氏早已预谋联合背叛昭公。季氏被围时，他为混淆视听，就登上防御的高台，假装对鲁昭公请求说：“君王没有调查下臣的罪过，就用兵甲讨伐下臣，下臣请求待在沂水边上让君王调查。”昭公不同意，季平子又请求将他囚禁在费地，昭公也不答应，季氏请求只让他带五辆车子流亡他国，昭公还不知是计，正在此时，早已埋伏的兵甲杀出，昭公的军队溃败，昭公逃亡到了齐国。

昭公逃亡齐国后，三桓互相争夺国家政治大权，国内大乱，孔子和齐国的好友高昭子取得联系，将家属妥善安排后，便带着他的弟子奔赴齐国去了。

泰山问政

清《孔子圣迹图》

孔子经过泰山，见一妇人哀哭，让子路问妇人哭的原因。妇人答道：我的公公、丈夫、儿子都死在老虎的口中。子路问：为何不离开呢？妇人答：此地无苛政。子路告诉孔子，孔子感叹道：苛政猛于虎。

苛政猛于虎

这天，孔子与弟子们行进在通向齐国的道路上。进入泰山林区后，树木葱茏，人烟稀少，孔子心情也得到了舒缓。这时，孔子看见一个妇女在新的坟墓旁哭得很伤心，孔子就让子路停车，命他前去探问。子路问那妇女：“你的哭声很悲苦，难道有什么冤屈，可否说来听听？”

妇女回答说：“以前我的公公，在这里被老虎吞吃了，过了一年，我的丈夫又死在老虎的口中，现在我的儿子也被老虎吃掉了，家事如此悲惨，叫我怎么不痛心啊！”

子路又问：“这种荒郊野外，当然有虎伤人，你们为什么不离开这里，搬到别的地方去呢？”

妇女回答说：“这里虽是荒郊野岭，有虎伤人，可是没有苛捐杂税，也没有过多的劳役啊！”

子路将情况禀明孔子。孔子听完后心情沉重，与子路上车继续前行，在车上他对子路说：“仲由呀！你要记住，老百姓把繁重的苛捐杂税和无休止的劳役看得比老虎还要凶猛！你们今后若去做官，千万要为这些百姓着想啊！”

孔子与弟子们一行继续赶路，昼夜兼程来到了齐国国都临淄。

晏婴妒贤

高昭子，齐国元老高国仲的长孙，是齐国有名的大夫。他曾奉国君齐景公之命，与丞相晏婴（字平仲）一起出使过鲁国，并拜访了孔子。当时，昭子见孔子门人弟子尽是好学不倦的才士，十分敬重。从那时起，他便与孔子结成了至交，一直保持着往来。当孔子来到齐国时，昭子早已命人在城门口迎接，孔子带着弟子在差人的引导下，来到昭子家。

当下高昭子设盛宴为孔子洗尘，并邀请晏婴作陪。

那晏婴身高不满六尺，但才华出众，名闻当时。有一次，景公差他去见楚国的国王。楚王见他矮小，有意侮辱他，就在城门旁开一狗洞，城门紧闭，命他从狗洞进入。晏婴从容说道：“出使到狗国当然要从狗门进，今臣奉命出使楚国，当从楚国城门进。”楚王知道失礼，便命令开城门放他进去。他见到楚王后，又凭一张利嘴，说得楚王以礼相待，顺利地完成了使命。他回国后，景公便提升他为相国。

晏婴

字平仲，春秋时齐国政治家，长得矮小，善于辞令。公元前556年（齐灵公二十六年）任齐国国卿，继之辅佐庄公，很受重用。庄公被杀后，景公即位，任相国。

晏婴虽然有才华，但心胸狭窄，与孔子相见，表面热情，内心却在设防，他非常害怕齐景公重用德才卓著的孔子。

席间，昭子真心实意地劝孔子在齐国为官，晏婴假装未听见。

孔子是个学识渊博而又十分机警的人，对晏婴的心理早已看透，连忙岔开话题。

晏婴已觉察气氛不对，连忙说：“婴和先生分别仅四五年，哪知先生门下竟有如此众多的贤才弟子，再过几年，那天下英才将尽归先生门下，将来我也向先生行拜师礼，拜投先生门下啊！”

孔子微笑道："孔丘怎敢收名重当今的贤相国为弟子呢？但愿与您的友谊能始终如一，不要半路分手，丘就觉得幸运至极了。"

这几句话是孔子有意说的，那晏婴听后满身感到不舒服，等不到终席，就先行告别，昭子和孔子一直谈到尽兴方散。

晏婴回去后，第二天，他差人向高昭子送来一封信。信中说，仲尼为天下首才，若举荐他在齐国为官，自己就辞官让位给孔子。高昭子知道他嫉妒贤良，但他毕竟是相国，又是景公非常倚重的人，只好答应不在景公面前举荐孔子。

昭子把情况如实地告诉了孔子。

孔子说："我已知道了晏婴的心情，既然如此，我也就不便在齐国做官了。不过我得向先生借一处院落作学馆之用，以便教导随我前来的弟子们。"

昭子连忙答道："先生就在敝舍行教，弟子生活费用的不足部分，全由在下供给，请先生安心！只是在下有个想法不敢对先生启齿！"

孔子说："你我交谊非浅，有事但说无妨，凡丘能做到的，一定尽力！"

昭子说："先生既在敝舍行教，我家公私事务繁多，缺少一人料理，若先生愿意屈尊的话，就为在下总管一切家务，只要先生发个话就行了，具体事情不必劳驾先生，您只管教授弟子。"

孔子爽快地说："先生如此错爱，丘怎敢不从命呢！"

当下弟子们听后，也个个满意。从此，孔子一方面在高昭子家设馆行教，一方面又兼任高昭子的家臣。

三月不知肉味

孔子在昭子家既做家臣，又教授自己的随行弟子，虽然忙碌，日子倒也过得充实，时光荏苒，不觉已过月余。

一日，吴国有名的大夫季札奉吴王之命，出使齐国，

在齐闻韶

明《圣迹图》

孔子35岁时，鲁昭公被季孙氏、孟孙氏、叔孙氏打败，逃奔到齐国，孔子也追随到了齐国。孔子听了传说舜作的乐曲《韶》乐，沉醉其中，以至三个月都尝不出肉的香味来。

在朝廷之上与高昭子相遇。两人心气相投，颇有相逢恨晚之感，昭子于是邀请季札来家做客。

昭子回府后，将此事告诉了孔子。

第二天，季札来到高府。昭子殷勤款待，在客厅之上寒暄过后，就向季札介绍说："这是鲁国的孔丘先生，现在屈居寒舍。"

季札说："札久慕先生高名，早有去鲁国请教的愿望，想不到却在此巧遇，幸会！幸会！"

孔子与季札相见，有如故友重逢。昭子也十分高兴，就留季札暂住府内，以便三人能畅所欲言，季札也欣然同意了。

次日，三人就天下形势、礼仪制度、政治主张等，畅述了各自的心里话。后来，昭子因被召去朝见君主，孔子就和季札谈论起音乐来。季札博学多才，尤擅音律。孔子虚心请教，季札详加讲解，孔子竟比当初苌弘讲解时理解得更透彻。

这时，孔子问："《韶》乐创作在前，《武》乐创作在后，那周武王为什么不效仿《韶》乐，偏要创作出那种声韵低沉、歌意晦涩的《武》乐呢？"

季札答道："这是舜帝、武王二人所处时代不同的缘故。舜帝时代政通人和，尧先后将娥皇、女英两个女儿嫁给他，后又将帝位禅让给他，舜帝得到了人民的拥护，常处在

吴国贤人季札

吴王寿梦第四个儿子，多才多艺，仁德谦让。屡次为回避君位而出走，在历史上传为佳话。

孔子闻韶处

清嘉庆年间，在临淄古城大城东南某村，村民发掘出一块古碑，碑文有“孔子闻韶处”几个大字，并在地里掘得石磬数枚，人们便将此村命名为韶院村。韶院村曾是齐国的音乐官。

欢乐的心境中。所以他发明五弦琴，撰写《南风歌》，歌云：‘那悠悠温和的南风，轻轻抚摸在我的身上啊，它慈爱着人民，使我的人民忘记了烦恼；那南风来得多么及时啊，它吹遍大地，使我的人民增加财富！’你看它的声韵和内容是何等宏大，诗歌中充满着欢乐。当你听了《韶》乐，就能想象舜帝以伟大的德行感化着百姓，其美妙就如泉水顺流而下，所以至今那些圣明国君和仁德之士对《韶》乐仍津津乐道。武王所处的时代，社会纷争，他载着文王木雕像出兵东征伐纣，动身时就遇着伯夷、叔齐跪在他的马前谏阻。武王虽然得到了商朝的天下，但还是逃不了以臣伐君的名声。武王处在逆境，所以作乐记功也不便太显扬功德，于是就尽量揭露纣王的罪恶，其歌词与乐曲变得或吞或吐，寓意难解，这就是《武》乐。”

孔子说：“丘早年没有真正领会到其中的含义，直至去周天子的京都观礼，幸得乐官苌弘先生指教，其讲解也与季大夫的高论如出一辙。丘长久以来就想学习《韶》乐，苦无良师指点。今日，烦请季大夫不吝指教！”

季札微笑地说：“先生喜欢《韶》乐，又精通演奏技巧，札愿为先生正拍。不过，札也有求于先生。”

孔子说：“只要丘有用力之处，怎敢不遵大夫之命！”

季札说：“因久慕先生仁德大名，原想去鲁国拜访先生，将长子毅投拜先生门下，苦无良机。这次奉君王之命出使齐、晋、秦、楚等国，故命小子毅同行，以择师就教，在此巧遇先生，又见先生在此行教，实为有缘，欲让犬子拜列门墙，望先生万勿推却！”

“承蒙大夫抬爱，贵公子学业，丘当尽力而为之。”孔子高兴地招收了季毅为弟子。

季札在高昭子府上，悉心指导孔子弹奏《韶》乐，三天后他才入朝向景公辞行。

孔子每日除了讲学，就沉浸在《韶》乐的声韵之中，一连三个月，如醉如痴，《韶》乐的美妙，使他忘记了一切，就连吃肉也不知其味。

商羊知雨

清《孔子圣迹图》

齐国朝廷飞来一只独脚鸟，众皆不知来历。问孔子，孔子说：“此鸟名商羊，水患将来之兆。”于是，齐国采取措施，避免了一场灾难。

天将大雨　商羊起舞

一日，齐景公上朝议政，突然一只独脚怪鸟飞进殿厅，展翅在地上跳跃。景公非常惊奇，于是就问晏婴说：“寡人有生以来，没有见过一只脚的鸟，而它又能展翅跳跃，相国可知道这种鸟叫何名吗？”

晏婴回答说：“臣未见过，实在不知道，不敢随便捏造个名字来欺骗君主。”

齐景公又问其他大臣，群臣都瞠目无言以对。议事一毕，大臣们就退朝回去，只有晏婴尚在陪同景公。这时，鲁昭公来见景公，以感谢他逃难齐国后受到的礼遇。

二人寒暄一阵后，齐景公就将独脚鸟之事告诉了鲁昭公。

昭公说：“孔丘是鲁国的博士，现在贵国大夫高昭子家做客，何不派人前去问个明白？”

景公听说后，非常高兴，赶忙召来高昭子，差他前去向孔子请教独脚鸟的事。昭子奉命回家，向孔子问道：“今日齐君临朝议政，见有一只独脚鸟飞进殿厅，在殿前展翅跳跃，国君问遍相国和诸位大夫，都不知道是什么怪鸟，特奉君命前来请教先生。”

孔子岔开话题问道：“齐君从哪里知道我在你府上呢？”

昭子答道：“是鲁君刚才面告齐君的，并称先生博学，一定知道此鸟来历。”

孔子回答说：“这种鸟名叫商羊，是水患将来临的兆头。从前，有儿童弯曲一只腿伸张两手像翅膀，一边跳跃，一边口唱童谣：‘天将大雨，商羊起舞。’今日齐国殿厅见到此鸟，这是水灾将要来临之兆，请速速告知百姓疏挖渠沟，修筑堤防，以免大水成灾。”

高昭子听后，立即回到朝廷，把孔子的话详细地回告景公。景公听后即命昭子速告百姓知晓，预防水灾，并立即遣人督促修筑堤防。

晏婴听后冷笑道：“童谣如何能知道天的旨意？若无大雨成灾，国家岂不失信于百姓，还是等一等再说吧！”

景公向来信任晏婴，听他这么一说，连忙说：“相国之言也有理，高大夫你就暂且等到大雨将要来临时再通知百姓吧！”

正当高昭子退朝返家时，天色大变，似有大雨来临之势。他相信孔子的话应验无疑，也来不及再向景公禀告，就立即通知百姓，并差遣官员去到四乡，连夜督促百姓修补堤防，疏通沟渠。果然不出所料，未过一日大雨来临，而且连下三日未停。邻国都遭受了水灾，唯有齐国有备无患，躲过了一场灾难。

景公问政

孔子识别商羊，预知水患，帮齐国避免一场水灾后，齐景公对孔子的学识更加钦佩。

景公尊让

清《孔子圣迹图》

孔子在齐，景公敬贤，每以国事相询，礼遇有加。孔子在齐国的俸禄，相当于鲁国上卿季氏与下卿孟孙氏之间的待遇，可谓优厚。

第二天，景公来到了昭子家，孔子以臣礼相见。

景公说："寡人在位多年，爱惜贤臣，礼遇下士，可仍不能振兴齐国，继承先君的霸业。请问，一个国君应如何施行国家政事呢？"

孔子回答说："国君在施行国家政事时，首要的是'三纲'：做国君的要像个国君，做臣子的要像个臣子；做父亲的要像个父亲，做儿子的要像个儿子。"

景公说："好极了，假如国君不像个国君，臣子不像臣子，父亲不像父亲，儿子不像儿子，天下伦常无序，混乱不堪，即使有很多粮食，我怎么能吃得到呢？"

景公又问道："那施政的原则呢？"

孔子回答说："施政最重要的是控制支出，节省财力。"

孔子之言很合景公的意，因此，景公常常与孔子一起谈论政事。

一天，景公约孔子同去郊外打猎。景公用弓箭召唤专管田猎的虞人，那个虞人没有听他的召唤，站立不动，景公大

孔子对曰：君君、臣臣、父父、子子。公曰：善哉！信如君不君，臣不臣、父不父、子不子，虽有粟，吾得而食诸？

——《论语·颜渊》

怒，叫人将他押到面前，责问他为何不应召唤。

虞人答道："先君田猎有规定的礼制，召唤大夫用旌旗，召唤士人用弓箭，召唤虞人用皮冠，今日臣不见皮冠，只见到了弓箭，以为是在召唤士人，所以不敢前进。"

景公说："规定的礼仪不可以违反，恕你无罪！"

虞人退下后，孔子在一旁说："守道不如守官制，虞人能遵守狩猎的官制，谁能说他错了呢？"

齐景公又对孔子说："与先生在一起，如沐春风，相处日久，教益日深，寡人想给先生一份俸禄。给鲁国上卿季氏那样高的待遇，寡人做不到，给下卿孟孙氏那样低的待遇，又对不起先生，那寡人就给先生季、孟之间的待遇吧！"

孔子当即表示谢意。

民为立国之本

这年入春以来，齐国滴雨未下，所有夏收作物颗粒无收，齐国成了灾荒之地，可怜的百姓们都处在挣扎的死亡线上。孔子日夜牵挂灾民，但自己身居客地，也没有办法救济他们。

正在焦急不定的时候，昭子告诉孔子，晏婴拿不出救济灾荒的对策，景公更是为此心急如焚，要前来向先生请教解救的良方。

景公来到高昭子家，在昭子的陪同下与孔子相见。平日景公见到孔子时，总是很高兴，今天却面露忧愁之色，见面就说："前年水灾，幸得先生指教，才得以有备无患。但现在已是三月不雨，夏熟作物全已枯死，干旱成灾，百姓们死的死，逃的逃，寡人于心难忍，请问先生，这如何是好呢？"

孔子说："您如此怜惜百姓，仲尼实为敬服，这也是齐国百姓有福，能遇上这样一位仁德的君主。民为立国之本，一个国君能爱惜百姓，这个国家必能兴盛，就是遇到再大的困难，也是可以战胜的。"

景公又问："只因寡人德行有亏，才遭致这样大的灾荒。这要用什么办法来赈济灾民为好呢？"

孔子说："过去尧帝时发生过九年水灾，商汤有七年旱灾。水旱灾荒，古代圣明帝王在位，也是无法避免的。尧舜时代，常常遭遇水灾，后来经过大禹治水十三年，水灾才慢慢减少了。丘认为最好的赈济办法首先就是免除百姓的苦役，开仓放粮，赈济灾民，然后向丰收的邻国买粮食，并半价转卖给饥民，这叫平粜。最重要的是水旱灾荒必须常年预防，不可临渴掘井。"

景公说："先生言之有理，就依照先生的意见去办。只是仓库存粮有限，恐怕杯水车薪解决不了问题。"

孔子说："依丘的想法，就请国君去劝导那些富足的官家，每户拿出数十石，就可以救活一批灾民。"

景公高兴地说："先生想得周到，寡人立即召集众大夫出粮赈灾。"

孔子又说："丘有一句话，不知是否当讲？"

景公说："请先生直言！"

孔子说："开仓放赈，容易被一些昧着良心的人从中作弊，即使国君拿出了粮食，饥民也所得无几，因此必须选派贤德的大夫去做才是！"

景公说："好啊，在理在理。寡人想，就用廉洁勤政的高卿去办这件事吧！"

高昭子欣然奉命。昭子首先拿出自己粮仓的积米赈济百姓。为杜绝官员营私舞弊，孔子与众弟子也都参与放赈，保障粮食能发到饥民手中。就这样，齐国上下都投入了赈济灾民的热潮之中。孔子因此在齐国百姓中享有盛誉。

禹

通常尊称为大禹，相传为夏王朝的开国君主。尧用鲧治水，九年无功，舜帝时将鲧放逐，大禹子继父业治水。他走遍天下，勘察水情水势，因势利导，终于治服肆虐的洪水。舜将帝王禅让给了他。

月是故国圆

孔子在齐国留居已是第三年了。

这天，孔子在讲学中，有位弟子问道："君子应该怎

万仞宫墙

在明代修建的曲阜城正南门上。

样立身处世呢？”孔子回答说：“多智好谋容易成功，有勇好问可操胜算，愚笨怯弱则什么也做不成。而且一个人的地位愈高就愈危险，任务愈重就愈容易出差错，所以君子处高位，负重任，必须小心谨慎。《诗》上说：‘战战兢兢，如临深渊，如履薄冰。’这就是君子立身处世的箴言。”

孔子在齐国施教的影响越来越大，齐相晏婴嫉妒孔子之心也日渐强烈，他利用在赈灾中利益受损的一些大夫对孔子的不满情绪，一次又一次地在景公面前贬低孔子。由于坏话说得太多，景公的态度也慢慢转变了。甚至高昭子也一反常态，热情虽然如故，但很少谈及朝廷政事，有时涉及到景公还吞吞吐吐，似有说不出的心事。

孔子正疑惑不解，子路进来说：“南宫子容差人送来书信。”子容在信中先是讲述阔别之情，接着介绍了鲁国政治已趋稳定的情况，最后说他的妻子已去世，失去了贤慧的内助，心中甚是凄凉，恳切盼望先生速回鲁国。阅毕，孔子长叹了一声。

子路问：“先生因何叹息？”

孔子说：“南宫子容堪称鲁国君子，如今盛年丧妻，也许是上天对他的折磨吧！”

子路问：“信中还说了些什么？”

“鲁国政乱已经平定，盼我归国啊！”

“先生作何打算呢？”子路又问。

孔子说：“初来时，我尚有凤凰择木而栖的想法，可是来后不久，就见晏婴与齐国一班大夫，一直对我怀有妒心，近来景公也不登门了，情况叵测。我早有归国之心，丘离开鲁国，已是数年，鲁国毕竟是父母之邦啊！”

正与子路谈论之时，昭子进来了，面带难色，半天无语。孔子问：“大夫今日莫非有什么心事？”

昭子说：“先生啊，昭确有难言之隐！”

“你我情深意重，亲如手足，但说无妨。”

昭子说：“不瞒先生说，齐君也许为某个卿大夫所惑，对先生不信任了。一个月来，国君未来见先生，先生也可能觉察了内中隐情。今日上朝后，国君就对我说：‘高卿，你去转知孔丘，就说寡人已经老了，不能用他了。’只因昭职微言轻，无法荐贤，今已如此，心难平静。”

孔子说：“大夫何出此言，丘的为人，大夫当能了解，丘虽怀济世之愿，但仕途荣辱并不挂在心上，用之则行，舍之则藏啊！”

于是孔子启程归国，时年38岁。

广收门徒

孔子和弟子们匆忙上路，不辞而别就离开了齐国。经过几天的日夜兼程，回到了鲁国的曲阜，在阙里与家人团聚。

一天，一家人正在高兴叙谈之际，南宫子容来了。只见子容因丧妻之痛，面色显得有些清瘦，精神倒愈见清隽，并未有颓废之色，孔子暗暗称道。两人阔别多年，又各自历经许多世途风霜，心情都有些激动和感伤。

迎入大堂落座后，子容说：“自先生离开鲁国，子容时常想念，祈盼先生归国，今日先生归来，鲁国又有希望了啊！”

孔子也毫无保留地介绍了在齐国的情况。在谈到鲁国的局势时，南宫说：“目前，鲁国没有一个名正言顺的君主，昭公现居乾侯边陲，无能问及政事，三家拥戴定公，一时又无法明定为国君，他也只能主持一些祭祀的事宜，政事仍掌握在季氏手中。”

孔子说：“臣下忤逆君主，实在不合乎礼仪，丘对此一直反对，故而去了齐国。这种僭越礼制的状况，丘也无力改变。如今回到鲁国，只想一心从事教育，将多年研究的学问。传给弟子们，让他们去努力实行丘的政治主张和治世理想。”

子容说：“当前让先生从政是不可能的，一则先生反对这种礼崩政乱的现实，二则三家知道先生的志向，也不会让先生在政事上干扰他们。我打算继续来先生处受教，进修德

冉求

姓冉，名求，字子有，亦称冉求，春秋末鲁国人，孔子弟子。冉求善于政事，多才多艺，尤善长理财，曾担任季氏的管家。是孔子弟子中最有政治才干的人。

业。”

于是，孔子放弃在鲁国入仕的打算，重开杏坛，收徒设教。孔子回国的消息，不胫而走。以前的许多弟子又来到门下，连日来还接受不少新弟子，其中就包括只有七岁的子贡和颜路八岁的儿子颜回。孔子弟子中既有颜路、子路、宰我、曾参、澹台灭明、南宫适、有若、公西华等很多鲁国人，也有齐、楚、晋、秦、陈、吴等国人，几乎遍及当时主要诸侯国。从年龄看，老少不一。子路只比孔子小9岁，冉求小29岁，闵子骞小15岁，颜回小30岁，子夏小44岁。一时门庭鼎盛。

学而知之者

孔子专心于授教，对每个弟子都循循善诱，勉励他们立志成才。面对这群生龙活虎、性情品行各有所长的弟子，孔子胸中有一种说不出的慰藉，不禁感叹道：“后生可畏，焉知来者之不如今也？四十、五十而无闻焉，斯亦不足畏也已！”

冉求因为出身低微，总有一种不如人的自卑感，这一天，他抱着困惑前来请教。

冉求说：“不是求不喜欢学习先生的学说，只是自己的能力不够。”

孔子说：“做了一半，无法克成其功，这是能力不足的缘故。可是你根本还没有开始做，怎么知道无法做成呢？现在你自己划了一个界限，还没开步走就先认为自己过不去，这不是自甘落后吗？”

冉求又说：“那为什么有的人一学就懂呢？”

孔子说：“生下来就有悟性的，是上等人；学了才会的是次等人；勉强自己不得不学习的，是又次一等的人；困境中还不知道努力学习的人，这是最下等的人。求啊，你应该从这些方面去想想。”

孔子曰：生而知之者，上也；学而知之者，次也；困而学之，又其次也。困而不学，民斯为下矣！

——《论语·季氏》

冉求听后说："请先生放心，求一定去做'又次一等的人'。"

孔子又说："你这个态度很好，先生为你高兴。学习好比用土堆山，只要再加一筐土，便可以堆成了，有的人却停止下来，这是他自己停止的。又好比填平一块土地，倒一筐泥土上去，就看得更高一点，这进步也是要靠自己努力的啊！"

子曰：譬如为山，未成一篑，止，吾止也！譬如平地，虽覆一篑，进，吾往也！

——《论语·子罕》

子路性情直率，插话道："先生学识如此渊博，一定是生而知之的上等人了。"

孔子说："我是学而知之者，与生而知之者相比，是次一等的人。"

仲弓听到这儿，若有所悟，于是站起来问道："先生，您能说说您做学问的秘诀吗？"

孔子说："三人行，必有我师焉！择其善者而从之，其不善者而改之。研究学问不光是在死的课本上下工夫，还要在社会上观察，别人对的要学习，不对的要反省。要说有秘诀，这就是我做学问的秘诀。"

子曰：三人行，必有我师焉！择其善者而从之，其不善者而改之。

——《论语·述而》

《诗》三百

时光如流水，孔子授徒设教不知不觉又过了五个春秋。弟子们的学问德行，经过五年的熏陶，已有一番新的气象。为了增强弟子们的文学修养和道德情操，他劝弟子们要认真学习《诗》。

孔子说："《诗》是古人留下的文艺经典，经几代流传，内容涉及面很广，有天时地理，风土人情，分《风》、《雅》、《颂》三个篇章。古人流传下来的《诗》有3000多首，经我多年来反复删定，只有305首。"

子贡说："弟子尚不知《诗》之重要。"

孔子说："为什么要学习《诗》呢？一言以蔽之：思无邪。也就是说通过学习《诗》可以将人的七情六欲、思想观念引向一个比较纯洁的精神境界。《诗》'可以兴'，能

子贡

姓端木，名赐，字子贡，春秋末卫国人。善辞令，会做生意。孔子最得意弟子之一。

抒发人的情感；‘可以观’，能提高分析事物的观察力；‘可以群’，能锻炼人的合群性；‘可以怨’，能消除人的苦恼；‘迩之事父’，从近处说，可以运用其中道理奉养父母；‘远之事君’，从远处看，可以用来服事君主，对国家社会作出贡献；还能‘多识于鸟兽草木之名’，即能获得各种各样的知识。”

子路又问：“熟读了《诗》三百篇，就能办好事情吗？”

孔子说：“虽然熟读了《诗》三百篇，政治事务却不一定能办好，出国办外交也不一定能独立完成。读书纵然多，如果不用来修养自己的德行，不去躬行实践，也是没有用处的。”

子贡说：“论及《诗》我想到另一个问题。”

孔子说：“你提出来，一起学习讨论。”

子贡说：“贫而无谄，富而无骄，不知怎么样？”

孔子说：“很好，未若贫而乐，富而好礼者也。”

子贡又说：“《诗》中‘如切如磋，如琢如磨’这句话就是这个意思吧？”

孔子说：“端木赐呀！现在可以和你讨论《诗》了，因为告诉你一件事，你马上可以领悟到另一件事了。”

子贡又说：“多谢先生的鼓励。”

孔子又对儿子伯鱼说：“《诗》中的《周南》、《召南》篇是立身处世很重要的两篇，一个人学《诗》不读《周南》、《召南》，就好比面壁而立，一步也不能前进啊！”

伯鱼回答道：“谨遵父命，孩儿一定好好地学习。”

《诗》为媒

一天中午，弟子们放学后，孔子端坐在客厅之中，侄女无加进来向叔父请安。孔子怜惜她过早就失去了父亲，对她加倍地疼爱，见了无加就说：“无加，你过来！”

无加走到叔父身旁说：“叔父有何教诲？”

孔子慈爱地对无加说：“你近来学习《诗》吗？”

无加说：“学了很多篇，是伯鱼哥哥教我的。”

孔子问：“能背诵你最喜爱的一篇给我听吗？”

无加说：“好的，我最喜爱《扬之水》这一篇。”于是就背诵起来：

扬之水，
白石凿凿。
素衣朱襮，
从子于沃。
既见君子，
云何不乐？

扬之水，
白石皓皓。
素衣朱绣，
从子于鹄。
既见君子，
云何其忧？

扬之水，
白石粼粼。
我闻有命，
不敢以告人。

孔子听后高兴地问道：“无加，你为什么最喜欢这篇呢？”

无加答道：“这首诗，写的是一个思想纯正、道德高尚的男子，在那政治动乱的激流之中，坚持君子的高尚行为。叔父，不知小侄女领会得是否正确，请叔父指教！”

孔子说：“想不到我的侄女，竟对《诗》领会得如此透彻。去吧，《诗》中还有很多这样的诗篇，都要仔细领

孔子行教像
唐　吴道子绘

会！”

无加高兴地退了下去。亓官氏对孔子说：“我跟你说过，无加是个知书达礼、聪颖异常的女孩，只是失去了父亲的疼爱，实在可怜。无加今年已经二十一岁了，你不在家也无人做主，错过了婚嫁时间，你现在既然回来了，就要为她主持婚嫁。”

孔子说：“你说得极是，女儿出嫁是终身大事，草率从事，后患无穷，待我留心选择合适男儿，还是不迟的。”

南宫子容自从跟孔子学习《诗》以来，也跟着迷上了《诗》的美妙。他早年娶妻，生有儿女一双，不料壮年有为之时，妻子却早早离世。他遵从父亲的遗嘱拜孔子为师，同孔子去周京都观礼，道德高尚，又是朝中大夫，深得孔子敬重。一天，他来就《诗》的学问，请教孔子。

孔子问：“你学习《诗》以后，最为欣赏的是哪一篇呢？”

子容说：“适最喜欢《抑》这篇！”

“为什么呢？”孔子又问。

“因为这篇描写了圣人君子的品德，严正谦恭，以爱人之心，不忘天下百姓，如果今天的人都能遵循圣明先王的美德，那天下就会变得十分美好了。”子容回答说。

孔子又问：“你最喜欢诗中的哪一节呢？”

子容背诵起他最喜欢的那些小节的诗句：

抑抑威仪，
维德之隅。
……
无竞维人，
四方其训之。
有觉德行，
四国顺之。
讦谟定命，
远犹辰告。
敬慎威仪，

维民之则。
……

质尔人民，
谨尔侯度，
用戒不虞。
慎尔出话，
敬尔威仪，
无不柔嘉。
白圭之玷，
尚可磨也；
斯言之玷，
不可为也！

无易由言，
无曰苟矣。
莫扪朕舌，
言不可逝矣。
无言不雠，
无德不报。
惠于朋友，
庶民小子。
子孙绳绳，
万民靡不承。
……

背诵完以后，子容又重诵了其中的两个句子：“白圭之玷，尚可磨也；斯言之玷，不可为也！”并说：“这是多么谦恭谨慎的为人态度，又是多么自尊自强的高尚品德啊！”

子容走后，孔子想：“只有品德高尚的人，才能领会到诗中美好的寓意，只有仁德的人，才能欣赏到贤明先王的德政，也才能继承这种优良的道德传统。”于是，一个念头涌上心头：何不将无加嫁给子容呢？这难道不是一对天赐良缘吗？

孔子叫出妻子，将自己的想法告诉了她。孔子说："侄女无加，才貌都比我们的女儿无违要好，年纪也比无违大，现在南宫子容正想续妻，我想将侄女无加嫁给他。"

亓官氏说："若说南宫的家世，倒也没有什么挑剔的，可惜他是当今的掌权者，难免介入夺权争地的斗争，倘若今后有个闪失，不就害了无加吗？"

孔子说："南宫适虽然身在仕途，但他危言谨行，处世稳重，昭公在位，国内政治平定之时，他能久居大夫职位，昭公逃亡，国内政治动乱，他又能安居国内未遭牵连，不愧是个贤大夫啊！"

亓官氏听后再无异议，于是就请媒人说合，将无加嫁给了南宫子容。婚后，无加善待原配子女，夫唱妇随，家庭融和，婚姻美满。

《诗》为媒，南宫孔氏联姻，就是孔子行教生涯中的一段佳话。

"六经"的教化

一天，孔子师徒就教化问题展开了讨论和对话。先是弟子之间的讨论，有的说教化就是教育，有的说教化不等于教育，两种意见争执不下，只好请教老师。孔子说："教化与教育有别，教是教育，化是感化或风化。为政的意义就包括教化。'为政以德，譬如北辰，居其所而众星共之'。就是说像北斗星一样，在那里本身不动，只要发号施令，下面的人就像满天无数的星座，都会跟着你的方向转动。"

子曰：为政以德，譬如北辰，居其所而众星共之。
——《论语·为政》

子路乃习武之人，性情有些鲁莽，于是问道："先生为何特别提出教化的问题呢？"

孔子说："这是时代使然，你看，我们的时代，'臣弑其君，子弑其父'的情况多么严重！社会动乱，道德沦丧，礼坏乐崩，文化衰败，令人非常担忧。因此，我认为

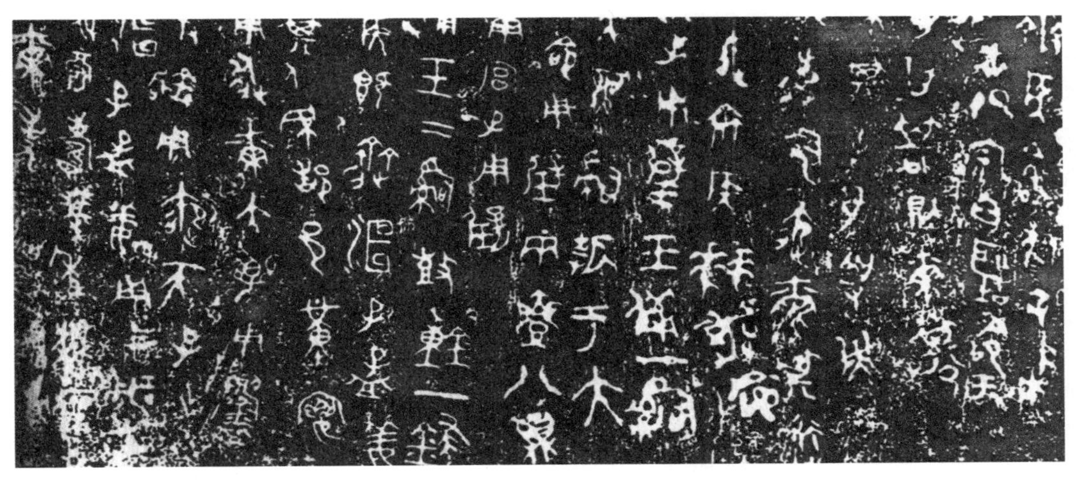

青铜器铭文

铭文记录了春秋时期的礼仪。

为政，权力是没有用的，唯‘德’而已。只有提倡教化，以礼乐感化百姓，才能达到治国平天下的根本目的。”

子路又问：“何不用法制来管理呢？”

孔子说：“‘道之以政，齐之以刑，民免而无耻。’就是说，治理一个国家‘道之以政’，即用法制来管理，‘齐之以刑’，使大家不犯法，犯法就用刑罚。但是这样一来，‘民免’，一般人会逃避，钻法律的漏洞，而且逃脱了责任、法律及处罚，还会自鸣得意，认为你奈何他不了，毫无羞耻心。如果以道德来感化，‘道之以德’，以礼来规范，‘齐之以礼’，就不同了，其结果是‘有耻且格’，大家做错了事，有惭愧的心情，有羞耻之心，不等到法律制裁就很难过，到了这种情形，则‘且格’，自己就会改正错误。所以我主张用道德教化。”

子曰：道之以政，齐之以刑，民免而无耻；道之以德，齐之以礼，有耻且格。

——《论语·为政》

子贡问：“先生曾教诲说，只要进入一个国家就能看出这个国家的教化情况。先生是如何判断的呢？”

孔子说：“当你踏入一个诸侯国的国境，如果百姓为人温柔而敦厚，那是《诗》教化的结果；通今而博古，人情透达，是《书》教化的结果；缜密严谨，是《易》教化的结果；达理而顺情，是《乐》教化的结果；谦逊而庄敬，是《礼》教化的结果。如果教化不当，就会出现不正常的现象，其学《诗》的偏失是迂腐，学《书》的偏失是错误解释而失真意，学《礼》

的偏失是奢靡，学《易》的偏失是滥用心术，学《乐》的偏失是繁琐零乱。如果这个国家的民风，温柔敦厚而不迂腐，就是深知《诗》义的体现；通今博古而又能作出客观解释，就是深知《书》义的体现；达理顺情而不奢靡，就是深知《乐》义的体现；缜密严谨而不滥用心术，就是深知《易》义的体现；谦逊庄敬而不繁琐，就是深知《礼》义的体现。”

鲁定公五年（公元前505年），鲁国发生了“阳虎之乱”。南宫子容来见孔子，谈起鲁国的政局时事，两人都为鲁国君臣尊卑失序、道德沦丧的时局，感到忧虑。

鲁宣公时，孟孙氏、叔孙氏、季孙氏三家把持了朝政，王室权柄开始逐渐丧失。到鲁昭公时，国君权力已完全被三家分解。昭公二十五年（公元前517年），三家将昭公赶出鲁国，并废了昭公太子，另立昭公的庶弟宋为君，即鲁定公。三家瓜分了鲁国的政权、兵权和财权，鲁定公完全成了“孤家寡人”。由于三家公族公然践踏国家的法规和礼制，三家公族的一些家臣，也像公族架空君主一样架空了公族的首领。其中特别突出的是季孙氏的家臣阳虎。此人勇力过人又诡计多端，不仅夺取了季孙氏家政的权力，还借口强公室抑私家，公然挟鲁侯而号令三家，企图夺取国家权力。鲁定公五年，阳虎竟借故将季平子囚禁起来，季平子赌咒发誓与之订下盟约，才被释放。

南宫子容说：“目前，鲁国上下僭越礼制、以下犯上的悖逆之事，到处可见。”

孔子说：“那季平子作为正卿大夫，理应尽心尽力辅佐昭公，而他不让国君过问政事，不将国君放在眼里，逼迫昭公逃亡齐国，后又让他回到鲁国的边境乾侯居住，还擅权自立定公，这是一个臣子事君之礼么？昭公死后，又以惩罚国君的形式去埋葬昭公，这又是什么君臣之礼呢？僭越国君礼制，用《八佾》乐舞来祭祀先祖家庙，这又把古代帝王制定的礼仪放置于何处呢？由于他不遵循礼仪，家臣如法炮制，忤逆犯上，当今的鲁国已是丧礼之邦了！”

过了一会儿，孔子心情平定下来，南宫子容又感叹：

“羿擅长射箭，奡擅长水战，都没有得到好死。夏禹和后稷亲自下地种田，却得到了天下。后者能得天下，是由于他们的仁德所致啊！”

孔子选女婿

一天，南宫子容来到孔子家，说起与无加婚后的美满生活，并评价无加说：“她是位贤淑女子，举止端庄，谦恭温良！”

南宫接着说：“谁都知道，先生的家风仁德高尚。子容最近想到，先生的千金无违，年已二十二岁，也可说是到了婚嫁的年龄，不知先生有何打算，要选择一个什么样的乘龙快婿？”

孔子说：“为了无违的婚事，我再三考虑，宁肯选择贫穷而有仁德的君子，也绝不选择那富有而没有德行的小人。”

南宫说：“要选择一个有仁德的君子，不容易啊！”

孔子说：“是的，但也不是找不到。君子和小人是对立的两种人格，通过比较，便可看出孰为君子，孰为小人。有仁德的君子，其胸怀是坦然而宽广的；而无仁德的小人，则经常处在忧愁、烦恼和痛苦之中。有道德的君子，能用自己的正确意见纠正别人错误的意见，使一切都恰到好处，却不肯盲从附和；而缺乏道德的小人，只是盲从附和，却不肯表示自己的不同意见。有仁德的君子能友爱大众而不搞宗派山头；而无仁德的小人，则只能跟自己要好的人做朋友，不能团结大多数人。”

子曰：君子坦荡荡，小人长戚戚。
——《论语·述而》

子曰：君子和而不同，小人同而不和。
——《论语·子路》

子曰：君子周而不比，小人比而不周。
——《论语·为政》

南宫子容又问：“先生，您的众弟子中，不知有没有人可以称得上君子呢？”

孔子回答说：“人倒是有一个，但我尚未考虑成熟。”

“那是谁呢？”

“就是公冶长。”孔子接着说：“一个人朴实超过文

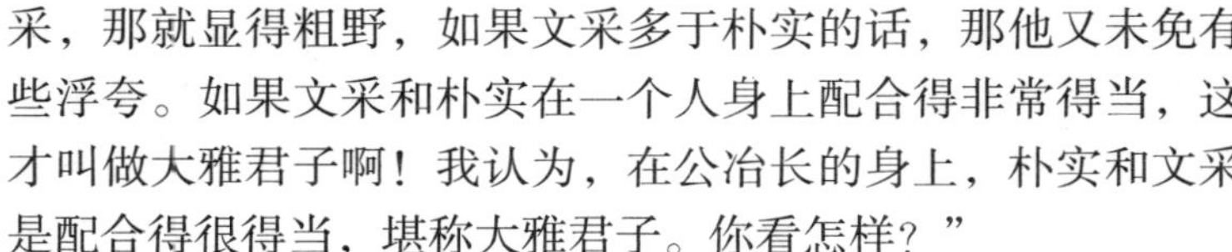

采，那就显得粗野，如果文采多于朴实的话，那他又未免有些浮夸。如果文采和朴实在一个人身上配合得非常得当，这才叫做大雅君子啊！我认为，在公冶长的身上，朴实和文采是配合得很得当，堪称大雅君子。你看怎样？”

“先生对子长的评论是恰当的！”南宫子容停顿一下后又说：“只是子长朴实但家财有限了一些！”

孔子说：“吃粗粮，喝冷水，弯着胳膊当枕头靠在上面睡一觉，这里面也自有快乐。如果用不正当的手段得到富与贵，这种富与贵对于我来说，如同天上飘来飘去的浮云一样。”

南宫非常同意先生的看法，于是孔子就让南宫做媒，到公冶长那儿去牵红线。

南宫走后，孔子就去与妻子亓官氏商量。亓官氏说：“公冶长才智过人，这一点谁都知道，只是他是个坐过牢狱的人，怎能成为我孔家的女婿呢？”

孔子说：“子长坐牢是因为他能听懂鸟语造成的。传说有一只鸟向他飞过来，对他鸣唱道：‘公冶长，公冶长，南山有头老乌羊，你吃肉来我吃肠。’他听了鸟语后就径往山前，果然看见草地上有一头不系绳索的黑羊，于是他深信了鸟语，就把羊牵回家吃掉了，但他忘记了把肠子留给鸟，鸟吃不到肠子，就想害他。后来又对公冶长说南山有只羊，公冶长跑去，羊没看到，却看到一个被害死的人，有口难辩，结果坐了牢。这只是个传闻，公冶长究竟为何坐牢，一时很难弄清楚。但是，我认为公冶长坐牢另有隐情，因此愿把女儿嫁给他。”

亓官氏说：“你是她的父亲，就由你做主。”

经过南宫适做媒，选择吉日，孔子将女儿无违按婚俗礼仪，嫁给了公冶长。

子曰：质胜文则野，文胜质则史。文质彬彬，然后君子。

——《论语·雍也》

子曰：饭疏食、饮水，曲肱而枕之，乐亦在其中矣！不义而富且贵，于我如浮云。

——《论语·述而》

颜回

姓颜，名回，字子渊，亦称颜渊，春秋末鲁国人，小孔子30岁，孔子的最得意弟子。

克己复礼　天下归仁

一天，颜回独自一人去向老师求教。一进门，看见孔子正在闭目静坐，便走到面前轻声地说：“先生，您在做仁的

克复传颜

清《孔子圣迹图》

颜回向孔子问仁，孔子说：“克己复礼为仁。一日克己复礼，天下归仁焉。”

修养功夫吧？我来，就是要向您请教这个问题的。仁，是先生思想的中心，先生的整个学说都在讲仁，对弟子传授最多的，也是仁；但是，先生讲的大都是仁的具体表现，而且因人而异，没有一个总括的说法。现在，我想请先生给仁下一个定义，并指出它的最高境界是什么？”

孔子说：“过去，我对你所问的这个问题，确实讲得很少，不是我不愿意讲，而是没有讲的对象。要知道，这个问题不是一般人能够领悟的，在我现有的学生中，至今只有你颜回能做到‘三月不违仁’，能达到一定高度的仁的境界。所以，我非常愿意向你讲授这个问题。什么是仁？‘克己复礼为仁。’就是克服自己虚妄的念头、过分的情欲、邪恶的思想、偏差的观念，而回复到那庄严、诚敬的礼的境界，才叫做仁。‘克己复礼’是艰苦的修养功夫，又是美好的人生境界，‘一日克己复礼，天下归仁焉。’假使有一天大家都真正做到了‘克己复礼’，天下就会都归到仁的境界里去，那是个人与他人、个人与社会、个人与宇宙和谐一致的境界，个人身心与宇宙万象合成一体，这是人生的最高境界。

这境界，就在各人自己的身心上，绝不是别人给的，也不是老师传授的。仁的境界不是理论，而是最高的修养，这一点，你要牢牢地把它记住。”

颜回聆听孔子的教诲后说：“感谢先生对我的鼓励，弟子的修养距离先生所讲的仁的最高境界还差得很远呢！不过，我决心朝这个方向努力，先生的学问伟大而又平凡，希望先生能从平凡的方面为弟子指出一种进入‘克己复礼’境界的具体方法。”

孔子说：“送你四句话：非礼勿视，非礼勿听，非礼勿言，非礼勿动。即从眼睛、耳朵、嘴巴、身体等方面严格管束自己，亦即用外在的规范来限制自己。这样，时间久了，变成了习惯，习惯成自然，就化为自己的德性。”

颜回听后，十分高兴地说：“我虽然很笨，悟性不高，但借助外力熏陶内心的方法是懂了。我会用这种方法磨砺自己，慢慢去达到那个‘克己复礼’的仁的境界。”

因材施教

子贡，姓端木，名赐，字子贡。他是一个很有豪气、很会做生意的人。一天，他问老师：“假如我无条件地把东西送给老百姓，救济他们，让他们都得到帮助，先生认为怎么样？可以算得上您所提倡的仁吗？”

孔子的答复很巧妙，他说：“你子贡说的这件事太伟大了，岂止是仁，一定是圣人才能如此！莫说你子贡做不到，我也做不到，就是古代的圣帝明王尧舜也不能完全做到！”

经过老师这一婉转的批评，子贡似乎意识到自己的求仁之法未免有些过高，便问：“先生，有没有比较平实的方法呢？”

孔子回答说：“真正的仁者，要想自己站得住，也要考虑到别人，使别人也能站得住，要想自己通达有前途，不要忘记了别人也要通达有前途。能这样设身处地为别人着想，

子贡曰：如有博施于民而能济众，何如？可谓仁乎？

子曰：何事于仁，必也圣乎！尧、舜其犹病诸！夫仁者，己欲立而立人，己欲达而达人。能近取譬，可谓仁之方也已。

——《论语·雍也》

就可以说是找到了仁的方向，为实行仁找到了一个可行的方法。”

子贡听后，很得意地谈了自己的体会，他说：“我不喜欢别人加到我身上的那些事，我也不想有同样的情形加到别人身上。”

子贡曰：我不欲人之加诸我也，吾亦欲无加诸人。子曰：赐也，非尔所及也。
——《论语·公冶长》

子贡的话刚一落音，孔子便说：“子贡！这是你做不到的呀！人活在世界上，一个人的幸福、享受、成功，一定有赖于别人，甚至妨碍了别人。”

子贡的心得体会虽未得到老师的嘉许，但他并不气馁，又继续发问：“有一句可以终身躬行的话吗？”

子贡问曰：有一言可以终身行之者乎？子曰：其恕乎！己所不欲，勿施于人。
——《论语·卫灵公》

孔子说：“赐啊！为人处世一定要宽容！你所不想要的东西，也千万不能加到别人身上啊！”恕道，对子贡来说，尤为重要，因为他才华很高，容易犯不能饶恕别人的毛病。孔子对待弟子，采取的是因材施教的方法，孔子曾说：“中人以上，可以语上也；中人以下，不可以语上也。”也就是，对于中等水平以上的人，才可以跟他讲论高深的学问，只有根据受教育者的实际水平进行适当的教诲，才会取得良好的效果。

子曰：中人以上，可以语上也；中人以下，不可以语上也。
——《论语·雍也》

己所不欲　勿施于人

仲弓，姓冉，名雍，字仲弓，是孔子喜爱的弟子之一。一天，他也来问仁。孔子告诉他：“出门如见大宾，使民如承大祭。己所不欲，勿施于人。在邦无怨，在家无怨。”

子曰：出门如见大宾，使民如承大祭。己所不欲，勿施于人。在邦无怨，在家无怨。
——《论语·颜渊》

仲弓听后，立即表示：“雍虽没有高度的智慧，但愿意朝着先生所指示的方向努力。只是有一点不大明白，颜回来问仁，先生回答‘克己复礼为仁’，子贡来问仁，先生回答‘己欲立而立人，己欲达而达人’，弟子问仁，先生则作如上回答，不知是何道理？请先生赐教。”

孔子说：“我作如上回答，是因为你‘可使南面’，是块做王者的材料。要做一个好的王者，就必须谦恭下士，替

仲弓

姓冉，名雍，字仲弓，冉耕之宗族。其父品行不良，但孔子认为他有德行，说“雍也可使南面”，意思是赞扬他有王者之才。

生民着想，于国、于家都无怨尤。”

仲弓说：“感谢先生对学生的夸奖。我父亲既贫且恶，是个很不好的人。如此出身的我，怎能有先生所说的那样的前程？”

孔子作了一个比喻来劝勉仲弓，他说：“犁牛之子，骍且角，虽欲勿用，山川其舍诸？”犁牛，是一种杂毛牛，在古代，这种牛除了耕田，没有什么其他的用途，更不可作为祭祀大典用的祭品。但这条杂毛牛却生了一条赤黄发亮、头角峥嵘的俊美小牛。虽然杂毛牛的品种不好，但只要这条小牛本身条件好，即使在祭祀大典中不想用它，山川神灵也不会舍弃它的。这是在告诉仲弓，不要有自卑感，不要有怨尤的心理，也不要介意自己的家庭出身不好，只要自己真有学问，真站得起来，别人想不用你，天地鬼神都不会答应的。

仲弓问仁之后，切实按照老师的指点去做，收到了很好的效果。他不以贫穷为累，只把贫穷看成临时的过客；不以臣下为私物，而是把他们看成是借用的使者；不拿别人出气，不把怨恨加深，不记录和计较人们犯过的罪过。孔子对仲弓所提出的关于仁的要求，他一生中基本做到了。

讷于言　敏于行

司马牛问仁。子曰：仁者，其言也讱。

曰：其言也讱，斯谓之仁已乎？子曰：为之难，言之得无讱乎？

——《论语·颜渊》

司马牛，名耕，字子牛，平时有多言浮躁的毛病。所以，当他也前来问仁时，孔子便对他说：“所谓仁，就是说话要有忍性，不轻易随便地讲话。”

司马牛不明白老师的意思，不以为然地说：“说话有忍性就叫做仁了吗？这太容易了！”

孔子说：“说起来容易，做起来却不容易啊，你说话能够有忍性吗？”

言为心声，从一个人的谈吐，便可窥见其内心仁的修养如何。孔子非常注意察言观仁。他说：“会吹、会掩盖、会伪装的人，很少能达到‘仁’的境界。”又说：“花言巧语足以败坏道德，在路上听到一言半语就沿途散播，是违背道德的行为。刚强、果敢、朴实、说话谨慎这几种品德近仁。”

子曰：巧言令色，鲜矣仁。
——《论语·学而》

有人对孔子说冉雍有王者之器的话提出异议，说：“冉雍这个人，挺仁德，可就是缺乏口才。”孔子反驳说：“只要口才有什么用处？用伶牙俐齿对付别人，往往会遭到人家的憎恶。我虽然不知道冉雍是否够得上称为仁道的人，不过，也用不着拿要口才去要求他！”

子曰：焉用佞？御人以口给，屡憎于人。不知其仁，焉用佞？
——《论语·公冶长》

孔子反对“巧言”和“道听途说”，但并不主张不言，更不认为一切言辞、口才都是不好的。他说：“有德者必有言，有言者不必有德。”孔子一再说明，他主张慎言，而不是主张不言，如说：“君子欲讷（迟钝）于言，而敏于行。”“古者言之不出，耻躬（自己本身）之不逮（及、达到）也。”说话要考虑能否做到。又说：“邦有道，危言危行（言与行都正直）；邦无道，危行言孙（谦逊）。”就是说话做事要考虑到国家政治是否清明。再如说：“可与言而不与之言，失人；不可与言而与之言，失言。知者不失人，亦不失言。”“侍于君子有三愆：言未及之而言，谓之躁；言及之而不言，谓之隐；未见颜色而言，谓之瞽（瞎子）。”此谓说话要考虑对象，该说的要说，不该说的不要说；对方让你说，你不能默不作声，不让你说，你不要抢着说；要考虑到对方的表情，对方正在烦恼痛苦的时候，你不要去讲得意的事。

仁在心中

孟武伯是鲁国大夫孟懿子的儿子，也是鲁国的一位大夫。他曾向孔子问孝，现在，他又来问仁。

孟武伯首先问：“子路达到仁了吗？”

孔子答道：“仲由这个人，要是有一千辆兵车的国家，可以让他主管兵赋，至于学问修养是否达到了仁的境界，我不知道。”言下之意，子路尚未达到仁。

孟武伯再问：“冉求怎么样？”

孔子答道：“冉求这个人，一个有一千户人家的城邑，一百辆兵车的大夫封地，可以让他来当总管，至于学问上有没有达到仁的境界，恐怕他还有一段距离。”

孟武伯最后问：“公西赤怎么样？”

孔子答道：“公西赤这个人，他穿起锦袍玉带的礼服，仪表堂堂，风度翩翩，有外国的王公、使臣来，他是最好的外交大臣。不过，谈到学问、修养，也还是没有达到仁的境界。所以只能说：不知其仁也。”

讲到这里，孔子怕引起孟武伯的误解，似乎他的弟子中没有一人能够达到仁。于是就说：“颜回能把仁的境界一直保持上三个月，其余学生，只是偶然地达到仁的境界，或是一天有一次，或是一个月有一次。”

子曰：回也，其心三月不违仁；其余则日月至焉而已矣。

——《论语·雍也》

为了不让孟武伯感到仁是高不可攀、远不可及的，孔子又说：“仁离我们不远，仁就存在于每个人的心里。我们如果真的想要仁，那么仁就召之即来了。仁在心中，只要心中有仁，就无所谓远近了。”

子曰：仁远乎哉？我欲仁，斯仁至矣！

——《论语·述而》

子张问仁

子张，姓颛孙，名师。他见到自己的同学中，除了颜回外，其余没有一个人被老师称许为仁者的，便举出令尹子文来，看看他是否达到了老师关于“仁”的标准。

令尹，是春秋时楚国执掌朝廷军政大权的最高官职，等于后世的宰相。子文是封号。令尹子文是当时楚国的名宰相，姓斗，名谷于菟。

子张问：“令尹子文三次做官，当宰相，没有喜悦的表情。三次罢官，去职，没有怨怒的表情。还把所制定的政策和做法，详详细细地告诉给新令尹。这样的人表现如何呢？”孔子回答说：“忠矣。”子张又问：“够得上仁吗？”孔子说：“仁是什么他还不知道，怎么能算是仁者？”

子张又举出陈文子来，说：“崔杼叛乱，杀死齐庄公，齐国大夫陈文子有马四十匹，丢掉不要而离去了。到了另一个国家，一看便说：‘这和我们齐国的大夫崔杼是一样的呀！’离去了。到了另外的国家，就又说：‘这和我们齐国的大夫崔杼是一样的呀！’离去了。这个人修养达到了什么境界呢？”孔子答道：“够清高的了。”子张追问：“够得上仁了吗？”

孔子答道：“他连仁的观念都没有，怎么可以达到仁的境界？”在孔子看来，陈文子莫说不够“仁”，甚至连“忠”也不够。因为清高的人往往只顾自己，不能算是忠臣，否则，为什么自己国家有难，弃而不救，到处乱走？这里看不惯，那里看不惯，难道非要国家太平了，你才来坐享其成吗？

子张

姓颛孙，名师，字子张，春秋末陈国人。小孔子48岁。孔子弟子。

孔子的教材

孔子行教，以培养德才兼备的人为目的，《诗》、《书》、《礼》、《乐》等经典就是他的教材。教学生《诗》，强调“温柔敦厚”，“乐而不淫，哀而不伤”，“思无邪”，学好《诗》，近可以事父，远可以事君；孔子用《书》教育弟子从政、行道、立身；用《礼》教育弟子各种典礼节仪及行为规范；用《乐》陶冶弟子情趣。孔子主张治理国家要礼乐兼施：礼是规范制约，乐是艺术教化。

孔子教育学生，一方面以仁来培养德，另一方面以“六艺”来培养才。“六艺”就是礼仪、演奏、射箭、驾御、书法、算术（礼、乐、射、御、书、数）。他说过，“志于道，据于德，依于仁，游于艺”，一个人除了道德高尚外，还要具备各种才能。

有一天，孔子带弟子在曲阜城西郊一个叫“矍相”的苗

射矍相圃

清《孔子圣迹图》

孔子曾带着弟子在曲阜城西郊一个叫“矍相”的苗圃空地演习射箭。

圃空地演习射箭。曲阜城里的人听说孔子和弟子去射箭，都想去看看，大人小孩像赶集一样。孔子首先向弟子讲解射箭姿势和要领，尤其是瞄准和拉弓两个动作，然后要弟子各自练习，有的练瞄准，有的练拉弓，有的练臂力，大家兴致勃勃。

为了提高射箭的命中率，孔子特意布置了靶心，有柳枝，有大雁，远远地吊成一排。

比赛开始，围观的人一下子站成一排，像一堵墙一样，面向靶心。先分组赛，每组选一两名参加决赛。决赛时，人声鼎沸，弟子仲由最后一个出场，箭箭中鹄（gǔ），引起全场的热烈掌声！

孔子从小就练习“六艺”，有弟子问孔子的专长是什么，孔子风趣地回答说自己的专长还是驾车。

圣人言志

一天，孔子带着子路、子贡、颜回路过农山。农山险峻高耸，景色秀丽，孔子师徒即登山一游。登上山顶后，孔子望着壮丽山河感叹说："登高望远，令人心潮澎湃，你们各自来谈谈心中的志向吧！"

子路忙趋前说："由愿那前面宽旷的平原上，有一大队手执刀、枪、斧、钺的人马，呼啸着朝我杀来，在这样的阵势前面，仲由一人敢于仗剑杀敌，得地千里。"

孔子说："由！你真是勇士啊！"

子贡接着说："赐愿出使齐国和鲁国。这两个国家将要大战于广大平原，正当两军对峙之时，我敢于站立于两军阵前，凭三寸不烂之舌，消弭战事，解除两国战争带来的痛苦。"

孔子说："端木赐呀，你的确能言善辩！"

两人听了孔子的评说后，颇感高兴。而颜渊却默然不语。孔子招呼道："回啊，过来，你也谈谈吧！"

颜渊回答说："论文武之事，他们二人都已说过，我在这些方面远不及他们，还有什么可说的呢？"

孔子说："他们虽然都说了自己的愿望，但我还是想听听你的志向啊！"

颜渊说："回曾听说过那极香的薰草和臭味难闻的莸草是不能同藏于一个器皿之中的，贤君尧和暴君夏桀是不能共同治理一个国家的，这叫物以类聚，人以群分。回只希望得到一个圣明的君主，我就去忠诚地辅佐他，并在广大的百姓中，全面施以父义、母慈、兄友、弟恭、子孝的教育，引导他们的行为遵循礼乐，使国家的城郭可以不修而无忧患，沟池不修而无人逾越，把剑、戟、斧、钺兵器全用来铸造农具，把那些作战用的牛马都放于水草丰富的原野上，使每个家庭再无离散的忧虑，使天下千秋万代免除战争祸根。这样，那仲由也就用不着一人陷阵了，赐也不用那样滔滔雄辩了！"

孔子听后高兴地说："回啊，你的愿望真好啊！"

子路一时不明白孔子的意思，便问："先生，我们都说

农山言志

清《孔子圣迹图》

孔子与子路、子贡、颜回路过农山，让各人述说志向。

了自己的志向，你认为哪个符合你的心意呢？”

孔子极目远眺，神色肃穆地对着三个弟子说：“我的愿望是实现一个人民安居乐业，天下永世太平的大同世界，使‘老者安之，朋友信之，少者怀之’，颜回所说的才是我的真正愿望啊！”

道德皆在日常中

孔子和弟子一行从农山下来，顺便与弟子们优游讲学于郊野。听说附近住着一位远近闻名的老农，年已七十，身体健康，勤劳俭朴，遇事礼让，附近百姓遇到大小事都去找他询问，有什么纠纷口角也请他出面调解，只要他说一句话，问题就解决了，便很想前去拜访他。

这一天，孔子一行找到了老农的居所。只见房屋虽小，但墙壁用泥抹得平整光亮，屋顶茅苫盖得整齐严实，屋内屋外打扫得干干净净，孔子和弟子进入屋内，只见老人腰背挺直，正在厨房用陶鬲煮饭。见到这些不速之客，老人连忙放下炊具，躬身相迎。孔子向老人介绍了自己身份和来意。

孔子问：“老人家，你还有什么亲人吗？”

老人答：“有一个儿子和儿媳、孙子！”

“你这么大年纪了，为什么不同他们一起生活呢？”孔子又问。

老者说：“他们孝顺我，好的东西常常先给我享用，孙子也经常来看我，身上的衣服全是儿媳做的。现在我自己还能自理，若和他们生活在一起，就加重了他们的负担，所以就自己独立生活！”

孔子说：“这也算得是父慈子孝了！”

老者随即取来甂（biǎn，即陶质饭碗），装着饭吃了起来，边吃边说：“香啊！甜啊！先生你看这饭是多么香啊！你若不嫌弃的话，也请你尝尝。”孔子高兴地接过老者送上的饭，恭敬地祭了天地后，也跟着有滋有味地吃了起来，就像在吃国君分给他的祭肉一样。老者又为每人盛了一甂，孔子边吃边赞赏地说：“好啊，真是又香又甜的美食！”

吃完饭后，他们又和老者闲聊了一阵，才起身前往乡里的宿地。在路上，子路问老师：“先生，陶鬲瓦甂是最粗陋的炊具器皿，用它煮的饭食是最低下的饭食，先生如何吃得这样高兴呢？”

孔子说：“一个喜欢劝谏君王的臣子，必然时时想着的是君王；一个孝顺的儿子，当他拿着美味佳肴后，必然先想到的是他的父母；一个想为百姓做好事的人，也必然是和百姓想的一样。今天，我不是看他的炊具器皿是否尊贵，而是看他待人的态度，老人虽已年迈，但有那样健康的心态对待他人，享受人生，真的令人如沐春风啊！他的那份热情难道不感染你吗？”

颜回说：“从他的盛情就可看出，他是个道德高尚的人啊！”

孔子接着说：“知足常乐，心地坦坦荡荡，这种道德高尚的人寿命将会很长啊！”

三达德

孔子一行离开老农家来到馆舍，大家还在议论不休。孔子今天特别高兴，他看到了颜回的仁德之心，也批评了仲由的蛮勇，冷落了子贡的巧辩。而仲由对先生今天的告诫没有想通，不太心服，他暗想：先生过去曾说过“勇者不惧”，我也是个勇者不惧的人，为什么先生今天不赞同我的观点呢？

于是他径直问道：“先生，您不是说勇者不惧么，而且还赞誉勇者有坚毅不拔的精神，勇往直前的力量！然而，先生今天在评论弟子的志向时，似乎与您过去的说法矛盾啊！”

孔子说：“仲由呀，我说的‘勇者不惧’，是有道德标准的。这个标准就是‘义’，要依义而行。否则，就会恃勇逞强，给自己、给别人、给社会带来无穷后患！”

子路又问：“一个好勇的人就会出现后患吗？”

孔子说：“若是一个人血气方刚而不具有仁德，一旦别人对他怨恨，他就会凭着自己的勇猛而激发作乱的。”

子路又问：“那有仁德的人不是也崇尚勇吗？”

孔子说：“一个有道德的人是崇尚勇敢的，但崇尚勇敢时却把正义看作头等要紧的事。”

子路在众弟子中是最好勇又好义的，然而偏于意气用事也是一个缺点。孔子对他这一点非常忧虑，不时予以告诫，今天也是针对仲由这个弱点而说的。他见大家再没有说话，又想到自己的道义很难行通，便笑着说：“我的主张若行不通，只好驾一只独木舟漂流到海外去归隐，到那个时候，恐怕能跟随我的只有仲由吧！”

子路听到这句话，有点急不可耐的样子，孔子见状指着子路笑着说：“子路的武功、勇气都超过我，但是他的脾气也超过我啊！”

子路又问：“先生！假使您打仗，您带哪一个？您总不能带颜回吧？他营养不良，体力不够，您总得带我吧！”孔子听了子路的话笑了，他对子路说：“你像一只发了疯的老虎一样，站在河边就想跳过去，跳不过也想跳，这样有勇无谋怎么行?像你这种脾气，要打仗绝不带你，要带一定要带能做到‘临事而惧，好谋而成’的人，遇事谨慎小心、深谋远虑的人，才能统帅三军啊。”

众弟子听了先生这番教诲，都受益匪浅，孔子也意犹未尽，他接着说：“有德者必有言，有言者不必有德。仁者必有勇，勇者不必有仁。”

子曰：有德者必有言，有言者不必有德；仁者必有勇，勇者不必有仁。

——《论语·宪问》

子路今天也深受启发，暗暗反省过去的鲁莽行为，内心愧疚起来。孔子看出了他的心思，慈爱地对子路说：“仲由呀！你性格坦诚，敢想敢问，敢于发表自己的见解，先生就是喜欢你这样的人啊！一个道德高尚的人要做到三点，这就是‘仁者不忧，智者不惑，勇者不惧’（三达德），你要随时用这三条来要求自己啊！”

子曰：君子道者三，我无能焉：仁者不忧，知者不惑，勇者不惧。子贡曰：夫子自道也。

——《论语·宪问》

子路说：“请先生放心，仲由一定这样去做！”

子贡说：“这三条不正是先生品德的自我写照吗！”大家都高兴地笑了起来。

水之德

有一天，孔子在子贡、子路陪同下，信步来到泗水河畔。望着东去的河水，孔子不时发出感叹之声。

孔子指着泗水，对弟子们说：“你们看，河水滔滔东流毫无私心，所到之处，使万物生灵得以生存繁衍，这就像仁者的仁爱；无论河床平坦或弯曲都顺其道而流去，这就像仁者终日所坚持的正义；它在浅处平缓，在深处莫测，这就像仁者的智慧；它流经万丈高山的峡谷，却毫无畏惧之心，这就像仁者的勇敢；它以微弱的力量而一丝不苟地渗透到每个地方，这就像仁者的深邃明察；它遇到浑浊不洁从不回避，并以它自身的洁净将浑浊洗涤，这就像仁者以自己的美德而感化他人；它流到一定的地方而聚集起来时，自然地就平整

在川观水

清《孔子圣迹图》

孔子在泗水河畔，向弟子们讲述“水之德”。

而静止，这就像仁者的正直；把它盛起来，它平平如镜，这就像仁者终日坚持的各种制度；它千回百转，万折旋流，却总是向着东方流去，这就像仁者的远大志向。水有这样的德行，所以一个有高尚道德的君子见到流水，必然观赏而沉思，寻找那修养道德的良方。”

子贡说：“先生呀，你的德行也就像这泗水啊！”

子路听了先生这番高论，非常高兴地问：“先生，要如何才能成为一个像这流水一样的仁人君子呢？”

孔子说：“‘修己以敬’，要以非常严肃、庄重、恭敬的态度，修正自己内心的思想和外表的行为。”

子路说：“这样就可以了吗？”

孔子说：“还有，‘修己以安人’，自己的修养做好了，进一步还要利于人、利于社会。”

子路又说：“这样就可以了吗？”

孔子说：“这只不过是第二步，还要‘修己以安百姓’，就是要利天下，利所有的人。”孔子又补充了一句说：“上面三步就是尧舜做起来，也不能说完全没有毛病，总难做到十全十美的，何况我们！”

子贡说：“做一个完人真不容易啊！”

子路问：“先生，如何才算是个完人呢？”

孔子又回答说：“一个完人就要具备像鲁国大夫臧武仲的聪明智慧，孟公绰那样的清正廉洁，鲁国下邑大夫卞庄子那样的勇敢，冉求那样的文艺境界，再加上礼乐熏陶。这样，才算得上是个完人了。”

子贡说：“我看这样的完人，恐怕谁都难以做到。”

孔子说：“至于一般人只要做到：一、‘见利思义’，看见对自己有利的事，能考虑这个利是不是合理、合情、合法；二、‘见危受命’，在正义的事情遇到了危难时，能接受任命，为完成任务，宁可牺牲自己；三、‘久要不忘平生之言’，和别人相约，不论隔了多少年，都能不忘记当年相约的话。能做到这些也算得是个完人了。”

颜回问：“如今世道纷乱，仁者应该如何处世呢？”

孔子说：“富与贵，每个人都喜欢，但如果不是正道得来则不要。相反地，贫与贱，是人人讨厌的，可是要以正当的方法上进，慢慢摆脱贫贱，而不应该走歪路。贫与贱，是人之所恶也，不以其道得之，不去也。”

孔子接着说：“人生在世，要做一个仁德的君子，必须以‘仁’为中心，而且尽力做到一顿饭那样短的时间也不违背仁。”

最后，孔子望着众弟子，语重心长地叮嘱道：“造次必于是，颠沛必于是。”这句话，说出了孔子一生的生命理想和追求，众弟子看着恩师，想到追随左右的岁月风霜，沉浸在一种庄严的道义感之中，有人禁不住流出感动的泪花。

子曰：富与贵，是人之所欲也；不以其道得之，不处也。贫与贱，是人之所恶也，不以其道得之，不去也。君子去仁，恶乎也名？君子无终食之间违仁，造次必于是，颠沛必于是。

——《论语·里仁》

孔子圣迹图
清 焦秉贞

孔子读本　第三篇

孔子司寇像

中都宰

鲁定公九年（公元前501年），孔子帮助季、孟、叔三家平息了阳虎的叛乱。这一年，孔子刚刚51岁。季、孟、叔三家对孔子十分敬重和信任。鲁定公在孟孙无忌的举荐下，也想起用孔子，他要季桓子先去探听孔子的意思。季氏见到孔子后说："这次平息阳虎叛乱，承蒙先生指点之功，当致谢意！"

孔子说："乱国之臣，人人得而诛之。为君分忧，赴国之难，匹夫有责，何谈谢意！"

季氏说："听说阳虎事先有意求助于先生，先生未就。愿闻先生对这次事件的高见。"

孔子回答说："政事，即是公正之事。从政者，应以定国兴邦为目的，争权夺利就是乱政的行为，只能给国家和人民带来灾难。阳虎的行为，是夺权篡位，无益于国，无益于民，如此恶劣卑鄙的行径，如此没有仁德的匹夫，仲尼闻而生厌，又怎能与其同流合污！"

季氏又问："听说先生早有从政愿望，那先生为何不从政呢？"

孔子又回答说："如果有仁德的当政者肯用仲尼，仲尼当尽全力复兴文武德政，再现先圣先王的太平盛世光景，这是埋藏在仲尼心中的理想啊！"

季氏说："不知先王德政在当世是否行得通？"

"行不行得通，根本在于当政者。"孔子接着说："风肃教化，上行下效。朝纲正，则民风正；吏治清，则天下清。"

季桓子将与孔子的谈话情况回禀了定公，定公于是就召孔子进宫，正式任命他为中都宰。

人能弘道

孔子做了中都宰，有许多弟子跟随赴任。他选择了几名得力弟子协助处理政事，子路主管政事武备，颜路主管工木农畜，曾点主管财政，闵损主管衙门中日常政务。

这些弟子，虽然个个德才兼备，但都是初入仕途，对政务事宜缺乏经验。一天，孔子将这些弟子叫来，教育他们怎样处理政务。

闵子骞说："先生平日对我们讲仁义之道，今天，我们不知应该如何去行道呢？"

子曰：人能弘道，非道弘人。
——《论语·卫灵公》

孔子说："人能弘道，非道弘人，'道'要通过你们去发扬光大。"

子路问；"应该如何具体去做呢？"

孔子说："从政的首要问题是要知道百姓之需，你们心中要牵挂着民生疾苦，平时要多到百姓中间走走。爱民者民亦爱之，以仁爱之心对待百姓，百姓就会以同样之心回报你们。百姓所希望的事，就是你们所要做的事。"

子路听完孔子的话后，便说："由遵照先生指点去办事，只要百姓理解我的心，一定能把事办好！"

子曰：君子病无能焉，不病人之不己知也。
——《论语·卫灵公》

孔子一听，严肃地说："道德高尚的人，只怕自己无能，不怕别人不理解自己。君子要求自己应对别人如何，而小人则只要求别人应对自己如何。君子吃饭不求饱足，居住不求舒适，但要做到工作勤快敏捷，说话谨慎小心，向有道德的人学习，从而改正缺点。如果有了这样的工作态度，入仕为政也就不难走上正轨了。"

颜路接着说："要用仁德去治理政事，那做官也不难啊！"

孔子说："吏既为百姓师，也为百姓父母官。先王道统，教化之责，都在肩上，任重而道远啊！"

众人听后表示：一定遵循先生教诲，争取把事情办好。

孔子最后告诫弟子："一个人不是生下来就什么都知道，而是通过不断学习后才知道的。你们去办事就是学习，一次没办好也没有关系，接着再去办就行了，只要有仁人之心，事情总是可以办好的。”

鸦有反哺之义

一天，子路回衙门向老师汇报工作，谈到这样一件事：有一位老农，年逾古稀，一生以务农为本，勤劳俭朴，遵纪守法，在乡里享有名望。可是他有一个儿子对他不孝顺，每天不让他吃饱饭，而且吃的都是粗粮。老农听到中都有了父母官，就想状告儿子虐待他，但一生忠厚的老农，不敢面见官府。

正当这时，子路来到了这个村子，在乡邻们引领下，老农找到了子路，诉说了儿子不孝的情形。子路听了十分生气，就把他儿子找来，教育他要孝顺父母，并限他立即改正，儿子当面答应了子路所提出的要求。

但是，事情过后，这个不孝子不但不改正错误，反而变本加厉地虐待父亲，经常不给他饭吃。老人这次在乡邻的指引下，来到中都向子路投诉。子路答应在三天内一定把这件事办好，并嘱托同来的乡邻照顾好老者。

也许是事情太多，子路就把这件事情给忘记了。十几天后，老农来到衙门告状。孔子问：“老人家，你来有什么事？”老者把几次见子路的经过和子路的答复一一告知了孔子。孔子对子路处理问题的拖沓作风十分不快，亲自扶着老人进入内间，交代用餐事宜，并立即叫人传来了子路，态度严肃地对他说：“一个人没有信用，就难以立足。你答应了老农的事又拖着不办，失信于百姓，这怎么行呢？”

子路知道错了，也没有辩护，只诚恳地说：“由对这老者是十分同情的！”

孔子说：“只同情不解决问题，同情只能是一句空话。一个有道德的人在处理问题上应该忠诚信实。你叫人去把这个不孝之子给我带来，我亲自来处理。”

子路遵照孔子指示，立即差人将这个不孝儿子带来了，

化行中都

清《孔子圣迹图》

鲁定公九年，孔子帮助季、孟、叔三家平息了阳虎的叛乱，此后他被正式任命为中都宰。

孔子肃穆庄严的面容中，还带有几分怜悯痛惜的神情。沉吟片刻，孔子问："你有儿子吗？"

"有。"

"儿子生下来时多长呀？"孔子问。

"不过一尺。"

"那现在有多高了？"

"六尺有余。"

"是谁养他这么高的？"

"是小人和他的母亲。"

"那你是谁养大的呢？"

"是我的父母。"

"你知道是你父母将你养大的，这就好了。"孔子又问，"你现年多大？"

不孝儿子说："三十二岁。"

孔子说："再过二十年，你的年纪将是你父亲今年的年龄。那时你也不能种庄稼了，谁来养活你呀？"

"靠儿子来养活。"

孔子说："你今天不愿赡养你的父亲，到时，你的儿子也向你学习，以你今天对你父亲的态度来对待你，你有什么办法？"

不孝儿子无言以对。

"生你养你的父母你不赡养，应由哪个来养？"

不孝儿子哑口无言。

孔子说："父母养育之恩，应该尽心尽力报答。羊尚有跪乳之恩，鸦有反哺之义，你这不孝之子，连禽兽都不如，何谈有半点人性，你可知罪？"

"小人一时糊涂，小人知罪！"

"知罪就好。"孔子又说，"今后你应该如何对待你的父亲？"

不孝儿子说："我一定赡养他，让他有饭吃。"

孔子又说："你的所谓孝，只要有饭给他吃，养活他就行了吗？如果不真心真意孝敬你的父母，这和你饲养狗、马又有什么区别呢！"

不孝儿子连忙说："大人饶恕，小人今后一定恭敬诚心地赡养他老人家。"

孔子说："那就好了。你今天既是父亲又是儿子，做父亲就应该像个做父亲的样子，做儿子就要像个做儿子的样子，这才是美德。今天你能悔改，我就不再追究你的罪过了，快快将你父亲接回去吧！"

不孝儿子说："大人的教诲，小人终身难忘！"

孔子要子路将老者扶出来，儿子对父亲痛哭流泪，悔愧不已。孔子又将老者送出门外。这件事在百姓中一下传开了，从此以后类似的事件很少在中都发生。

使民以时

孔子自从做了中都宰以后，除了日常衙内事务，还常常下乡视察，每到一处就和老农促膝长谈，或了解民情，或征求民意，或宣讲孝悌仁爱与治家之道。

一天，正是农忙时节，孔子从乡下视察回来，车子刚到衙门前，就看见有百来人聚在那里，曾点在人群中指指点点。子路不知发生了什么事，就立即下车问曾点。

原来曾点想把衙门修理一下，于是趁这大好天气，征调了些工匠、农夫前来动工。子路将情况告诉老师，孔子就走到人群中去，众人见了孔子，都跪地叩拜，孔子叫起众人，又叫来曾点，指着一位农夫说："你的麦子收割了吗？"

农夫回答说："还在田里没有割。"

孔子又转身问另一位农夫："你家的豆子种下去了没有？"

农夫答："正等待播种！"

孔子又问另一工匠："你家的麦子收割没有？"

工匠回答："还没有收割！"

孔子又对大家说："既然麦子没有收，豆子没有种，倘若天下大雨，那你们的麦子被冲走了，豆子又不能按时播种下去，你们吃什么呀？"

农夫们一阵窃窃私语。

孔子又问曾点："要这么多人何用？"

曾点说："一部分人上山伐木，一部分人和泥筑墙，工匠们赶制梁柱，争取尽快修整完毕。"

孔子说："这百来人都因为修整县衙而不能收割耕种，一旦大雨，他们一年的收获就将全毁了，下一年就会断粮。征用百姓们服役，也得看个时候，不为百姓们着想，为官做什么呢？"

曾点辩解说："若不抓紧时间修理，房屋一旦坍塌，就无处办理公事了！"

孔子说："就是坍塌了，我们还可以到他处借用房屋，若粮食不收，老百姓又去哪里借呢？难道为了我们的房屋就该让他们饿肚子！点呀！这时候使役老百姓，他们是会不高兴的，我们也要为他们想想。这就是仁爱之心，为官施政，就是要和百姓一条心，要推己及人，做到己所不欲，勿施于人！我若是个农夫，这时候就要抢收庄稼。还是让他们先回去收割庄稼吧！”

那些农夫听说先让他们回去收割麦子，连忙跪地谢恩。曾点、子路、颜路、闵损都被现场的气氛所感动，连忙将他们搀扶起来。农夫、工匠们都高高兴兴地回去了。

一个月后的一天，衙门前拉来了一大堆树，聚集了两百多名百姓。工匠制作梁柱，农夫们和泥筑墙，这下惊动了里面的孔子师徒，连忙出来询问。原来农夫们上次回家时，就已商议决定，在农忙结束后都来为中都宰衙门修建房屋。孔子连忙拱手表示感谢，百姓们更是干劲倍增。不到十天，中都宰衙门就修缮一新了。

礼仪教化

这一天，孔子正独自一人坐在公堂，凝神思虑。子路、曾点等四人不约而同地来到他身边。

子路说：“先生一人在此静坐，莫非在思考什么重大事情？”

孔子说：“你们来得正好，我们一起来讨论讨论怎样才能把中都治理得更好。”

曾点说：“自先生来中都后，就教育百姓要种好庄稼，节制水利，不误农时。今年是个丰收年，老百姓吃饭大概没问题了，就是那些鳏寡孤独病残者应该想法解决才是。”

孔子说：“你说得对啊！”

颜路说：“路在下面看到，大多数人活着有人养，死后有人葬。但也看到一位孤老死后三天还无人埋葬。还有富裕的家庭不遵循丧事礼制，大制棺木，奢侈浪费，若不制止，中都礼仪之风将会败坏。”

子路说：“由也在下面看到一些败坏礼制的事，在一个小镇上，我看到一个人在卖一只彝，彝上雕刻的纹饰与诸侯所用之器相同，但仔细辨认，却发现是件伪制品，这大大僭越了周礼。”

闵子骞

姓闵，名损，字子骞，春秋末鲁国人。为人清高，以孝行著称。孔子弟子。

子路又说："刚才所谈到的那些事，必须绳之以法，严厉处罚几例，其他人就不敢仿效了！"

"对啊！"颜路抢着说，"不严加处理，难以杜绝后患！"

"诛杀就可以杜绝后患吗？"孔子严肃地说，"教育百姓是我们的首要任务，如君臣之间的上下关系、父子兄弟之间的长幼关系、男女之间的礼仪关系、人与人之间互勉互敬的人际关系，我们都要以礼仪来教育他们，使他们懂得什么合礼，什么不合礼，他们就会自觉不犯法。只以刑罚惩处，不以礼仪调节，老百姓就会无所适从！"

闵子骞接着说："先生，您刚才所谈的话，损都记录下来了。根据先生的教诲，损已拟定了几条规定，用以教育百姓。如果教育后还重犯，那就严加惩处，以正中都礼仪之风，不知先生意下如何？"

孔子高兴地说："损呀，你的想法做法，正是我一直所考虑的事，你就把拟订的规定读给大家听听吧！"

闵子骞念道：

一、养生送死：凡老人必须由儿子生养死葬，鳏寡孤独者，乡邻应以仁爱之心给以照顾，死后埋葬之，有极大困难者应报告当地官府解决。

二、长幼异食：年满五十岁者为长，长者饮食应优于幼者。

三、强弱异任：根据每个人的身体状况，在今后的劳役中，应分配给他们各自权宜的差役。

四、男女别途：每个村户必须划定男女日常分开行走的道路，男女各行其道，不准混杂。

五、道不拾遗：不准拿别人家的财物，就连道路上别人遗失的东西，也不能捡来归己所有。

六、器不雕伪：凡制作饮食炊具，不准伪造，更不准越礼雕刻纹饰。

七、葬制合礼：凡百姓埋葬死者，做棺用木只能用四寸五寸之树，做椁用木不能超过五寸之围，死者只能埋葬在不生长庄稼的荒山，坟墓周围不准栽植大片的松柏树林。

以上规定，望各家各户相互转告，相互监督。经劝告而不遵守者，官府将以刑罚处之。

孔子听后非常满意，大家也一致同意。孔子交代，这些规定就作为今后治理中都的制度，并要弟子们分别下到乡村农家，向百姓广泛宣传。不久，中都的百姓们都能按规矩行事了。

治政之道

新政在中都推行后，取得了很大的成效，每到一处只见百姓都在勤于耕作，一派兴旺景象。

有一天，孔子师徒正在一起弹琴论乐。忽有一乡里进来报告说，在汶河之西的某村，发生了两死一伤的人命大案。孔子一听，不禁惊讶万分，他来到中都后还没有发生过如此大的命案。

乡里说："罪犯名叫吴常，28岁，母亲早年去世，父亲因他偷盗屡教不改，气急自杀而亡。吴常有个年轻妻子，他自己很少下地干活，却逼着妻子去干，稍有不顺心意就拳打脚踢，吴常终日在外游手好闲，小偷小摸，说他几句，他就蛮横动武，被偷东西的人家也只好忍气吞声。尤其不能容忍的是吴常见到年轻的女子，就大耍流氓手段，女子见到他就会远远躲开。前几天，他一人在道路旁躲藏起来，有一年轻女子走过时，他蹿了出来，将女子按压在地上，女子不从，拼命挣扎。吴常见无办法，就用手卡住女子咽喉。女子的父亲闻讯赶来时，女子已经气绝身亡，他又将女子的父亲打伤。吴常的妻子闻听丈夫做出了如此伤风败俗之事，羞愧之下自缢而亡。现在人犯被捆绑在某村，故来报告，请求大人发落！"

孔子听后十分震怒，即命子路随同乡里前去察看，并将人犯带回。

第二天，子路将吴常带来了。孔子首先要子路说明查实

士农工商

春秋时已成熟定型的职业。

的情况，子路详细地说了一番，与乡里报告的情况一致。于是孔子就叫人把吴常带进来对证。

孔子问：“你杀死了一个什么样的人？”

吴常答：“一个年轻女子。”

孔子问：“你的妻子是不是你杀死的？”

“是她自缢而死的。”吴常回答。

“她为什么要自缢？”

“因为我杀了人。”

“是不是因为你无赖，败坏道德，她感到羞愧才自缢而死的？”

“是的。”

“她虽不是你亲手所杀，但也是你的恶劣行为逼她而死的。”

孔子又问：“被你扼杀而死的女子的父亲是怎样受伤的？”

“他要抓我，被我打伤的。”吴常答。

“我再问你，你的父亲是怎样死的？”

吴常答：“自刎而死。”

孔子又问：“他为什么要自刎呢？”

吴常答：“因为我偷了别人一头猪，被人抓住后将我父亲叫去，父亲见我成了被人捆绑的盗贼，二话也没有说，就拿刀自刎在我的面前。”

孔子站起来指着吴常说：“国家规定的礼制你不遵守，乃为不忠；你气死了生你养你的父亲，乃为不孝；你败坏道德扼杀妇女打伤百姓，乃为不仁；逼死了你的妻子，乃为不义。如此不忠不孝不仁不义之徒，实为百姓中的祸根，留下无益，推出斩首示众！”

杀了吴常后，孔子说：“这是个刁民，好逸恶劳，屡教不改，如此歹徒早在气死其父之时就应诛之，若早除掉就不会再有两死一伤的命案发生了。教育百姓是根本，政策的宽严是有限度的，如果政策过于宽大，有些人就会轻慢，就会出现一些无辜受害者。要纠正少数人的轻慢就要改用严厉政策，政策严厉免不了要杀人，杀了坏人，保护了好人，民众不但不会埋怨，反而会拥护你。但严厉到一定程度时，又必须适当施行宽大，宽严相济才是治政之道。”

路不拾遗

一天，门人通报闵子骞，说外面有人非常焦急，要求见大人。闵子骞即命人将来人带进，问他有何急事。

那人忙跪地说：“小人是鄙邑人氏，我家主人差我前来中都为亲友送信，并为我缝制了一件新衣，小人拿着主人的信连忙动身启程。来到中都后，因天气热起来，小人就将新衣脱下包了书信塞在背囊内。因天色将晚，小人赶路心切，一不小心丢了包裹，失了新衣事小，丢书信误了我家主人事大，小人就难以活命了。闻听中都的大人是百姓的父母官，故前来求助，小人给大人叩头了！”

闵子骞扶起那人问道：“你还记得路吗？”

那人答：“就从汶山的大道而来，并未走小路，记得一清二楚。”

闵子骞听后要那人暂等片刻，自己即去将此事通报孔子。

孔子说："济急拯危乃仁者分内之事，你就帮忙驾车沿途去寻找吧！"这时天色已暗，闵子骞就先安排了这人的生活住宿，待次日寻找遗物。

第二天清早，闵子骞叫人驾了车子，在那人的引领下一同沿途寻找。约摸走了一个时辰，只见前面的大路旁坐着一位老者，闵子骞忙下车询问。

老者道："昨天，我儿子在路上拾了这件衣服，衣内还有些东西，故在此坐等，好让失主认领。"

闵子骞忙叫来那人认领，那人一见正是自己丢失之物，喜出望外。

老者说："这是我儿子昨天下午从外地归家时拾的，他见天色已晚，就将它拿回了家中，今天清早就叫我在这里等候失主。"

闵子骞故意又问："既然是拾到的衣物，为什么不留下自己用呢？"

"你说话怎不讲理啊！"老者带着气愤的语气说："中都的孔老爷，讲的是仁德，行的是礼仪，我们百姓能不听他的话吗？一件衣服事小，可谁又去用那不义之物啊！"

闵子骞听老者之言，心下暗喜，先生治理中都才几个月光景，就出现了路不拾遗的景象。于是，向老者表明了自己的身份。老者得知失主的事后答道："好啊！中都的老爷是真正的父母官，事情虽小，但关系着一条人命呢！我也没有在这里白等半天！"随即将衣物交还失主，那失衣之人连忙跪地千恩万谢，闵子骞在回中都的路上，一边欣赏着道路两旁的风景，一边想：先生常常教诲我们，要用仁政礼义教化百姓，改变风俗，在中都已经显示出良好的效果了啊！看来先生治世理想，并非是遥不可及的，而是可以通过努力实现的啊！

圣人治　中都富

叔孙无忌听说孔子在中都治政如神，就派家臣前来观摩学习。家臣来到中都，恰逢孔子到四乡巡视去了，家臣就参观起中都宰衙的建筑来，只见它虽不富丽，但也庄严，而且城池没有城墙，更没有一个护城的兵役，正在疑惑之际，衙役送来了饭食，仅一盘鲤鱼和一碟蔬菜。家臣就问："平日你们老爷就吃这样的饭菜吗？"衙役答说："平日老爷以吃蔬菜粗粮为主，根据老爷吩咐，凡有客人到来，才加鲤鱼一条，表示以礼相待！"那家臣听了，默不作声。饭后，他又信步来到街市，只见货殖充裕，平卖平买，秩序井然，中都的确名不虚传。

那家臣游览过街市回到衙门时，孔子已在公堂等候了。

家臣说："先生，这中都的政绩，与外面传闻的确名副其实，只是在下见那城墙已破败，为什么不再筑一座新的呢？"

孔子说："我关心的是百姓的生活，修筑城墙，要劳役百姓，百姓不种庄稼而来筑城，岂不怨声载道。况且，仲尼并不认为城墙能有什么大用！"

家臣说："城墙乃为防守之用。"

孔子说："仲尼为官是为了天下百姓，不是为了自己占据一块疆土，更不想以一块疆土而野心天下。如果百姓真心实意拥护我，若有人来侵犯，百姓们自然会来保护。城墙可以用武力攻破，而民心是用武力打不破的！"

"先生美德仁政，在下敬佩之至！"家臣接着问："先生，我一路而来，见百姓都在田里干活，比别的地方都要勤劳，不知是否颁布了什么好的政令？"

孔子说："我只是教育他们重视农活，争取丰衣足食。如果不讲清道理只是一味去命令他们，强迫他们，他们也不会如此卖力干活的。"

"那先生用什么办法呢？"家臣问。

孔子说："我心里想的是老百姓，做的事也是为了老百姓，他们自然对我非常信任。如果一个地方官吏能以关心

孔子像
台北故宫博物院藏

百姓的态度端正自己的行为，那管理这个地方还会有什么困难？如果自身不端正，又怎能端正别人呢？我曾说过：其身正，不令而行；其身不正，虽令不从。上面的人本身正派，不发命令人民也会照样去做；他本身不正派，即使下严厉的命令也不会有人服从的！”

家臣听了孔子的一席话后，感到不虚此行。紧接着费邑也派人前来请教，齐国的几个县邑也派人来中都取经。孔子德治中都的政绩，在天下传开，从此，人们慢慢都称孔子为圣人。中都的老百姓们说：“圣人出，黄河清；圣人治，中都富。”

鲁国司空

孔子治理中都仅一年就取得了良好政绩，得到鲁定公召见，并升任鲁国的司空，负责礼仪、教育以及山川水利、土木建筑方面的工作。

孔子受司空之职时，正值寒冬十月。他想：关心百姓生活就要让百姓明年有个好收成。于是孔子和弟子们首先调查耕作情况，根据山陵和河流走向，先查明哪些地方适宜耕作，每到一地就挖土考察。凡地下土层湿润者，均标出详细记录，再把情况告知各地百姓，要他们去开地耕种。

有些百姓因自古以来就地耕作已成习惯，对孔子的建议将信将疑。有的百姓则听令而趁冬闲之际开垦耕地，积肥保墒，及时下种，精心培育。第二年上半年发生旱灾，那些就地耕种者，受灾严重。那些按孔子指点而种的土地，则获得大丰收。这年秋收一过，冬种又临，孔子居住之处，门庭若市，四乡百姓都前来取经。孔子指定曾点按调查情况，一一详细介绍给百姓。

孔子任司空后，有一次，和弟子们考察山林湖泽时，来到了陬邑的昌平。有一天，他在一个村庄看见一户百姓正在筑土盖房，房子快要建起来了，一家祖孙三代无不高兴。孔子一看，觉得这座房子筑的地理位置有不当之处，就劝他们把新屋拆掉，再择地改建，并指明盖在哪些地方为好。可这家人没有按孔子的意见去做。

第二年的春天，这户人家的老者亡故了，到了七月小儿子又暴病而死。老者的大儿子前来向孔子请教其中缘故，孔子说："我既不信有神，也不信有鬼，我只知道有天地，如果不按天意行事必遭祸殃！"

那人问："我的房屋又怎么违背了天意呢？"

孔子说："我问你，冬天住这房子寒冷吗？"

那人说："寒冷得很，我父亲就是因寒冷而害病身亡的！"

孔子又问："那么热天你们感到天热吗？"

那人答："热啊，我的儿子热得汗流浃背，突然晕倒而死！"

孔子说："是啊！你那房子坐南向北，而房子的南面是高山，北面又是块空旷之地。冬天那北风直吹进你的房屋，当然冷。夏天的南风又吹不进屋，当然就热。上天之意就是冬天刮北风，夏天吹南风。你不信上天的安排，所以你的父亲就冻死了，儿子热死了。难道我当时没有要你们尊重天意吗？"

那人恍然大悟，孔子能知居住祸福之事传开了。

在陬邑昌平一带，在曲阜泗水河畔，普遍流行一首儿歌，唱道：

学圣人，孔仲尼。
治天下，用礼仪。
尊君王，亲长辈。
爱百姓，胜亲戚。
听他话，有饭吃。
读了书，懂道理。

因此，不少平民百姓带着儿子来找孔子，请他收徒授教。孔子看到他们要求读书，心里很是高兴，但自己已入仕途，再不能招收弟子了，于是叫老百姓自办学校，让他们轮流去教学，有时自己也抽空前去讲学。

民间办学之事还是一件新鲜事物，在鲁国朝野引起了不小的争议。这天定公召见大家讨论此事。

季氏对定公说："司空过去自己办学，如今又鼓励百姓办学，还要自己门人去讲学，这是不符合礼制的！读书是诸侯、士大夫之事，平民百姓只能事劳役，请主公决断。"

定公也对孔子办私学有些疑惑，便问："司空，季大夫之言，你以为如何？"

孔子躬身行礼，答道："礼，是在不断完善的。商朝承袭的是夏朝的礼，他们在承袭中有所增删。周朝承袭的是商朝的礼，也去掉了很多，增加了不少，文献典籍都有记载。我们学习先王的做法，当然是合礼制的。鲁国现在丰衣足食了，百姓们要读书，今天在礼制上增加一条让他们读书，不是使礼制更完善吗？"

季氏又说："平民百姓读书不就和诸侯、大夫平等了吗？"

孔子说："教育应该平等。让每个人都接受道德礼仪的教化，在此不应该区分贫富与尊卑。"

季氏说："百姓是从事劳役的人，读书又有何用？"

孔子说："第一，使百姓都懂得礼仪道德，教化他们循规蹈矩，使国家得到治理；第二，学业品行优秀的弟子，还可以选拔入仕，成为国家的有用之材。"

"哪有平民百姓能做官的呢？"季氏仍在争辩。

孔子说："能不能让他们做官，是当政者的事。国家不用丘之时，丘也只是平民百姓；国家用丘，丘才能当上今天的司空。"

定公说："司空说的有道理，就依司空之见，让百姓去办学吧！"

从此鲁国兴起了一股民间办学之风，文化知识得到了普及，为鲁国的大治打下了坚实基础。

未知生　焉知死

孔子和弟子在调查山林川泽土壤之时，经常看到百姓送葬之事。弟子们触景生情，对于生死鬼神的问题，常常进行探讨。这一天，他们又遇见了一队送葬的人群。

子路请教孔子说："人应该怎样侍奉鬼神呢？"

孔子说："人事问题还没有做好，怎么去讨论鬼的问题呢？"

子路又问："请问先生，这死是怎么一回事？"

孔子答："连生都没弄清楚，怎么能够懂得死呢？"

站在一旁的子贡又问："请问先生，一个人死后，不知有没有鬼魂存在？死者是有知还是无知呢？"

孔子说："赐呀，死者究竟有知还是无知，这不是今天非知道不可的事，以后你会明白的！"

> 子曰：未能事人，焉能事鬼？曰：敢问死。曰：未知生，焉知死？
>
> ——《论语·先进》

子路接着说："弟子觉得死者是有知的，如果死者无知，那先生为什么教诲我们要为父母服丧三年呢？"

孔子说："我是这样对你们说过。三年服丧是不要忘记父母对你们的抚育之恩，是对死去的父母一片真诚孝心的体现。"

他们正议论时，只见有一支队伍举着纸扎的牛马、草人和泥车在送葬。子路不懂，问道："先生，用这纸扎泥造的东西是什么意思？"

孔子说："这叫明器，就是把死者视为神明，用明器随葬的人是懂得丧葬意义的。用泥车、草人随葬，自古以来就有，这是生者对死者寄托的哀思。"

子贡又说："现在不再用活人殉葬了，但还是有人用木头或泥土做成活人一样的俑去殉葬，这样做是否合礼仪？"

孔子答道说："用俑人殉葬虽然不是用活人殉葬，但也近乎用人殉葬了，实在令人不忍啊！首先发明和使用俑殉葬的人，是要绝后的啊！"

> 仲尼曰：始作俑者，其无后乎！
>
> ——《孟子·梁惠王上》

这天，孔子带弟子们到鲁国历代先君陵墓去巡视，进入陵区后，看见鲁昭公之陵葬于先君之侧，而且中间深挖一条土沟，把昭公陵墓隔开甚远。

原来昭公曾被三家赶出鲁国，逃往齐国，一直避难居留在齐鲁接壤的鲁国边境乾侯。季平子在昭公死后，才同意让他魂归故国，葬入先君陵墓，但故意在昭公陵与先君陵间挖一条深沟，以示对昭公的贬谪。

孔子与弟子们看到眼前一幕，想到季平子擅权、三家乱政的鲁国政局，又想到昭公生前流离异国，死后还遭如此羞辱，心中涌出难言的隐痛。

于是子路传来役丁，平了旧沟，动手将昭公陵并入陵区，以安先君亡灵。

孔子一行回曲阜见定公和季桓子，讨论鲁国的礼制问题。定公问："现在诸侯各实行各的礼制，司空认为鲁国应实行何种礼制？"

子曰：周监于二代，郁郁乎文哉！吾从周。

——《论语·八佾》

孔子说："周朝的礼乐制度借鉴于夏、商两代，非常周全完备，丘赞成周朝的礼乐制度。再说鲁人是周公的后裔，也应该继承和发扬周代的礼制精神。"

定公又问："礼制中最重要的首推君臣之礼，君使臣，臣事君，君臣之间应建立怎样的关系呢？"

孔子回答说："君使臣以礼，臣事臣以忠。"

定公又问："为什么礼制才是治国的根本大道？"

孔子答道："君臣有礼，尊卑有序，国家才能和谐康乐，长治久安啊！"

季桓子又问："那么古代礼制是什么样的情况呢？"

孔子回答说："《尚书》载：'商代的高宗守孝，住在凶庐，三年不讲话。'这哪里是高宗一人啊！古代的人都这样。国君死了，继承君位的人三年不谈国事，各部门的官员也自理政事，只听命于宰相。"孔子停顿一会后，又接着说，"鲁国在对待先君这件事上，实在做得不体面啊！"

定公问："难道有羞辱先君之事么？"

孔子说："丘在视察山林川泽时，曾与仲由察看了先君陵区，发现唯有昭公别葬一侧，并以沟壑划开。"

这时，定公心有触动，面露不忍之色。而专揽国家大权的正卿季氏却说："先君当时确有过错，这事是我父亲做的。"

孔子像

“那司空如何处理这事呢？”定公问。

孔子回答说：“如此葬昭公，丘与弟子们都感到不忍。丘为鲁国司空，纠正失礼之事是职责所在。因此，我叫仲由调集役丁，将沟壑填平，又在外侧另挖新沟，这样就将昭公陵墓归入了先君陵区，百姓也都称道。”

季氏心有触动，感到父亲当年的做法，确实有些过分，于是对孔子说：“司空仅填平一条旧沟，不仅纠正了鲁国礼仪之风，也纠正了家父的过失，在此向你表示谢意！“

季氏接着说：“家臣阳虎之乱，令季家险遭不测，国家失礼，上下悖道，君臣都不得安宁。季家希望有一个好的家臣总管，我想让子路担任，不知可否？”

孔子回答说：“丘认为子路懂礼而勇敢，办事敏捷而有谋略，作为家臣总管，不会有什么困难。”

季氏高兴地说：“那就这样定下来吧！”

子路去做季氏家臣总管，临行前向孔子辞行。

孔子说：“你要去做官了，虽不是执掌国家政事的官吏，却也是执掌正卿大夫一家之政的长官，也与国家政事息息相关，我是赠你一乘车辆，还是赠你几句话呢？”

子路说：“愿先生以言赐教！”

孔子说：“好，我就送你几句话吧！一个做官的人，没有坚强的毅力，就难以达到所定的目标；不勤于政事，不踏实工作，就不能做出成绩；不敬老尊贤，就会失去礼仪。在这几个方面你能谨慎地对待，就很不错了。”

于是，子路辞别恩师，做了季氏的家臣总管，成为孔门踏入仕途的弟子之一。

品评弟子

孔子入仕以来，取得了良好的政绩。中都宰任上不到一年，就把中都治理得路不拾遗，物阜民丰，名闻诸侯。就任司空后，安抚万民，礼仪兴起，国君安泰，大夫信服，不少

圣门四科

清《孔子圣迹图》

孔子弟子，学问品行可分四科：德行，颜回、闵子骞等；言语，宰我、子贡等；政事，冉求、子路等；文学，子游、子夏等。

国君派使者前来学习取经。鲁国百姓都把孔子当作圣人一样看待。他的弟子也个个有出息，声名远扬。

一天，鲁定公和季、孟、叔三氏与孔子一起议论国事时，谈起了孔子和他的弟子们。

叔孙对孔子说："先生可以称得上当代师表了，弟子们个个成才，皆是鲁国的俊杰。其中德行出众的有颜渊、闵子骞、冉伯牛、仲弓；能言善辩的有宰我、子贡；善于处理政务的有冉求、子路；熟悉文献典章的有子游、子夏。"

孔子说："谢谢您的美誉。确实，仲尼平生得意和欣慰的也是这群弟子，他们都很年青，是国家未来的希望。"

孟孙问："据说子路有卓越的军事才能。请先生介绍一下他好吗？"孔子回答说："他可以领导一个有千辆兵车的大国军队，是大将之才。"

孟孙又问："冉求怎么样呢？"

孔子回答说："冉求这个人，一千户人家的地方，可以要他去做县长；一百辆兵车的采邑，可以要他去做总管，他是最好的行政首长。"

孟孙又问：“那么公西赤怎么样？”

孔子说：“公西赤呀，穿着礼服立于朝廷，仪表堂堂，可以叫他接待外宾，是位很好的外交家。”

定公又问孔子：“除了上述的几位外，请先生再推荐几位。”孔子说：“颜渊安贫乐道，而且聪慧过人，闻一知十，能做到三月不违‘仁’的只有他了，是丘最得意的弟子，只是身体素质差一点。子夏敢于直谏，性情豁达，见贤思齐，学问人品皆很突出。”

季氏又问：“还有哪些比较优异的弟子呢？”

孔子又答：“闵子骞是个大孝子。他后娘虐待他，偏爱异母弟弟，别人看不惯，讲了许多打抱不平的话，而闵子骞依然如故孝顺后娘，友爱弟弟，是个孝行难得的人。还有宓子贱，也是一位道德高尚的君子，他善于吸取他人的优点长处，非常注重自我修养，具有君子的德行。”

孔子的一席介绍，定公和季、孟、叔三家都非常满意，他们回朝后经过研究，将孔子弟子一一量才录用。冉求做了季氏的家臣，子路做了季氏家臣的总管，子夏做了莒父的县官，子贱做了单父的县官。闵子骞不愿出仕，季氏派人请闵子骞做费邑的县官时，他说：“替我辞掉吧！若是再来找我，我就会逃向汶水以北！”在孔子的劝说下，他才做了费邑的县官。

先教而后诛

孔子由于政绩卓著，不负鲁君及一些执政大夫之望，不久又擢任为鲁国的大司寇。大司寇是管理司法方面的长官。

司空属下大夫，而大司寇则是卿大夫，孔子从而进入了鲁国政权的核心。掌握鲁国司法大权，多年梦寐以求的从政行道机会终于到来了，自然使孔子满怀喜悦。他决心抓住机遇，一展抱负，致鲁国于“有道”。

弟子们见老师任司寇，自然高兴，也都相信老师会搞好

冉求

经孔子推荐冉求做了季氏的家臣。公元前487年率师抵抗入侵齐军，取得胜利，又趁机说服季康子迎回了在外流亡14年的孔子。后因帮助季氏敛财，受到孔子的严厉批评。

司法。但是对老师怎样做，却心中无数，因而关心地询问老师有何良策。

颜回问：“先生做鲁国大司寇，想必有什么异于常人的高招吧？”

孔子回答道：“在审理发生的诉讼案件时，我同别人差不多，没有多少相异之处。”

弟子们听到老师的话，个个一头雾水，不得要领，疑惑地看着孔子。

孔子接着说：“搞好司法工作，最重要的是使各类诉讼案件不发生，我要做的，就是采取措施，务必使诉讼案件不发生吧！”

一天，有父子二人前来诉讼。父亲状告儿子不孝顺，儿子却状告父亲不慈爱，各据其实，各说其理。孔子听后二话没说，就命衙役将父子二人都送进了牢房。关押了三个月，孔子还不急着去审判谁是谁非。这时，做父亲的请求撤诉。孔子听到请求后，将父子分开训导一番，待二人承认了各自的过错后，孔子便将他们放回去了。

这事很快让正卿大夫季氏知道了，季氏非常不满意孔子的做法，认为这样草率处理案件，怠慢了国家刑法，应该严惩其子，以肃孝道。季氏的家臣冉求将季氏的话转告给了孔子，并询问处理这桩案子的缘由。

孔子叹息地说：“这个做父亲的平时不好好教育儿子，才造成了儿子来告父亲的状，表面看状告父亲，是儿子的不孝，但他为什么不孝呢？做父亲的从小不以教孝道教育儿子，儿子长大后又经常打骂他，儿子实在难以忍受，故来告状，事情的缘起还在父亲身上。当然作为儿子的不去劝谏父亲，反来告状，也有不孝顺的过错。如果进行教育使双方各认其错，达到父子和好，不是更好吗？如果杀掉这个儿子，就是滥杀无辜！”

冉求说：“按先生的说法，先教而后诛是从政者必须遵守的一个原则吗？”

孔子说：“人不教则不知，必须先进行教育，屡教不改，然后才绳之以刑，不教而诛实为不义。”

冉求又问："如何对一个违法者进行教育呢？"

孔子说："既然国家已颁布了规定的道德标准，那么，对一个逾越规矩的人首先应该以道德标准去说服他；如果不听，就请有德行的人再去规劝他；如果还是不听，那就要警告他；实在不思悔改，就用刑罚惩治他，使他惧怕而不敢再犯。如果能用这种方法教育百姓三年，百姓们大都会走上正道。即使还有刁蛮之徒硬要一意孤行，那就只能用刑罚予以严惩，这就能使百姓知道什么行为是犯罪了。现在的鲁国还没有这样去做，对百姓不教育，还滥用刑罚，使百姓迷惑而犯过错，犯了过错，又从严处置。这不行啊，不先教育百姓，即使有严刑厉罚，也无济于事啊！"

冉求说："先生英明，我一定记住你的教诲！"

夹谷会盟

在孔子担任司寇的第二年——公元前500年，齐国发觉孔子在鲁国已经渐渐握有实权，这样一来，鲁国强大，齐国就面临一种威胁。这年夏天，齐景公根据大夫黎钼的建议派人到鲁国来，说要和鲁定公举行一次夹谷之会。夹谷在泰山以东（即今山东莱芜），他们打算在这次外交会议上使鲁国屈服。

鲁定公接到齐景公书信后，认为强大的齐国，过去屡来侵犯，今日主动提出和好盟会，是件求之不得的好事。当即召来季、叔、孟三家商议，孟孙无忌说："齐人多狡诈，国君不可轻信。"

季氏说："齐国强大，每每用兵侵犯于我，今主动示好会盟，我们怎好拒绝呢？"

定公又问："我若前去，何人保驾？"

孟孙说："保驾之人若不是我的先生孔子，我看谁去都是不行的！"

于是，孔子以大司寇兼摄行相事保驾定公同行。

夹谷会齐

明《圣迹图》

鲁定公十年（公元前500年）春，齐鲁两国国君相会于夹谷。献酬后，齐国演奏四方之乐，孔子以两君相会，不能用夷狄之乐为由，迫使齐景公撤走乐舞，齐国又演奏宫中之乐，孔子以匹夫惑乱诸侯为由迫使齐景公处罚乐人。使鲁国在外交上取得了一次胜利。

出发前，孔子进奏道：“我曾听说，两国君主盟会，办理文事必须武备，办理武事必须文备。古代诸侯若离开自己的疆界，一定是配备文武官员随从，文武兼备，才能有备无患。文备礼仪当有丘承担，但请主公命左右司马一同前往，选择险要之地妥善布防，以防不测！”

定公听后，对孔子深谋远虑之见极为赞赏，当即委托孔子安排布置。孔子便命大夫申句须为右司马，乐颀为左司马，各率兵车五百乘，跟在定公前行的队列后面，以备后应；又命大夫兹无率兵车三百乘，在离会盟地点十里处扎营安屯，勒命两部人马必须马不离鞍镫，手不离兵器，枕戈待旦，以防不测。众大臣听后，领命分头而去。这时定公又当众宣布：会盟之事，一切听从司寇调令。

齐鲁会盟，订于定公十年（公元前500年）春，在齐鲁交界处的夹谷山前举行。齐国告知鲁国，会盟时的一切准备工作由齐承担，只待鲁君赴会。齐在夹谷山前，搭起了军帐幕篷，修筑了会盟的土台，台上设置了两个国君的坐席。旗盖帐幔装饰华丽，又筑起三级台阶，供君臣登台之用。

会盟那天，齐鲁两位国君来到土台之前拱手揖让登台就座。鲁国孔子为相，齐国晏婴为相。两位国君就座后，两位丞相拱手礼见，并趋步向前，分别向对方的国君行了君臣之礼，然后各从其主就坐。两君互赠玉帛酬献礼仪完毕后，齐国执掌礼仪的有司趋前进奏说："请演奏四方的舞乐！"景公又向定公拱手说："寡人准备了四方各族的舞乐，愿与鲁君共同欣赏。"定公回礼，表示同意。景公便下令演奏舞乐。

齐大夫犁弥听令，立刻指使早已安排的莱夷人登台。他们接到号令，就猛擂大鼓，呼叫不绝，以旌旗为先导，头戴羽冠，手执戈、矛、剑、钺等兵器，狂呼乱叫蜂拥而上，一直冲到定公面前，定公惊恐得脸都变了颜色，失去了主张。这时，孔子镇定自若，面无惧色，快步冲向台阶之中，举起袖子对景公说："今天，我们两国国君相会，为的是两国从今以后化干戈为玉帛，世代友好相邻，共同辅佐我周朝天子，以施仁德于天下百姓。齐鲁同为天子诸侯，就应行周公之礼，而今齐君为何要用这夷狄舞乐在此现丑呢！"接着他又对定公、景公说："齐鲁两国的国君友好相会，而让这些早已亡国的边远东夷俘虏用武力来捣乱，斯文扫地，蒙羞的不仅是鲁国，更是齐国，请命令有司，叫这些人赶快退下去！"一席话说得那景公羞愧难言。晏婴不知是景公和犁弥之计，忙以解危的语气向景公奏道："鲁司寇所言，甚有道理，我们失礼了！"晏婴示意有司叫莱夷人退下，有司指使莱夷人退下，而莱夷人未得犁弥指示还站立不动。景公听了两丞相之言，内心也感到羞愧，又见这些莱夷人还站立不走，就面带怒色挥手示意乐队退下。

此时的犁弥正埋伏在土台之下，只等莱夷人动手，他就跃上台阶擒拿鲁国君臣，哪知现在莱夷人被景公斥退，计划破灭，心中恼怒万分，他想：擒拿不成，也要侮辱他们一顿，以解心头之恨。于是梨弥即召集齐国的俳优，秘密指使他们说："筵席之间必会召集你们奏乐歌舞，你们就歌唱《敝笱》之诗，任你们戏谑、羞辱鲁国君臣，事后重重有赏！"《敝笱》内容极荒淫，犁弥想用此羞辱鲁国。犁弥又指使有司向主公请奏宫中之乐，有司又快步上前，向景公奏道："请奏宫中的乐曲，以飨国君！"景公说："宫中乐曲，当合周礼，不是那夷狄乐曲，可速速演奏！"

有司传令奏宫中乐曲，于是齐国的戏谑俳优和侏儒二十余人，异服涂面，装女扮男，分成两队，拥向台来。霎时间，跳的跳，唱的唱，轻狂淫秽，艳词滥调，不堪入耳。

孔子见状，又赶快赶上去，一脚迈到台阶的第三级，手按宝剑，怒目喝道："戏弄诸候者罪当斩首！执法官何在？"孔子突然迸发的凛然气势将齐国在场的文武官吏都给镇住了。景公恐惧懵然，目瞪口呆，一时不知如何回答。那些戏谑的艺人心中早已十分恐惧，但君命难违，只能佯装狂笑不止。

孔子强抑激动，以稍缓和一点的语气对两国国君说："两国既已通好，就应当以兄弟之情相互看待。鲁国司马，请与齐国司马，执行刑罚之事。"他转身举袖一挥，高声命令："申句须、乐颀何在？还不与我执法！"申、乐二司马闻声跃上土台，一步跨入两队艺人之中，各人随手抓住了一个领班，刀举头落，手脚各断异处，其他艺人亡命而逃。景公惊愧不已，起身不告而退，晏婴已知齐国大失礼仪，也羞愧而走，定公在孔子和司马的护卫下，起身而行。犁弥见鲁国君臣就要离去，还想在土台下拦截劫持。可是他不敢轻举妄动，一来孔子不是等闲之辈，怕又弄巧成拙；二来见申、乐二司马英雄难挡，稍有闪失，自身性命难保；三来打听到十里之外，尚有鲁国军士屯扎，若轻举妄动，就会引发战争。他也胆怯心虚地低着脑袋怏怏溜走了。

夹谷会盟，不欢而散。

齐景公听信犁弥之计，在夹谷会盟中遭到惨败，内心非常愧恨。回到宫廷后，余怒难消，立即召集文武大臣，当众责备犁弥说："仲尼为鲁国大臣，用君子之道，辅佐他的国君，他们所作所为，都是遵循先王之道，仁德施政、礼仪待人，这是多么高尚啊！而你却用夷狄之道来迷惑寡人，使寡人陷入了夷狄之流。我本想以会盟的方式与鲁国结为友邻之邦，而今适得其反，反而得罪了鲁国君臣。事至如此，你们

归田谢过

明《圣迹图》

夹谷相会之后，齐景公责备大臣们“以夷狄之道教寡人”，在外交上失礼，于是将过去侵占的土地归还鲁国以表悔愧。

都来说说，该如何挽回我的过失！”

犁弥只惶恐地表示悔过，再不敢多说一句。

众大臣听了景公一席话，都感到不安，也都不敢随便说话，一时鸦雀无声。丞相晏婴从班中站出奏道：“臣听说，君子有过，就用具体行动诚心道歉认错，而不用花言巧语哄瞒他人。”

景公紧接着问：“丞相的意思，是要寡人以具体行动去道歉吗？”晏婴说：“臣的心愿正是如此，仲尼的弟子子贡说过‘子之过也，如日月之蚀焉。过也，人皆见之；更也，人皆仰之’。作为大国诸侯，如同太阳和月亮，大家都看惯了他是亮的，假如他有一点黑，就要被人指责。所以在客观上看，君子之过有这样的影响，要马上改，一纠正大家都会原谅他，因为人们始终是仰望着他的。”

景公说：“那子贡说得真好啊！丞相，寡人应该如何做呢？”

晏婴说：“鲁国有三处国土，至今为我占用。其一叫汶阳，是那阳虎背叛鲁国后献给主公的不义之地；其二叫郓城，那是昔日为鲁君寓居而向鲁国索取的土地，至今未还，也是不义之地；其三，就是那龟阴之田，是我先君顷公凭仗强大武力，威逼鲁国向我割让的土地，也是极为不义的侵占。为此，鲁国一直耿耿于怀，又因为长期是弱国，没有能力讨还，至今天下诸侯对此无不非议。臣想，主公何不趁此机会，将这三处侵占的土地归还鲁国，来表示齐国与鲁国和好的一片真心，也可以此作为对夹谷会盟中过失的真诚歉意。这样一来不仅可以怀柔鲁国，更可以此向天下昭示主公的王道贤德。”

景公听后，欣然同意，并亲自修国书差遣大臣出使鲁国，将汶阳、郓城、龟阴三处土地归还鲁国，除了向定公致歉之外，并对孔子以仁德治国的精神表示钦敬。

子贱登仕

自孔子向鲁君推荐弟子后，子路、冉求先后步入仕途。鲁君又派宓不齐（字子贱）去做单父的县官。子贱素来注重自己的德行修养，有君子之称，而且办事果敢敏捷，具有从政能力。但子贱同时也是个冰雪聪明的人，他心里清楚，鲁君虽然用他，却也疑他，于是便想出了一条计策。

子贱去单父上任前来向鲁君辞行，请求国君派两个人跟随他同去，协助他办理政事。鲁定公听后非常高兴，因为他对宓子贱的确有些放心不下，于是定公派了两个亲信，同子贱去了单父。

到了单父，子贱就派他们负责抄写文书的工作，又暗中吩咐自己的亲信，每逢这两个人抄写文书时，便装着无意地去碰他们的手臂。这样，抄写文书的字就十分丑陋。子贱就经常当着众人大发脾气说：“文书是一个县的重要工作，记载的大事是要呈国君御览的，发布的公文是要让百姓们看的，写这样的字，有失本官的威望，有辱国君的尊严！”这两个随从，不但经常被子贱申斥，也被县衙内其他同僚耻

放鱼知德

清《孔子圣迹图》

孔子到卫国，派巫马期考察宓子贱的政绩。巫马期到单父，见渔民放小捕大，问其缘故，渔民说这是子贱的教化之功。孔子甚为嘉许。

笑，实在混不下去了，就请求子贱放他们回去。子贱同意了他们的要求。

这两个人回去后，将情况一五一十地呈报给定公，定公觉得很奇怪，他不明白宓子贱为什么要开这样的玩笑，于是便去问孔子。

孔子说："宓不齐非百里之才，他的才能可以去辅佐诸侯霸业，去做单父的县官是大材小用，宓子贱屈居单父县官，不过是想试一试自己施政的主张和本领。我想，他这样做的目的，恐怕是要让国君懂得一个道理：用人不疑，疑人不用。即然用了他，又不信任而加以监督和干扰，事情就不好办了。"

定公听到孔子这样说，心下暗暗惭愧，作为一国之君，心胸如此狭隘，岂不是自弃贤才？从此以后，定公就放手让宓子贱治理地方。

子贱少了掣肘，凡事做起来就顺利多了。

他事必躬亲，切实推行礼制仁政，治理单父取得了良好政绩，不但得到百姓爱戴与拥护，也得到了国君和卿大夫的赏识，从而大展了自己的政治宏才。

宓子贱还是个深通谋略的大将之才。有一年，齐国攻打鲁国，单父是必经之地。子贱就将城门紧闭，不让人们进出，单父的老人们来请求子贱说："现在麦子已经成熟，齐国的兵马又要来，请开城门放我们出去，让大家把麦子抢收回来，不让齐人得到一粒粮食。"子贱心中另有打算，以齐军将至，不适收割为由加以拒绝。很快，齐国的兵马来了，见攻克不了城门，就将百姓的麦子收割去了。

季氏听到这件事后，对子贱的做法非常气愤，即派人来单父申斥子贱。

子贱对季氏派来的官员解释说："今年没有收获麦子，明年还可再种，让齐国军队抢了麦子，于是在鲁国人心中种下了仇恨的种子，这样一来，单父的防卫安全有了保障啊！"

单父经过子贱的治理，物阜民丰，盛名四溢。孔子派弟子巫马期私下前往百姓中去考察子贱的政绩。巫马期到单父去穿的是普通布衣，一入单父境内，看见有人在捕鱼，见渔人捕到鱼后又立即放入了水中。

巫马期就问："我见到捕鱼的人，凡捕到的鱼都会带走，你为什么要把捕到的鱼又放掉呢？"

渔人回答说："鱼有大有小，我们的县官大人教育我们：大鱼就捕获，小鱼就要放回去，让它长大后再捕捞，这样年年都会有鱼捕。县官大人说的话、做的事，都是为我们百姓着想，我们对他打心眼里恭敬，都听他的话。"

巫马期回来将此事告知孔子，孔子对子贱甚为嘉许。

孔子的侄儿孔蔑也在鲁国为官，孔蔑与宓子贱在政见上有不同的观点。一天，孔子问孔蔑说："你为官以来，有何心得体会，不妨说来听听。"

孔蔑回答说："谈不上什么心得，而失去的东西却有三：辅佐国君，不能离开左右，没有时间去学习，丧失了学习的时间；俸禄很少，所得一点饭粥不能很好地供奉父母，接济亲戚，使骨肉之情疏远了；既然做了官，公事也就多了，没有时间去为死者吊丧，不能去探望病者，朋友之间的感情也疏远了。”

孔子听后默默无语，没有答话就起身去宓子贱的寓所，将刚才问孔蔑的话再问子贱。

子贱回答说：“学生自做官以来，得益匪浅，所得有三：一是贱从小就蒙先生教诲，所学的道理今天都能用上，而且理解得更深了；二是所得到的俸禄节俭使用，节省之数供养父母，接济亲戚，使骨肉之情更加亲密了；三是公务繁忙，挤出时间去吊丧死者、探望病者，朋友之间的感情也更加深厚了。”

孔子听后高兴地说：“好啊！真是君子之德，仁人之行！”

孔蔑为官有三失，子贱为官有三得。同样为官，得与失之间，在于为官和做人的态度。

孔子司寇像
西安碑林石刻

堕三都

夹谷之会的获胜，提高了孔子的声誉和地位，增强了鲁定公和执政大夫对孔子的信赖，孔子逐渐进入政治核心，手中掌握了相当大的权力。这时鲁国又赢得一时相对安全的外部环境，使孔子可以集中精力治理国内。孔子期待很久的实现政治抱负的机遇终于到来，因此，他不失时机地开始筹划。

当时鲁国的任务，就是改变定公虚位、三桓擅权、家臣控主的状况，改变鲁国政治格局，达成权力的固有秩序。

三桓鼎立，自筑城邑各据一方，下面城邑的县官也慢慢将城邑据为己有，甚至三家对各自城邑的号令，有的县官也不听了。季氏所占据的城邑是费邑，阳虎叛乱被驱逐逃往齐国后，县官由公山不狃担任；孟氏占据的是成邑，县官是公敛阳；叔氏占据的是郈邑，县官是公若藐。这三县的城墙都跟国都曲阜一样，修建得高大雄伟，极其坚固。这三处城邑的县官中以公山不狃最为专横跋扈，阳虎出逃后他更是气

礼堕三都

清《孔子圣迹图》

公元前498年，孔子抱着“抑三家而强公室”的政治目的，以打击三家家臣为由，实行堕毁三都坚固城墙的政治行动。

焰嚣张，企图背叛季桓子而独霸基业。这时大夫少正卯正想阻止孔子师徒治理鲁国，于是秘密与公山不狃联络，意图谋反。

子路自做了季桓子的家臣总管后，已觉察到家臣内部互相争夺的行为，早就有堕毁三都的想法，于是他把自己的想法告诉了孔子。孔子也早有如此打算，但因条件不太成熟，不敢轻举妄动，如今已到了国家安危的关键时刻，他认为必须迅速行动，于是就去晋见定公。

孔子说：“鲁国最近几年，由于国家威信提高，邻国不敢肆无忌惮地来侵犯了。国内连年丰收，百姓的生活也得到改善。以礼乐教化百姓，社会秩序也开始好转。但是，在国家内部由于对大夫封邑管理不善，大夫之间争权夺利，已成为国家内部的不安定因素，若再发展，势必影响国家安危，丘作为臣子，感到事态严重，请主公明断！”

定公说：“先生言之有理，寡人也为此日夜不得安宁，有何良策对付这个局面，请先生谈谈看法。”

孔子说：“鲁国的问题出现在三家大夫的封邑，费邑的阳虎作乱刚刚平息，公山不狃又步其后尘；郈邑的马正侯犯又杀了公若藐；那成邑意欲如何，今天还不得而知。主公若不采取坚决有力的措施，鲁国必将陷入混乱。”

定公又问：“不知你有何良策？”

孔子又答：“造成如此局面，主要原因是三家乱了国家的礼制。正卿不维护礼制，才导致了家臣对他的叛逆。鲁禀周礼，周礼规定：国家的大臣不准收藏武器，大夫的封邑不准营建高一丈、长三百丈的城墙。如今费、郈、成邑的城墙，与国都曲阜城墙一样高，均已大大超过了这个规定。因此，这些城邑的官吏就凭借这样坚固的城池叛逆造反。臣的意见是立即将三个封邑的城墙堕毁。”

定公点头称是，说：“先生的建议，甚合寡人的意愿，但不知这样的大事如何去做才能成功？”孔子知道定公心意，是要自己去做工作，于是回答说：“主公既然同意丘的意见，就由我向季、孟、叔三家劝说，让他们都配合我去行动。丘也想：三家的号令，三邑之臣也无人再听，恐怕非用兵事不可。若用兵行事，又势必危及主公的安全。丘对这些复杂情况均已全面考虑，请主公放心好了。”

定公又问：“先生还要何人协助办理？”

孔子回答说：“只要子路、冉求等人就够了。”

时为鲁定公十二年（公元前498年），孔子54岁。

郈邑有个人叫侯犯，身居该县马正官，素有不肯甘为人下的野心。侯犯勇猛过人，又擅长射箭，郈邑的人都很畏惧他。侯犯很不满意马正这个小小职务，与人合谋将县官公若藐杀死。

侯犯窃取郈邑的县官之位后，听到定公已决定要堕毁三都，就煽动郈邑的人登上城墙拒绝堕城。于是孟、叔二家立即发兵前往征讨，一到郈邑就将城围住。侯犯早有准备，奋力抗拒，使孟、叔二家无法取胜，二家就去齐国求援。这时，叔孙的家臣驷赤正在郈邑城中，假装依附侯犯，侯犯是个有勇无谋之徒，不知驷赤之计，对驷赤的话深信不疑。驷赤向侯犯献计，让他将郈邑献给齐国，必定得到齐国的赏赐。侯犯认为此计极好，于是，派遣心腹去齐乞求以郈邑来降。

侯犯遣使去齐国后，驷赤又派人到郈邑城内到处散布说："侯犯打算将郈邑城池献给齐国，齐国打算把本地的百姓全部迁到齐国去！"百姓听说要把自己迁出祖居的家园，谁也不愿意，群情激昂。数日后，侯犯的使者自齐归来，对侯犯说："齐国已答应你的条件，愿以其他县邑赏赐于你！"驷赤一方面向侯犯祝贺，另一方面又出去传言给百姓说："侯犯将迁郈邑百姓去归附齐国，使者已经回来，说齐兵即日就到。"这些话在百姓中一传开，民众无不怨恨。

当齐国派来察看的官员将要到达城门时，驷赤即派人在城头高喊："齐国的军队到了！"郈邑人群情骚动，一时都齐集于侯犯门外，拿着兵器来捉拿侯犯，连守城的兵役也反了，侯犯见大势已去，仓皇逃出郈县。

驷赤因功被任命为郈邑的县官，随后郈邑的城墙堕掉了数尺，达到礼制规定的标准。

再说孟孙无忌和叔孙州仇合兵去郈邑征讨叛逆时，季桓子本不想堕毁费邑的思想也动摇了，阳虎叛逆不久，公孙不狃接踵谋反，使他意识到了危机。

季氏决定堕毁费邑，就派子路和冉求前去执行。

公山不狃听说侯犯已叛变，孟孙无忌和叔孙州仇已领兵去郈邑，又听说子路、冉求要来堕费邑，认为国都曲阜城内兵丁空虚，季桓子也是孤立无援，于是他就与叔孙辄密谋，以叔孙辄为内应，自己率领费邑的人袭击曲阜，兵至曲阜，叔孙辄即开城门放兵进城。定公在孔子陪伴下躲进筑有高墙的季家。

公山不狃进入曲阜后，与叔孙辄一起到处宣扬说："我们这次领兵进入都城，是为了扶助国君执掌国政，帮助国君抑制季氏私人的权力。我们再不侍奉鲁国的正卿大夫，要捉拿季氏。"以此安定众百姓的情绪，并率领兵丁一齐来叩击宫门，以保护国君为借口来缉拿定公，到了宫门外才知道定公已去季家，于是就立即领兵攻打。交战不久，定公的兵丁无力抵抗，纷纷逃散。公山不狃的士兵慢慢逼近定公所居的高台。这时，孔子命令司马申句须、乐颀领家兵进行反击，并登上高台喊话："国君就在这里，你们难道想叛逆谋反吗？还不快快放下武器，凡不明真相参加了这次行动的人都可既往不咎。"从费邑来的人，大都不明真相，现在听孔子晓以大义，一时都放下了武器，跪拜在高台之下。公山不狃和叔孙辄见此情况，知道大势已去，仓遑开城逃窜。鲁国士兵乘胜追击，追至齐鲁交界的姑蔑地方，将他们彻底打败，不狃只身逃到齐国去了。

子路、冉求乘公山不狃出兵曲阜之时，赶到费邑，将费邑高大坚固的城墙堕毁。

成邑县官公敛阳，对国君和孟孙氏忠心不二，政绩不俗，深受百姓爱戴。他听说定公和孟孙要来堕毁成邑城墙，心中非常着急。他想：郈、费的城墙堕毁，是因为侯犯和公山不狃的叛逆，如果成邑也同样拆除，自己不也成了叛逆之人么？他想来想去想不出解决方法，于是就去请教鲁国人人皆知的"闻人"少正卯大夫。那少正卯正为孔子以德为政、声望日增而嫉妒不已，于是就对公敛阳说："你的想法是对的，郈、费二邑堕毁是因为县官谋反，如果成邑也照样堕毁，那你和那叛臣又有什么区别呢？将来你还不是顶个叛逆的罪名。我有一计可化解此事：如果他们来堕城，你就说成邑是鲁国北面的门户，是守卫鲁国边疆的要塞，一旦将城墙拆除，齐国的兵士来犯，用什么去防御呢？虽然你抗拒了国君之命，但是为鲁国的安全着想，他们也不能拿你怎么样。"公敛阳于是照计行事，命令成邑中的兵士，全副武装，每天在城墙上守卫，坚决反对堕城。

是年十二月，定公和无忌领兵包围了成邑，命令开门堕毁城墙。公敛阳跪拜在城墙上对定公和无忌说："阳虽为成邑县官，官卑职微，但对国君、对孟孙氏忠心不二，天可为鉴。阳并不是只为孟孙氏守城，我守城为的是鲁国的江山社稷。如果将城墙拆毁，一旦齐兵突然侵犯，鲁国的北面就无城墙防守了。如果主公坚持要毁成邑，阳愿意与城墙共存亡！”定公和无忌见城门不开，又见公敛阳是一片爱国之心，不好强攻，只好班师回朝与司寇孔子商议。

孔子堕三都，是打着打击家臣的旗号，最终实现抑三家而强公室的政治目的。如果说堕郈、费二邑是因为侯犯等人叛乱，而成邑公敛阳没有叛乱，还要堕毁，就不好说是为了打击家臣的叛乱势力了，孔子堕三都的政治目的就显露出来了。孔子心中有数，阻挠自己堕三都的计划，暗中利用公敛阳达到其阴险诡计的另有其人。

孔子说：“公敛阳为人还算厚道，他说的这番话，恐怕是别人为他出的主张！”

定公问：“那又是何人呢？”

孔子回答说：“堕毁三都，曾遭朝廷中有些大夫的反对，鉴于国君对我施政的支持，有些人就不敢当面阻挠了。于是，就有人在背后替公敛阳出主意了，这个人就是‘闻人’少正卯！如若不信，请主公去对证！”

时为鲁定公十四年（公元前496年）正月，孔子56岁。

诛杀少正卯

少正卯，姓少正，名卯，能言善辩，被称为鲁国的“闻人”。原先他聚徒讲学，所持政治观点与孔子相反，他曾对孔子的学生施以诡辩之术，致使孔子的学门“三虚三盈”。后来少正卯入仕成为掌管政事的大夫，凭着三寸不烂之舌，迷惑了不少大夫和士人。他心术不正，又擅长拨弄是非，致使鲁国君臣上下不和，影响甚坏。

一天，定公召见季桓子和孔子入朝议事。

定公问：“先生，今后有何良策治理鲁国呢？你有哪些打算？”

孔子说：“过去鲁国不能振兴，是由于忠奸不分，赏罚不明，执法不严。要保护好的禾苗，就必须锄去莠草，对坏人是不能姑息的。请国君将太庙中的斧和钺，陈设于这大殿

诛少正卯
明《圣迹图》

鲁定公十四年（公元前496年），孔子任大司寇不久，诛杀了“乱政”大夫少正卯。参预国家大事三个月，路不拾遗，男女有别，卖东西的不要虚价，国家呈现大治的景象。

两廊之下，丘将对那些败坏仁德礼义之徒和扰乱国家秩序者正以典刑！”

定公说：“好，寡人全力支持你！”

几天后，定公召集众大夫上朝商讨国事。定公首先要群臣讨论成邑堕不堕的利害关系，然后再由孔子来裁决。众大夫议论纷纷，有的说堕有利，有的则说不堕有益。正当议论热烈之时，少正卯站出来准备发话了。他知道孔子是堕三都的倡导者，如今又是大司寇兼摄行丞相，这次发言必须迎合孔子的心理。

少正卯说：“臣认为堕毁三都是鲁国当务之急，既然郈、费已堕，那成邑也该一样。理由有六点：一是城墙礼制代表国家尊严，一个国家只能有一个国君；二是使旧的都城恢复原来形势；三是抑制了私家的专权；四是使跋扈家臣无百雉之城墙为凭借而造反；五是堕毁成邑城墙以平三家之心；六是使邻国看到鲁国正在革新图强，不敢轻易来犯。”

少正卯话音刚落，孟孙无忌即反问道：“请问少正大夫，公敛阳告诉我，不堕成邑的主张是你亲自对他说的，如今出尔反尔，如此热心主张堕成邑，不知是何用心？”

少正卯自知离间之计破灭，欺君之罪难容，顿时哑口无言，脸色一下变得惨白。

这时，孔子即奏道：“臣认为少正卯今日之言是在挑拨三家关系，扰乱国家政事。暗地里指使下属官吏反对国君，明里又花言巧语混淆是非，如此乱国之臣，按照法典，其罪应当诛杀！”定公还未发话，就有大夫谏奏说：“卯是鲁国‘闻人’，言语不当，还未到死罪！”

孔子又即复奏：“禀主公，丘认为少正卯平日阳奉阴违，狡辩伪诈，搬弄是非，妖言惑众。不诛杀，国家无宁日。臣请将其明正典刑，以正朝纲。”说罢，就命左右斧钺力士将少正卯捆绑在殿中廊柱之上，用刀斧斩首。众大夫无不惊骇得脸变颜色。随后孔子又命令力士，将少正卯在街市上陈尸三天，以儆告那些乱政之徒。

孔子诛杀少正卯，为鲁国除了一大害。自此以后，全国上下，整肃安宁，风气大变。

于是，孔子显得有些春风得意，子路问：“弟子曾听先生说过：‘君子有祸灾到来时毫不惧怕；吉祥到来时，也不过分喜悦。’先生如今荣升司寇，如何这样高兴呢？”

孔子说：“是的，我是说过这样的话。但还有一句话，你们也不要忘记，那就是能为百姓办有益的事就要高兴。我之所以高兴，是因为能实行我的政治主张，有权治理好鲁国的政事了。尤其值得高兴的是，我杀掉了那一贯乱政的少正卯。”

随后子贡又说：“少正卯在鲁国是施政大夫，他已成为鲁国人人都知道的名望人物，如今先生为政不久就把他杀了，是不是做得太急或是太过火了呢？”

孔子回答说：“赐，你坐下，我来告诉你，少正卯有五大罪恶是不能容忍的：一是‘心达而险’，二是‘行辟而坚’，三是‘言伪而辩’，四是‘记丑而博’，五是‘顺非而泽’。总之，少正卯是小人之中的‘闻人’，是‘小人之桀雄也’，这种人是祸乱之源，不杀掉他，难以治理鲁国。从古到今有仁德的明君帝王和大臣都是这样做的。那商汤就杀了尹谐，周文王诛了潘正，周公诛了管叔，太公杀了华士，管仲杀了博乙，子产杀了史何。这几个被杀的人虽然不属同时代，但他们的恶劣行为都是相同的，他们的罪恶无法赦免。今日少正卯同具这样的恶迹。”

举贤不避亲

一天，定公召见孔子："先生自任司寇以来，为寡人处理了几件大事，使国家日见安宁，先生的德才令人敬佩。"

定公又说："中都邑在你主政时，治理得很好，老百姓都还在念着你，寡人想再派一个能干的人主政，你就推荐一个合适的人选吧！"

孔子想了想说："我有一个弟子冉伯牛（冉耕）可担此任。"

定公笑着说："先生，你推荐了宓子贱做了单父的县官，推荐冉求、子路做了季氏的家臣，如今又推荐你的弟子冉伯牛去做县官，不怕人家说你只重用自己的亲信弟子吗？"

孔子回答道："主公不是说要我推荐一个合适的人选吗？至于亲信不亲信，丘未去这样考虑，我只考虑了冉伯牛是个道德修养很高的人！"

定公同意了孔子的推荐，决定让冉伯牛担任中都宰。不料冉伯牛还未去中都上任，就害了一场恶病，孔子亲自去看望过他，叹息地说："他快要死了，真是命运，这样有德行的人为什么生这样的病！这样有德行的人为什么生这样的病！"不久，冉伯牛病逝。孔子将冉伯牛病故的情况报告了定公。

伯牛有疾，子问之，自牖执其手，曰：亡之，命矣夫！斯人也而有斯疾也，斯人也而有斯疾也！

——《论语·雍也》

定公说："那就请你再推荐一个合适的人去继任吧！"

孔子回答："公敛阳堪当此任。"

定公感到惊诧，说道："公敛阳当初在成邑，拒绝堕毁城墙，你是知道的。先生不记前仇倒也罢了，却推荐他去担任要职，这是为何？"

孔子回答说："主公是要我推荐一个适合做中都宰的人选，我个人与他有无仇怨，我没有考虑，只考虑了公敛阳符合主公提出的条件。"

定公说："先生举贤既不避亲，也不记仇恶，真是一位君子。"

从政的原则

仲弓虽然出身于贫贱之家，但是勤奋好学，学识渊博，雍容大度，品德高贵，是孔子最喜欢的弟子之一。孔子称赞他“可使南面”，即有王者之才，可以去做一个诸侯国的国君。

仲弓受季氏的聘请去做他的家臣，上任前来见孔子，请教从政原则。

仲弓为季氏宰，问政。子曰：先有司，赦小过，举贤才。曰：焉知贤才而举之？子曰：举尔所知。尔所不知，人其舍诸？

——《论语·子路》

孔子讲了三点：一是“先有司”，即先把权责分清楚，按规定该管什么就管什么，不可乱来；二是“赦小过”，即对部下的小过错采取原谅的态度，不可揪住不放；三是“举贤才”，就是提拔有才能的人。

仲弓问：“自古以来，识人才最难，我怎么才能知道谁是优秀人才呢？”

孔子说：“推举你所知道的。你所不知道的，如果他真是个优秀人才自然会有别人推举他，他的德才终究不会埋没的。”

师徒正在议论之时，子贡进来了。孔子说：“赐，你来得正好，仲弓就要去做季氏的家臣，我们正在议论如何办理政务的事，你也来谈点你的想法吧！”

子贡说：“赐只是有这样一点心得，就是‘博施于民，而能济众’，我不知自己能否做到，但是觉得从政应向这个方向努力。”

孔子说：“努力是一回事，能否完全做到是另一回事。从政惠泽百姓，周济苍生，这是个很好的、很崇高的理想，大家都要朝这方面努力。但是，这是个不能完全做到的理想，你不能完全做到，我也不能完全做到，就连尧和舜那样圣明的帝王也难以做到，不说别的，就拿‘举贤才’来说，谁能把天下所有的英才都推举、提拔出来呢？”

子贡说：“如此说来，是否理想只有靠许多人的共同努力方可实现呢？”

孔子说：“是的，不仅要靠许多人的共同努力，而且要长时间的、持久的努力，方可实现。所以，君子在实现理想抱负的途中，要尽量做到：‘笃信好学，守死善道。危邦不入，乱邦不居。天下有道则见，无道则隐。邦有道，贫且贱焉，耻也！邦无道，富且贵焉，耻也！’”

子羔

高柴，字子羔，春秋末齐国人，小孔子30岁，孔子弟子。

子路做了季氏的大总管后，就派子羔到费邑去做县官。

孔子知道后不高兴地说：“子羔的学业尚未有成就，你就派他去做官，这恐怕不行吧？”

子路说：“子羔从政也是学习啊，为什么一定要读书才叫学习呢？”

“你就是这样的尖嘴利齿。”孔子接着说：“难怪有人说你做事鲁莽。”

子路受了批评不敢作声了。子贡接着说：“那子羔虽然身材矮小，外表差一点，但却是个孝子，德行和能力都是上乘，平日先生不是很喜欢他吗？为什么不放心他去做官呢？”

孔子说：“我不是说子羔没有具备做县官的德才，我是说应该让他学有成就后再出去做事。”

子路说：“我应该先禀告，征求先生的意见才是！”

孔子说：“是啊，像你这样的性格，今后遇事要深思熟虑，多征求别人的意见才是，治理国家遇事更要慎重。”

子贡问：“先生，治理国家最根本的是什么呢？”

孔子回答说：“足食，足兵，民信之矣！”

子贡说：“如果迫不得已，在粮食、军备、民心三项之中要去掉一项，先去掉哪一项呢？”

孔子说：“去掉军备！”

子贡又问：“如果迫不得已在粮食和民心两者之中要去掉一项，又去掉哪一项呢？”

孔子说：“去掉粮食。自古以来，谁都免不了一死，但失去人民的信赖，失去民心，天下就不安宁了。”

完山鸟啼声

一天清早，孔子站立在寓所大堂之中，突然听到外面传来妇女的哭泣声，声音极为悲切，闻者为之沾襟。孔子心中触动，就拿出琴，和着悲声抚奏，琴音如诉如泣。

孔子心中十分悲切，一会儿，孔子双目含泪，停琴静默。片刻后，叫来颜回，对颜回说："这哭声与一般的哭声有些不同啊！如此悲切，必有非同寻常的痛苦。"

颜回静听了一下对孔子说："先生，这悲切的声音听起来，好像不但是哭泣死别者，而且也在哭泣生离者！"

孔子即问："你怎么知道她既哭死别者，又哭生离者呢？"

颜回答道："这种哭声像完山的鸟啼声！"

"完山鸟啼声有什么特别？"仲尼问。

颜回说："那完山之鸟，生有四子，父母日夜辛勤捕食哺育，小鸟羽翼逐渐长成。最后它们不得不离开父母而四散飞去，它们的父母也只能以悲哀的叫声送其离去，再也看不到四个孩子来到自己的身边了。"

"回，你快去询问那女子为何如此悲切？"

颜回便走到那妇女的身边，询问她哭泣的原因。

妇女回答说："村妇家境贫寒，父亲死去，实在没办法，只得卖儿葬父。现在我就要与儿子别离了，生离死别之痛，故此悲泣。"

颜回回来告诉孔子，说："村妇情苦，卖儿葬父，回心中也感悲泣。"

孔子说："不知何时才能使鲁国再也不出现这种卖儿鬻女的事情啊！你去告诉司库，在我的俸禄中取出粟米五十小斗，在国库中取出粟米八十小斗，让那个村妇快快赎回儿子，所剩之数给她维持生活。"

颜回立即起身，按先生旨意前去办理。

为政者的责任

颛臾（zhuān yú）是一个向鲁国称臣的小邦国，季氏准备去攻打它。冉求、子路在季家做家臣，得悉此事后，因为事关重大，一起来见孔子，说："季氏准备对颛臾使用武力，特来告知先生！"

孔子说："那颛臾是上代君王要他在东蒙山主持祭祀的，而且那地方早已在鲁国的疆域之中，是守卫社稷的臣子呀，为什么要去攻打这么一个弱小邦国呢？"

冉求说："是季氏要这么干的，我们两人都不同意。"

孔子："治理国家要讲仁德道义，不能以强凌弱，一个有道义的当政者应该是：少壮者不侵犯衰老者，富有者不轻视贫穷者，尊贵者不傲视低贱者，乖巧者不欺骗老实者，势众者不侵害势单者，强者不欺侮弱者，大国不欺凌小国。"

子路说："可是季氏要这样做，我们作为他的家臣也无可奈何。"

孔子说："冉求！古代的史官周任曾说过：'能够施展才能就在其位，尽责尽职，不能的话，就作罢。'国家倾危不能扶持，颠覆不能扶正，那还用那些做相的干什么呢？打个比方，老虎和犀牛从栅栏里跑出来，龟甲和宝玉被打碎在木匣里，这是看护者的责任。"

冉求说："现在的颛臾城墙很坚固，而且离季氏封地费县很近，现在不攻下来，一旦离心反叛将留下祸害。"

孔子有点气恼地说："冉求！君子就讨厌想干什么见不得人的事而又要另找一些借口的人。我也听说过，那些有国有家的人，不愁人口少，而愁不能均等；不愁财用少，而愁内部不安定。因为能够均等，便不会贫乏了；能够和睦，便没有人口少的问题了；内部安定，便没有倾覆的危险了。如能这样，远方人还不归服，那就要修饰文德来招徕他们。现在你们辅佐季氏，颛臾不归服，而又不能招徕他们；国家支离破碎，而又不能保全住，反而要在国内动用武力。我担心季孙并非真的想使用武力攻打颛臾，而是意在鲁国宫廷啊！"

孔子曰：求！周任有言曰："陈力就列，不能者止。"危而不持，颠而不扶，则将焉用彼相矣？且尔言过矣。虎兕出于柙，龟玉毁于椟中，是谁之过与？

——《论语·季氏》

女乐文马

在孔子治理下，鲁国渐渐出现政通人和的治世景象，国力日盛。而邻国齐国丞相晏婴去世后，国势一天不如一天。齐景公看到鲁国的强盛，隐隐忧虑，便与大司马田穰苴一起商议对策。田穰苴是晏婴临终向景公荐举的人。他任大司马后，曾领军击退燕晋两国的入侵，深有谋略。

田穰苴受命使鲁，了解鲁国详情，回来禀告说：“臣此次使鲁，发现情况比想象的还要严重。鲁国在孔丘治理下，确实政局稳定，民风淳厚，军事武备也在加强。臣认为齐国坐视，将是一件危险的事，要尽快想办法。”

景公说：“鲁国强大，是重用了孔子，这怎么能阻止得住啊！”

大夫犁锄说：“主公所说的也正是臣所想的。鲁国正因为重用了孔子，才有今天的强大。但臣也听说，国家政治安定后，骄奢淫逸也必定会出现。我想，挑选一批美丽的女乐，以赠鲁君臣，鲁君必会高兴接受，随之他们就会迷恋女色，怠慢政事。孔子重仁德礼仪，对此必然反对，若遭定公的拒绝劝谏，感到国家无望时，就必然会出走别国。如能达此目的，主公就可以高枕无忧了！”

景公同意了犁锄的谏奏，就命犁锄办理此事。犁锄从齐国选了八十名年轻美貌的女子，分成十队，都穿上华丽的衣服，并教每个女子曼妙歌舞，她们声容俱佳，极具诱人魅力。又选出带有美丽花纹的良马三十驷，金勒银鞍，毛色各别，配上车轼，斑斓夺目。经过周密筹划就绪后，由齐景公向定公写了一封措词恳切的国书，再次诚恳地对夹谷会盟中的失礼表示道歉。使者将景公的国书和美女、良马一齐送往鲁国。使者到鲁国后，将国书呈送了定公，将美女、良马安屯在鲁国都邑南边高门外，等待定公的回复。

鲁国的季桓子，见孔子任大司寇并代行丞相之职后，施行仁政德治，礼乐兴邦，使鲁国民安岁稳，国力强盛，而且在诸侯众国中盛名传播。于是就慢慢疏于政事，忘乎所以，陷入了花天酒地骄奢淫逸的生活之中。

女乐文马
明《圣迹图》
齐国听说孔子在鲁国执政，渐渐政通人和，国力日盛，担心鲁国称霸会威胁齐国，采用犁锄的建议，赠送给鲁定公女乐八十人、文马三十驷，企图使鲁国君臣玩乐丧志。

一天，季桓子心腹偷偷告诉他齐国馈赠美女和良马之事。季桓子抑制不住对美女艳色的淫慕之情，随即换了便服，带了几个心腹，乘车悄悄来到南门偷看。只见那艳丽女乐正在空旷平地演习，歌声婉转动听，舞姿如柳生风，一进一退，光华夺月，有似仙女下凡，嫦娥奔月。季桓子见到容貌如此之美、服饰如此锦绣的女子，不觉手麻脚软，意乱神迷，魂消魄散。

定公接到齐国国书后，也不免心动。这天定公和季氏二人瞒着孔子和百官换上微服，各乘小车，快速出了南门，来到了女乐演习的地方。齐人早已探明鲁君微服亲来观看的消息，就吩咐女乐加倍献技，一时歌喉转娇，舞袖增艳，十队女子，转换进舞，使定公和季氏二人看得盈耳夺目，应接不暇，喜得手舞足蹈，不知所以，连自已的身份也抛至九霄云外。这时，一心腹又向定公奏道："还有那三十驷文马．也真是世上少有！"忘乎所以的定公即回答："单是这些女子，已是世上少有的艳色，何必还谈那良马啊！"

偷看女乐的当晚，定公一夜未眠，耳边似乎歌声缭绕，枕边似若美女伴嬉，翻来覆去好不容易挨到天明，即召季桓子一人进宫。他怕众臣反对，只和季氏单独商议向景公回复国书，表示感激之意。又向齐国使者赠送了黄金玉帛，将女乐收入宫中，其中二十人赐与季氏，将良马交给宫中喂马人喂养。

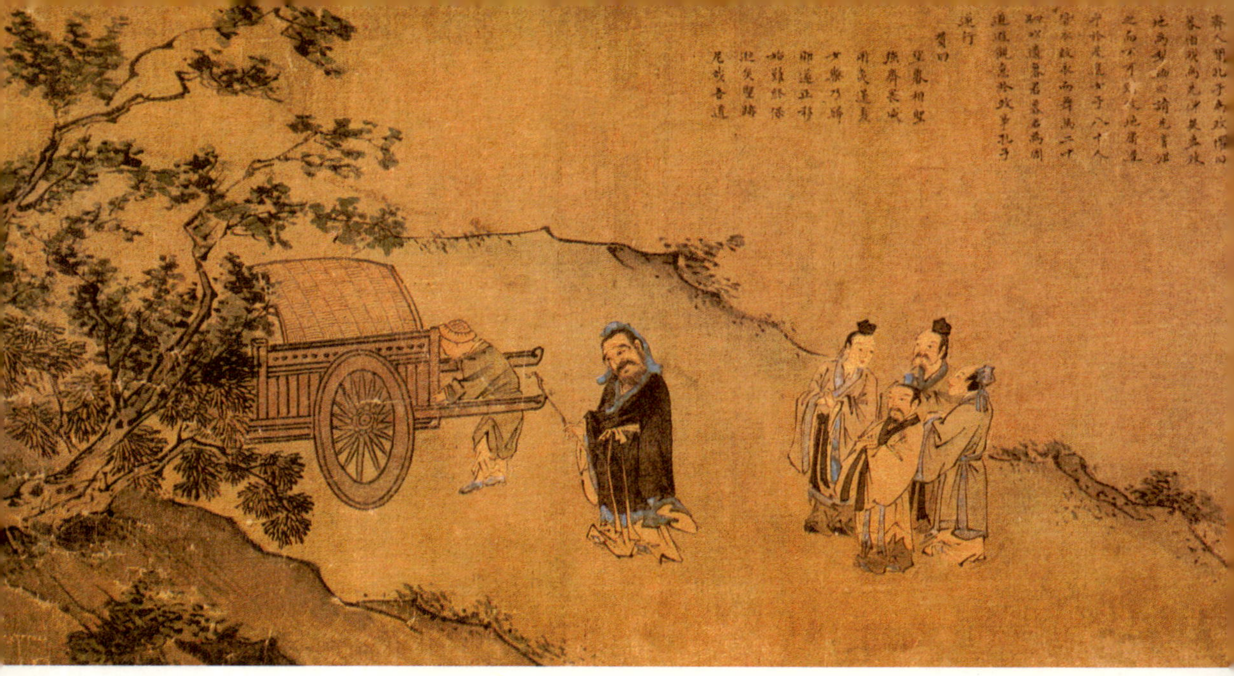

因膰去鲁

明《圣迹图》

鲁君上了齐人的当，往观女乐，终日不归，怠惰于国家政事，郊祭后又没有按照惯例向大夫们分送祭祀的祭肉。孔子于是辞职出走，开始周游列国。

定公与季桓子得到这些美女后，各自尽情享受，白天歌舞不休，晚上同枕作乐，一连三日不理国家政事。孔子闻讯后，连连叹息，数次欲进宫进谏，定公却推脱而拒不召见，孔子只能徘徊在宫门之外为鲁国的前途和命运忧虑。这时，子路得知定公收纳女乐文马的荒淫行为，心情早已愤郁难平，又见孔子终日在宫门之外徘徊，于是说：“先生，国君迷恋女色，季氏连通一气，鲁国的前途将会被断送。先生之治世之道，今后能被何人采纳啊！我们可以离开这里了！”

孔子沉思片刻回答说：“鲁国现在就要举行郊坛祭祀了，如果还能按礼法将祭肉分给大夫，那么国家还是可以振兴的，若国君回心转意听取意见，我们还可以留下来！”

郊祭那天，定公匆匆而来，行礼方毕又匆匆回宫享乐去了，哪里还有心思过问政事？按祭祀礼仪，应将祭肉分给朝中大夫。主持掌管祭肉的祭祀官向定公请命，定公将此事推诿给季氏，季氏又推诿给家臣。孔子从祭归家后，到了夜晚还不见祭肉颁发，已知回天无术了，于是对子路说：“我仁德施政，礼乐治邦，在鲁国也行不通了，我们离开吧！”

于是，孔子带着随行弟子们，在一个风雨交加的日子里，终于毅然挥泪离开故国，走上了一条周游列国推行自己政治和道德理想的道路。

孔子读本·第四篇

周游

三圣像
孔子　颜回　曾参衣服上写满了《论语》

启程卫国

孔子带着极其遗憾的心情，怅然离开了鲁国，他的弟子冉求、子路等也弃官随行，颜回、闵损等志同道合的弟子更是左右相伴。孔子与众弟子开始了人生旅途中又一个重要的历程——周游列国。

孔子与弟子一行在屯地住宿一夜。本来，孔子停留在鲁国边境屯处，是想等待季桓子悔悟而派使者将他们师徒追召回去。可是，来的使者是一个名叫师己的乐官。古代有种礼俗，大臣因故出走，行至边境要停留一下，国君派遣的使者持玉玦，则表示断绝关系，出走的大臣便不得返回；若使者执玉环则表示挽留，希望出走的人归还。对于孔子的出走，鲁国君臣大概意见不一致，乐官师己既未持玉玦，也未持玉

孔子周游列国图

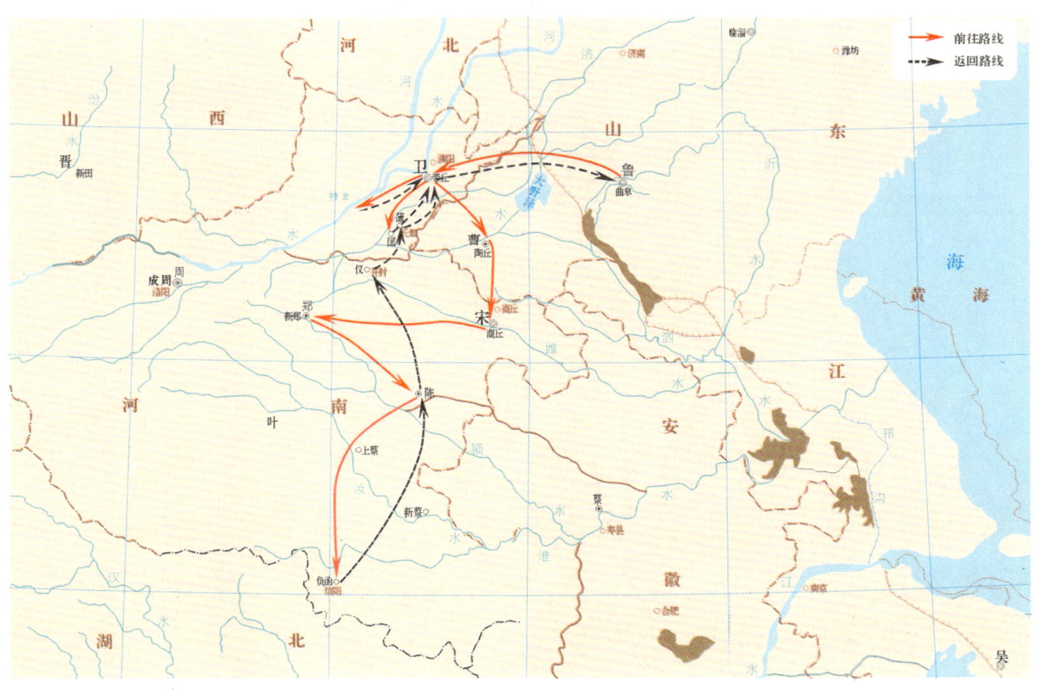

环，也就是不表示态度。

在这种情况下，孔子只有离开鲁国，另谋出路了。经过商议，大家认为到卫国去是比较有利的。一则，子路的妻兄颜浊邹在卫国做官，可以在那里有个落脚点；二则，鲁、卫是兄弟之邦，不仅边界相邻，而且风俗习惯接近，可以适应环境，便于生活；三则，卫国的形势比较稳定，不失为一个好的去处；四则，卫国如不可久居，西与晋国隔河相望，南有曹、宋、郑、陈等国，都便于前往；如果鲁君有意来使召请，由卫返归也较方便。总而言之，卫国是个进退适宜的理想之地，因此，孔子决定去卫国。第二天就往卫国边境而去。在西去的大道上，两辆马车徐徐地向前移动。孔子端坐在车上，注视前方，心潮起伏，思绪万端，他回头眺望慢慢后移的父母之邦，不由自主地哼出一首《龟山操》之歌：

予欲望鲁兮，
龟山蔽之；
手无斧柯，

孔子行迹石刻

奈龟山何？

一路上师徒边走边谈，不觉进入了卫国的国土。

卫国临近黄河，地势平坦辽阔，土地肥沃，树木葱茏，田园规整，沿途只见农民在忙于耕种。

孔子欣赏卫国沿途景物，心情惭惭舒展，他指着车窗外说："你们看，这是一片多么富饶的土地，人口也很多啊！"

冉求说："是啊，卫国看起来确实人口稠密，人口增多之后，不知该怎么办呢？"

孔子说："就应该让他们都富足起来！"

冉求又说："假如百姓富足了以后呢？"

孔子说："就应该教育他们了！因为逐渐富裕起来了，就要有一定的道德观念和行为准则。百姓有了生活保障之后还要设立'庠'、'序'、'学'、'校'来教育他们。庠，是教育的意思；校，是教导的意思；序，是陈列的意思。如果是地方的学校，夏代叫校，商代叫序，周代叫庠；至于大学，三代都叫做'学'。只有教育普及了，人人知书达礼，国家才会兴盛起来。"

初见卫灵公

孔子和弟子们向卫国国都进发，一路上被卫国的大好河山和美丽的风光所吸引，虽路途颠簸，但远离鲁国的政治漩涡，精神还是愉快的，第三天就到了卫都帝丘（河南濮阳西南30里）。

子路的妻兄颜浊邹虽是个不为人知的小官，但厚义薄财，过去虽未见过孔子，但慕名已久，今见孔子由妹夫子路陪同而来，当然非常高兴，盛情款待。孔子与他见面后，就把离开鲁国的原委告知了颜浊邹，并且希望通过他能见到卫国国君卫灵公。

孔子一行在颜家静休了三天，一切旅途疲劳也已消失，盼望卫灵公能早日接见他们，正在思虑之中，卫灵公差人前来召见。

孔子进入卫国宫廷，晋见灵公后，依君臣之礼就座。孔子说："丘匆忙而来，先未通报，有失礼节，望国君多多谅解！"

卫灵公说："先生治理鲁国，忠心辅佐鲁君，使鲁国民安岁稔，国威大振，欢迎先生来到卫国！"

卫灵公接着说："作为一个国君，得到一位贤臣真不容易啊！"

孔子见卫灵公有起用自己的意思，就顺着说："是啊！尧有五个贤臣，便把天下治理好了。周武王说他只有十位治理国家之贤臣。可见人才难得，从历史上尧与武王的事例看，不正是这样吗？尧舜禹三代以下一直到周朝，这千余年的历史中，以周朝开国时候的人才最为鼎盛，但也只有十个人而已，而这十个人当中，还有一个女人，男人只有九个。"

卫灵公又问："先生，不知先生对治理卫国有何良策？卫国今后应如何治理才是呢？"

孔子答道："君子对于天下的事物，没有一定该怎样去干的模式，卫国今后该如何治理，就需要根据卫国的情况来决定。"

卫灵公又问："有人对寡人说，要使国家强盛，最根本的是要谋划好治国的原则，确定正确的政策来治理，你看对吗？"

孔子说："施行德政的君王，就是不出宫室也能知道天下的大事，因为有臣下忠于你，便会把国家治理的实际情况都向你如实汇报。根据真实的实际情况谋划治国方针，才能把国家治理好。"

卫灵公说："先生说的有理，敢问先生在鲁国的俸禄是多少？"

孔子说："俸粟六万小斗。"

卫灵公说："好，先生就在卫国安心居住，寡人也给你俸粟六万小斗。”

孔子向卫君表示了谢意。从此，孔子师徒便在卫国住了下来。

操琴击磬

孔子和弟子们住在颜浊邹家，卫国给予的俸禄充裕。孔子除了偶尔被卫灵公召去谈论政事外，余闲的时间，就骈琴奏乐，陶冶性情。卫灵公并非清明有作为的君主，又深居后宫，宠爱南子。因此，孔子在卫国一直未受重用，长期赋闲。

一天，孔子在寓室之中，操琴消遣。琴音低颤，弟子们听后，都觉得先生的心情低沉。长期赋闲而不被卫灵公所用，莫说老师心情深感不快，就连弟子们心里也感到郁闷。

这一天，子路忍不住去见孔子，说：“先生，我们在卫国已赋闲八九个月了，我想又有谁能听懂您的琴音？先生被冷落的心情，恐怕只有弟子们清楚。‘仁者不忧’，这是您常教导我们的话，请先生还是宽心一点为好。”

孔子说：“用之则行，舍之则藏，我也并未十分挂在心上。只是觉得吾道不行，岁月催人老啊！”

颜回岔开话题，插话说：“古代的逸民，商朝有伯夷、叔齐、虞仲及夷逸，周朝有柳下惠和少连，不知先生对他们如何评价？”

孔子回答说：“这要具体分析。真够得上不降其志，不辱其身的，只有伯夷、叔齐，这两个人连君王的位子都不要，视天下如敝屣，薄帝王而不为，修养境界是很难得的。”

子贡问：“那柳下惠、少连呢？”

孔子说：“和伯夷、叔齐相比，他们二人就差了一点，因为他们做了官，又未把事情做好，既降其志，又辱其身。但他们‘言中伦’、‘行中虑’，保持了原来的做人原则没

适卫击磬
明《圣迹图》
孔子居住在卫国击磬，有一个挑着草筐子的人从门前经过，便说：“有深意啊！击磬的。”过了一会又说：“击磬的人啊！你太固执了，就此歇息好了。《诗经》说：水深，穿着衣裳走过去；水浅，撩起衣裳走过去。”

有变，就此而言，还是值得肯定的。”

颜回又问：“那虞仲、夷逸怎么样呢？”

孔子说：“他们避世归隐，精神是清高超逸的。我与他们是不一样的，虽然身逢乱世，但为了建立一个美好人间的理想愿望，明知不可为而为之啊！”

大家议论一番后，弟子们都退出去了，孔子独坐凝思，击磬解忧，心绪渐渐平静。

卫国内乱

到卫国后的头几个月，卫灵公还经常召见孔子，但慢慢地就不见他了，其原因是卫国政治动乱，内部斗争非常激烈。到第十个月的时候，颜浊邹家的外面突然出现了卫国的兵士，终日监视孔子一行的行动。

鲁定公十四年（公元前496年）春，卫国发生了卫灵公驱逐公叔戌的事件。公叔戌是卫国贤大夫公叔文子的儿子，继亡父之爵位而为卫大夫，无人管束，日益骄横。卫灵公开始讨厌公叔戌，原因有二：一是公叔戌富有；二是公叔戌打算除掉南子夫人的一批党羽，被南子发现了，南子将公叔戌的企图告诉了卫灵公，让灵公提防公叔戌叛逆作乱。不久，卫灵公就驱逐了公叔戌，公叔戌逃亡到了鲁国。随后，公叔戌的亲信大夫北宫结也叛逃至鲁国。

就在这一年，又相继发生了一场宫廷内乱：南子夫人是宋国人，未嫁灵公前，就与宋国的公子宋朝私通，嫁来卫国后其关系仍然如故。卫灵公对此非常清楚，但为了换取南子的欢心，甚至还经常安排夫人与宋朝相见幽会。

卫灵公为了夫人南子与宋朝幽会，就安排他们在洮池相见。南子亲生的儿子即已立为太子的蒯聩，对此极感羞辱。蒯聩路过宋国时，宋国的百姓在野外唱歌说："已经满足了你们的母猪，何不归还我们那漂亮的种猪？"太子蒯聩感到羞耻，就对他的家臣戏阳速说："你跟我去朝见夫人，我用眼睛示意时，你就上前杀死她。"戏阳速答应后，两人同去见夫人南子，太子三次用眼睛示意动手，戏阳速却临时迟疑，不敢出手。南子夫人看到太子示意要杀她，便哭号着跑去告知卫灵公说："蒯聩要杀我！"卫灵公即拉着南子的手登上高台。蒯聩图谋失败，便逃亡到了宋国，卫灵公将太子的党羽全部驱赶出境。

这时的卫国内部，大夫之间争斗也十分激烈。卫灵公良莠不分，史鱼多次劝谏起用贤德的蘧伯玉均遭拒绝，而重用了不肖之臣弥子瑕，更加剧了卫国的政治混乱。弥子瑕见孔子闲居卫国且与灵公相处融洽，怕卫灵公采纳孔子的政见，妨害自己，就千方百计在卫灵公前挑拨其与孔子的关系，他累次向灵公进谗言，说孔子的政治观点只是空谈，不适应卫国的实际情况，还旁敲侧击，说孔子一行来到卫国，没有多久就发生了一系列的动乱事件，暗示与孔子的图谋插手有关。卫灵公因此渐渐对孔子怀有戒备之心，最后甚至派公孙余瑕带兵监视孔子的出入。

面对如此险境，孔子和弟子们商议，决定速速离开卫国去陈国。

子羔仁恕

清《孔子圣迹图》

子羔在卫国担任执掌刑法的士师，在处理一个刑事犯时，以仁恕之心，免去了其死刑，只砍了一只脚。卫国内乱，子羔出逃，守门者正是被砍足的人，此人感念子羔，放其出城。

刑法中的仁德

不久，卫灵公又听信谗言，怀疑孔子一行与蒯聩图谋杀母的事件有关，要捉拿孔子。孔子闻讯逃走，弟子们也都各自外逃。

孔子弟子子羔在卫国执掌刑罚，在处理一个刑事犯时，以仁恕之心，免去了其死刑，只砍去了一只脚。子羔出逃时，在城门遇到那个被砍脚的人。被砍脚者感谢子羔不杀之恩，对子羔说："那边城墙有个缺口，你从那里出去吧！"

子羔说："一个有仁德的人，决不会翻越缺口而走！"被砍脚者说："那边城墙下有一个洞，你就从洞中出去吧！"

子羔说："一个有仁德的人怎么能从洞中爬出去呢？"被砍脚者又说："那好，这城墙下面有一间秘密的小房间，你就进去躲一下吧！"

子羔躲进城墙下的小房间，追捕的兵士搜过一阵后离去。半夜时分子羔从房子中出来，对那个被砍脚的人说：

“当时是我不能违抗国君制定的刑法，所以命令砍去了你的一只脚。现在，我正在危难之际，正是你报仇的好时机，而你却为何反而救我？”

被砍脚者说：“你砍断我的脚，是因为我犯了国家的法典，罪有应得。救你是因为敬先生刑罚公正，虽然砍了一只脚，但也给了我一个自新的机会。”事后，这事被孔子知道，孔子说：“好啊，这是正确执行刑罚的结果。如果在执行刑罚时，都能以仁爱之心宽恕那些认罪者，就在人民中树立了仁德。如果缺乏爱人之心而滥施酷刑，就是在百姓中树立怨恨。能够以仁德之心而正确执行刑罚的，子羔算是一个啊！”

木铎之喻

鲁定公十三年（公元前497年）底，孔子及其诸弟子便离开卫都帝丘，取道向南进发了。这次随行弟子中，又多了一位新收的弟子公良孺。公良孺是陈国贵族，久慕孔子圣名和道德学问，得知孔子居卫的消息，便以私车五乘追随孔子。大概由于公良孺的劝说，孔子才决定到陈国。陈是舜之后裔，都宛丘（今河南淮阳县），距卫不算太远。而且公良孺家在陈，也颇有些财势和声望。故孔子一行，南渡濮水，直向陈国进发。一路上，子路、子贡等对卫国政事混乱、卫灵公昏庸议论纷纷，个个内心愤慨。

颜回说：“那卫灵公治理国家不好，反而把罪责推给我们，真没有君子风度！”

孔子说：“你说得很好，君子求诸己，小人求诸人。”

冉求说：“那弥子瑕、公叔戌等人才是卫国政局不安定的根源呢！”

孔子说：“这些人，整天聚集在一起，说些与国家大事不相干的话，更严重的是，喜欢卖弄小聪明，对这种人，是很难有办法挽救的！”停顿片刻后又说，“一个有仁德的君子，庄严而不轻易与人争执，合群而不闹小宗派，都能做到

五乘从游

清《孔子圣迹图》

孔子自陈经过，弟子公良孺带着车五乘，追随孔子周游。

这一点，那天下就太平了！”

一路行程悠悠，不觉来到了卫国与宋国交界的仪邑。

仪邑的边防长官听说是孔子从此经过，赶忙迎了出来，对孔子的弟子们说：“凡是来到这里的有道德、有学问的人，我没有不拜望的，我请求拜见孔老先生！”这个边防长官见到孔子后，深为孔子的精神与思想叹服，对身边的人说：“天下乱了这么久，文化即将凋零，上天将以孔子作为警醒世人的木铎（木舌的警钟），为天下人的导师。”

遇险于匡

孔子一行离开仪邑去陈国，车子路过宋国的匡城时，正在驾车的弟子颜高用鞭子指着城墙上的一处缺口兴奋地说：“我当年随从阳虎的军队来进攻这个城池时，就是从这个缺口进去的！”匡人听他这么一说，误以为是鲁国季氏家叛逆

阳虎，阳虎曾经在这里残害过不少人，因孔子的长相又颇像阳虎，故匡人立即调动兵士将孔子一行团团围住。弟子颜回掉在后面，孔子非常担心他的安全。不久，颜回赶来了，孔子说：“我以为你死了呢！”颜回答道：“先生还健在，颜回怎么敢死呢！”

匡人的包围圈越来越小，处境十分危险。孔子却神色坦然，非常沉着地说：“周文王死了以后，周代的文化典籍不是都在我这里了吗？上天如果想要毁掉这些文化的话，就不会让我来继承这份文化遗产哪！上天如果不想灭绝这些文化遗产的话，匡人能够把我怎样呢！”

子路拿起武器准备与匡人厮杀，被孔子制止了，他对子路说：“匡人只是误把我当成阳虎，我们今天只能按先王制定的礼仪，来消弭这场误解，你来抚琴我来和唱！”

子路听从先生的安排，取琴抚奏起来，孔子也随着琴音唱起歌来。唱完三个曲子后，匡人闻听才知道被他们围住的正是崇尚礼乐的孔子一行，随即撤走了士兵。至此，被围困的孔子一行方得以脱离险境。

离开匡地前，孔子感慨地对弟子们说：“你们若不去观看那崇山峻岭的峭壁悬崖，就不能知道从高高悬崖上坠落下来的可怕；你们若不亲身到那深不可测的泉水潭中试探一下深浅，就不知道被深渊淹没溺死的危险；你们若不去观看那

匡人解围

明《圣迹图》

孔子离开鲁国去卫国，从卫国去陈国，路过匡地，鲁国的阳虎曾施暴于匡人，孔子师徒被匡人误解，而遭围拘。

一望无边的大海，就不知道那惊涛骇浪是怎么一回事。今后遇事都应知道事故的原因，分析事故的性质，预测事故处理的结果。谁能掌握好处理问题的这三项原则，他就不会被忧患缠住了。”

蒲地受困

孔子一行匆匆离开匡地。子路说：“从匡地去陈国是不行了，是否可以回转卫国再经曹国绕道而去？”

孔子说：“绕道而行，路程虽然远些，但只要路上不再受阻就行了。”

于是按照子路的意见，先入曹国再去陈国。公良孺听到要去曹国，就主动提出：“先生，曹国和陈国相邻，良孺常从这里往返，路途熟悉，这次就由良孺为先生赶车吧！”

离开匡地经过半天行程，就到了卫国的封邑蒲地。

蒲地是卫国公叔氏的封邑。公叔氏早就有谋反之心，他乘公叔孙死去，公叔戌和太子蒯聩逃亡之际，打着卫灵公和南子夫人治理国事昏庸无能的旗号，以蒲地为据点，煽动百姓起来反叛卫国。就在这时候，孔子一行来到了蒲地。

公叔氏听说孔子与弟子一行到来，心想孔子是天下闻名的圣人，他的弟子们文武兼备，也早为天下闻名，若能将他们留在蒲地，共谋大计，就能一举攻进帝丘，那卫灵公也只能是束手就擒，于是就前去见孔子。

公叔氏说：“先生是闻名天下的贤德圣人，他人不重用先生，是他们的无知，现在卫国朝政腐败，我想请先生留在这里，与我共谋大计，鄙人愿听从先生的指教！”

孔子回答说：“仲尼一生，求的是和平安定，反对的是征伐战事，更难容的是叛逆不道，因此，我们无法在这里逗留。”

公叔氏阴谋被捅破，便恼羞成怒，大声地说：“既然如此，你们能进城，就别想随便地出去！”说完就指示兵士们将孔子一行团团围住。弟子公良孺难忍心中怒火，就对孔子说：“我随先生过匡地，遇到危难，现在又在这里被包围，这是命里注定吧！我们和先生一再遭受困厄阻挠，心气难平，今天又遭这不仁不义之徒围困，我宁愿搏斗而死。”还没容先生回答，公良孺就操持武器冲进了公叔氏的兵士队列，拼搏十分激烈。公叔氏持武器赶来，与公良孺大战，公良孺勇猛难挡，公叔氏只好改换口气说：“如果你们不去卫国，我就放你们走！”

孔子说：“只要你放我们走，也可以暂不去卫国。”公叔氏等人走后，孔子命弟子仍返回卫国，弟子询问孔子为什么不遵守承诺，孔子回答：“在威逼之下订下的盟约是可以不遵守的。”

蘧伯玉

蘧瑗，字伯玉，春秋时卫国人，卫灵公时曾担任大夫。后人赞扬他的品行“外宽而内直，自娱于隐括之中，直己而不直人，汲汲于仁，以善存亡”。孔子周游列国，几次经过卫国都寄宿于蘧伯玉的家中，可见对其十分欣赏。

灵公问阵

孔子与弟子一行进入卫都帝丘。

有一天，蘧伯玉派一名家人来拜访孔子，孔子问道：“伯玉他老人家现在干什么？”

来人回答说：“他老人家日夜所想的都是如何减少过失，却还在说：‘没能做到啊！’”孔子对来人的回答十分赞赏，因为只一句话，就把主人的道德修养境界准确地表达了出来。

来人出去后，孔子对弟子们说：“好一位使者，好一位使者啊！”

这时的卫灵公已年老气衰，在蘧伯玉的劝谏下，改变了对孔子的态度，听说孔子又回到了卫国，还是表示欢迎，并按以前的俸禄供给，有事也召见他，听取一些建议，只是不肯重用。孔子为此感到苦恼，有一次他与卫灵公议政，忍不住感慨地说：“假若有人用我治理国家，一年可以使国家变样，三年就会大见成效！”卫灵公听后明知其意而不作声，孔子只好离座而去。

灵公问阵
明《圣迹图》
鲁哀公二年（公元前493年），孔子回到卫国，一天，灵公问孔子如何排兵布阵。孔子讲求礼仪，反对战争，回答说没有学过，卫灵公很不高兴。

有一天，卫灵公向孔子请教行军打仗之事。

孔子听后，感到很不是滋味，就淡淡地答道：“祭祀、礼仪的事情，丘曾听说过，那排兵布阵的事未曾听说过。”第二天，孔子与卫灵公在一起，这时天边飞来一群大雁，卫灵公不听孔子谈话而抬头仰望雁群，神色也不在孔子的身上。孔子心中不快，即告辞而去。

子见南子

卫灵公夫人南子，生来娇媚艳丽，淫乱无度，名声很坏，而卫灵公却不以为耻。南子亲生的儿子蒯聩对此恨之已极，曾与家臣戏阳速密谋，刺杀母亲南子。而南子却不以此规诫自己，还在不断择其所爱，淫乱不堪。

南子早听说孔子仪表超凡脱俗，圣名远著，若能见他一面，也为幸事。南子曾几次召见孔子都被推辞。这次听说孔子返回了卫国，于是又差人去召见。

子路拦住差人问何事，差人说：“南子夫人传话：各国君子到了卫国后，凡是看得起我们国君的，想和我们国君建立兄弟情义的，必定会来求见我们的小君（国君夫人的礼仪称号），南子夫人愿意会见夫子，请速前往！”

子路立即将此事告诉孔子，孔子一听面露难色，子路即说：“想那南子，百媚妖态，淫乱有名，先生乃为正人君子，怎能去见如此淫妇！”

孔子说：“我已多次推辞，都无法推脱。若再不应召相见，就有失客人对主人应有之礼了。”子路极力反对，孔子没办法，发誓说：“如果我这样做有不对的地方，上天一定厌弃我！上天一定厌弃我！”

孔子来到宫内南子的帷帐之外，面向北边行礼后低头而立。早已等在细葛明帷帐中的南子，两次回拜答礼，刚开始行为还不敢太大胆放肆，但是未见到孔子面，按捺不住，走出了帷帐，说：“先生为何不抬头看一下我满身环佩的玉器呀？”

孔子回答说：“夫人乃为国母，仲尼乃为客人，怎能随便去看你的服饰？”

“我今天能见到先生，心中喜悦，你为什么站立不动，请你站近一点和我说话好吗？”

孔子说：“遵循古礼，男女有别，仲尼守礼，不在礼节范围内的行为不做！”

南子说：“先生，你听那宫内的歌舞之音，何等悦耳怡人！”孔子说：“夫人召见仲尼，想必有国事赐教，丘当恭听，若在此听歌舞之乐，岂不是有不尊重夫人之嫌么？不是礼节范围内的音乐不听！”南子见无法打动孔子之心，就单刀直入地问：“先生，你也一定听说过我南子夫人的美貌，那就请你谈谈对我美貌的看法！”

孔子回答说：“请夫人自重，仲尼决非轻狂之辈，非礼节范围内的话不说。”说完孔子向南子夫人告辞。撩衣跨出门槛，速速离开。

由于拜见了南子夫人，孔子与卫灵公的关系有所改善。不久，卫灵公邀请孔子一起出游。卫灵公与夫人南子亲昵地乘在同一辆车上，由官吏雍渠陪同，而孔子则坐在后面的第二辆车上作为陪衬。两车一前一后出发，招摇过市，引来众人围观。

丑次同车

明《圣迹图》

一天，卫灵公和南子夫人坐在一辆车上招摇过市，让孔子坐在后面的车上作为陪衬，孔子感慨地说：“我从没有见过喜欢美德像喜欢女色一样的人啊！”

孔子想到当初在鲁国，季桓子沉湎女乐文马，鲁国君臣荒淫不理朝政，如今卫灵公又拿南子夫人当宝贝，任她逍遥淫乐，深有感慨地说：“我从来没有见过喜欢美德像喜欢女色一样的人啊！”孔子深感卫灵公与定公、季桓子一样昏庸，失望之余，只有再次离开卫国，去探求他那实现匡世救民的理想之路。

无缘渡黄河

孔子既不得用于卫国，便准备渡黄河去见赵简子，到晋国试一试。春秋之时，晋国是有影响的大国之一，土地辽阔，农牧发达。此时掌握晋国大权的是中军元帅赵简子。孔子听说他乐意招纳各国贤能之士，以为是良好机会，若在晋国从政行道，其影响所及当远非他国所可比拟。于是孔子便带领颜回、子贡等弟子驱车西进，准备从棘津渡河前往。当他们满怀希望地来到黄河岸时，从晋国传来一个意外的消息：赵简子杀害了窦鸣犊和舜华两位贤人。孔子及其弟子十分惊讶，当即决定不再前行。

孔子在岸边叹息着说：“壮美啊，黄河之水！你浩浩荡荡地向东方流去，而我孔丘却无缘得以渡过，这恐怕是天意如此吧！”

子贡闻声快步近前问：“先生，您这话是什么意思？”

孔子说：“那窦鸣犊、舜华是当今晋国有德有能的大夫，赵简子当时未得志时，需要依靠这两个人，才得以掌权。他今日得志后，却将曾全力辅助他的人杀掉，怎不叫人伤感啊！我曾听说过：残害动物胎儿，吉祥的麒麟也就不会再到这个国家的郊外了；将沼泽中的水放掉而捕尽其鱼，那么蛟龙也不会再到这个国家的深水中去居住和帮助调和阴阳、兴云致雨了；捣毁鸟巢打破鸟卵，凤凰也不会再飞到这个地方来了。这是为什么呢？是因为君子忌讳同类被伤害啊！连鸟兽对于那些不义的行为，尚且知道躲避，何况我孔丘呢！”

子贡问：“先生，我们该怎么办呢？”

孔子回答说：“回去吧，回到老家去！”

于是弟子们拥着先生上车，奔赴鲁国。

孔子离开黄河之滨，向鲁国进发。行程两日，来到了故乡陬邑。乡亲们见孔子返回故里，都高兴地前来迎接。孔子在尼山之下的空桑山谷之中，居住下来。

留在孔子身边的弟子，经常陪同他在山峦之间、林荫之下漫步散心。这一天，他们来到尼山一棵硕大的松树前，只见树干如柱，枝叶似盖，翠绿茂盛，迎风挺立。孔子停步欣赏松树，子路说：“先生，这青松劲立于乱石之中，历经寒暑风霜而不凋谢，可谓是顽强吧！”

孔子说：“子路啊，你说得对，岁寒，然后知松柏之后凋也。”

子路见先生称赞他，又高兴地说：“先生的性格，犹如松柏之坚韧，只是不被当权者所重视！”孔子说：“不要担心别人不知道自己，而要担心自己没能做好，未能真正了解别人！”

子曰：不患人之不己知，患其不能也。

——《论语·学而》

孔子自回陬邑，感伤窦鸣犊、舜华之死，于是作《陬操》以示哀悼：

西河返驾

明《圣迹图》

孔子在卫国得不到重用，想到晋国投奔赵简子。赵简子杀了贤大夫窦鸣犊、舜华。孔子临河鸣惜，认为“君子讳伤其类”，便返归鲁国。

周道衰微，
礼乐陵迟；
文武既坠，
吾将焉归？
周游天下，
靡邦可依。
凤鸟不识珍宝，
枭鸱眷然顾之。
惨然心悲，
巾车命驾，
将适唐都；
黄河洋洋，
悠悠之渔；
临津不济，
还辕息陬。
伤予道穷，
哀彼无辜。
翱翔于卫，
复我旧庐。
从吾所好，
其乐只且。

史鱼尸谏

孔子在家乡陬邑隐居了三个月，弟子们又陆续回到了他的身边。每回来一个弟子，孔子总是要先问其父母的身体或家庭的平安。孔子和弟子们的亲密关系，甚至胜过父子。

孔子和弟子们在一起时，从不间断讲学。一天，卫国蘧伯玉突然差人前来报卫国的贤大夫史鱼去世，孔子闻讯，不免又是一阵悲伤。史鱼，名鳟，字子鱼，一生正直而闻名于世。在辅佐卫灵公期间，他多次劝谏重用蘧伯玉，卫灵公不但不予采纳，反而重用结党营私、败德乱政的弥子瑕，史鱼对此一直感到遗憾。他病重时，将儿子叫到床前嘱咐道："为父在卫国从政多年，有三件事一直放不下，一是没有说服国君起用蘧伯玉，二是没有能劝谏国君疏远不肖的弥子瑕，三是没有做好劝谏君主行正道。我没尽到为臣之责，所以，我死后你就将我的遗体停放在偏房的窗户之下，以此来表达我的遗憾。"

史鱼死后，他的儿子遵照遗嘱办理丧事。卫灵公前来吊丧，对这样不合礼制的安置感到非常奇怪，就问："他是卫国有功之重臣，你们怎能这样对待他呢！"史鱼的儿子将父亲临终的遗嘱原原本本告诉了卫灵公，卫灵公顿时惊愕得脸色大变，连忙对其儿子说："令尊是个贤德的大夫啊，过去全是寡人的过错，现在他已经去世了，他的这番好意我全部采纳，请赶快按照丧殡礼仪，将他停放在正位上吧！"

卫灵公回去后，立刻起用蘧伯玉为朝中重臣，将弥子瑕驱逐出朝廷，放逐到边远的县邑当了个小县官。

孔子听完后，对弟子们说："史鱼是一个多么正直的人啊！不论国家社会混乱或者安定，他的行为、言谈，像射出去的箭一样，都是一往直前的。蘧伯玉这个人真是个君子啊！国家社会有道时，出来做官，担当大任，但在国家社会紊乱的时候，他就把自己的本领收藏起来，像一幅画一样，卷起来怀之，不说话、不表现了。"

来人又转达了蘧伯玉对孔子的邀请，希望能再次见面，叙谈治国之道。孔子非常高兴，应允了伯玉的邀请。

史鱼

史鱼，名鳟，字子鱼，春秋时卫国人。当时卫灵公宠幸弥子瑕，史鱼屡谏不听。史鱼死后，他的儿子遵照父亲的遗命，陈尸户外，不殓于棺中，以劝谏卫灵公。这便是历史上著名的"尸谏"。

子曰：直哉史鱼！邦有道，如矢；邦无道，如矢。君子哉蘧伯玉！邦有道，则仕；邦无道，则可卷而怀之。

——《论语·卫灵公》

交友之道

第二天，孔子便带着弟子们前往卫国。公良孺为孔子驾车，一行五辆车载着师徒们，经过三天行程，再次返回卫国都城帝丘，受到了蘧伯玉的热情接待。

在蘧伯玉家住了近十天，蘧伯玉这天告诉孔子，卫灵公仍不想重用他。孔子也表示无意在卫国为政。蘧伯玉又征求孔子的意见，想在他的弟子中挑选几位在卫国从政，孔子非常高兴地应允。

再说那赵简子的家臣佛肸（bì xī），为人专横跋扈，一心只想专揽晋国大权，任了晋国中牟的县官后，就图谋反叛赵简子。当他得知赵简子因杀害窦鸣犊和舜华受到孔子的批评后，便想聘请孔子到中牟为自己效力。

孔子听说佛肸召请，心想此人品行卑污，心怀不轨，不过，他有意聘请，或者能受感化，而弃恶从善，岂不是一个难得的良机吗？于是，把自己的想法告诉了弟子们，但弟子们却都很反对。

子路说："先生，从前我曾听您说过：'一个品行不善的人，君子是不到他那里去的。'如今佛肸盘踞中牟进行叛逆，先生却想应聘到那里去，不知是何道理？"

孔子回答说："是的，这话我说过。不过，我还说过这样的话：'真正洁白的东西，任你怎样染，也是不会黑的。真正坚硬的东西，任你怎样磨，也是磨不薄的。'我难道能像葫芦一样吗？怎么能挂在那里不食用呢！"

不管怎么说，弟子们都不同意去，孔子也只好取消了去中牟的打算。

曹国是周天子的诸侯国，国虽不大，但土地肥沃，因治理不善，故而内乱不止，外患丛生，曾多次被灭掉又多次重建。孔子离开卫国的帝丘，向陈国进发。路过曹国时，便提出在曹国先看看，若有机会就在那里呆下来。

因孔子是闻人，治理鲁国的功绩，早已传播天下，曹国的国君听说孔子一行要来曹国，便乘车迎到陶丘郊外。进入曹国国都陶丘后，孔子师徒被安排在最好的房舍里，生活上极尽礼待。

三天后，曹国国君来见孔子。

曹国国君问："先生来到曹国，就是寡人的朋友，敢问先生应该如何结交朋友？"

孔子说："有益的朋友有三种，有害的朋友也有三种。和正直的人交朋友，和诚实的人交朋友，和见闻广博的人交朋友，便受益了。和逢迎谄媚的人交朋友，和当面恭维、背后诽谤的人交朋友，和夸夸其谈、华而不实的人交朋友，便有害了！"

子曰：益者三友，损者三友：友直，友谅，友多闻，益矣；友便辟，友善柔，友便佞，损矣。

——《论语·季氏》

孔子在曹国住了数日后，看出曹国国君平庸无能，不足以共谋大事，觉得曹国亦非行道之地，于是就和弟子们商议，再经宋国去陈国。

宋人伐木

孔子一行离开曹国去宋国，几日后就到达宋国国都商丘。

孔子先祖微子启是宋国的首任国君，这次来宋国，感到分外亲切，宋国国君也较为开明，对孔子一行给予了热情的接待。

有一天，孔子讲完学，弟子们散去，唯有司马牛留下来。

原来司马牛的兄长桓魋任宋国司马，倚仗权势，无恶不作，宋国人都很怨恨，但敢怒不敢言。

司马牛将其兄桓魋的所作所为和他来宋国后的情况，告知了孔子，并且气恼地说："这个人寡廉鲜耻，是什么都能做得出的！"

孔子说："君子有三畏：畏天命，畏大人，畏圣人之言。小人反是，故而天不怕，地不怕，什么事情都敢做。"

司马牛说："先生，子牛有这样一个兄长，内心感到惭愧，又对他无可奈何！"

孔子说："这也只能耐心对他教育，使他改恶从善。那桓魋是桓魋，子牛是子牛，兄弟道不相同，又有什么办法呢？不要难过，随他去吧。"

司马牛听了先生的开导后，心情宽松了一些。他向先生告退，出门遇见子夏，就忧愁地对子夏说："人皆有兄弟，我独无。"

子夏说："我听说过'死生有命，富贵在天'。君子敬而无失，与人恭而有礼，四海之内，皆兄弟也。君子何患乎无兄弟也？"

商丘，是商朝的古城，城郭别具风格。孔子提议去城郊游览一番，弟子们也很有兴致，冉求自告奋勇地为先生驾车前往。师徒们高高兴兴地出了城门向北郊而去。那北郊不远的地方，有一座石山，山上有不少人在凿石开山。但见山上有数十个工匠，聚集一块，呼天喊地，哭哭啼啼。孔子就对弟子们说："那里一定发生了什么大事，你们谁去看一下？"

子贡便前去打探情况，回来禀告道："这些工匠，都是桓魋抓来为自己建造坟墓石椁的人，他们有的在这里已干了三年，石椁仍未造就，在这里凿石，饭不饱腹，衣不遮身，病弱者渐渐死去，病死和被石板压死者共有二十余人。今日又有一个年轻体壮的工匠死在那巨石之下。大家生不如死，怨声不绝，真凄惨啊！"

冉求调转车向城内寓所驶去，一路上大家心情沉重，都不言语。

孔子进入寓所后，端坐沉思。

过了很久，孔子才开口："桓魋只是个司马，在活着的时候，竟然如此劳民伤财地为自己办理后事，足见其如何骄横悖逆！实为上天所不容！"

所谓正邪不两立，桓魋对孔子师徒的到来，感到处处行事不能随心所欲，受到掣肘和监督，如芒刺在背，这些日子孔子与国君往来频繁，桓魋心中更是忐忑不安，遂起谋害孔子之心，但碍于孔子是国君上宾，才未敢造次。于是就派他的心腹，终日在孔子寓所周围监视，等待有利时机就下手，

即使不能杀他，也要把他们赶出宋国，早点除去后患。

这一天，孔子和弟子们在大树底下演习礼仪，一进一退，一揖一让，俯仰就位，步履端庄，或吟或唱，或舞或蹈，节奏分明，严肃认真，好像真的在举行隆重的礼仪活动一样。

桓魋正在堂上闷闷不乐，心腹前来通报说孔子又在大树底下演习礼仪。桓魋想，野外非礼仪规定的环境，又是国君不在场的时刻，正是下手的好机会，于是手提利斧急向大树奔来。

司马牛对孔子的安危早已暗暗警惕，见桓魋来势汹汹，知其来者不善，就高声吼道："桓魋，干什么！"弟子们闻声，就将孔子保卫起来。司马牛、子路、公良孺都武艺高强，有他们在，孔子就毫不担心了。

桓魋举斧喊道："是谁这样无礼，敢在我宋国大树底下胡行？"

子贡上前答道："身为宋国贵宾，在此演习礼仪，何犯于你？"

桓魋说："何为贵宾，不过是每到一处被人驱赶的说客，今日若不离开，我手中的利斧是不认人的！"

子路拔剑在手，喝道："我这利剑，专杀那不义之徒，还不与我退了下去！"

宋人伐木

明《圣迹图》

鲁哀公三年（公元前492年），孔子离开曹国到宋国，在大树下演习礼仪，宋国的司马桓魋于是率人伐掉了大树，欲谋害孔子。

司马牛大叫道："你这不仁不义之徒，祖先的亡灵将会惩罚你！你不会有好下场的！"

桓魋听了子路和司马牛的痛斥之后，怒火中烧，想上前刺杀吧，却又寡不敌众，想避开回去吧，又在围观的宋国百姓们面前大失脸面。于是就率领随从，一齐用利斧将大树砍伐。孔子对弟子们说："君子不和小人斗，回去吧！"在弟子们的簇拥下，孔子安全地回到了寓所。

子曰：天生德于予，桓魋其如予何？
——《论语·述而》

弟子们担心孔子安危，便催促孔子离开宋国。孔子却安慰弟子们说："上天赋予我这样的品德，桓魋能把我怎么样？"话虽如此，弟子们却仍不放心，大家以为还是离开是非之地为好。为了避免意外，他们改变原定南下陈国路线，而出城西行，直下郑国国都新郑。为稳妥起见，他们都改穿便服，分成几伙，秘密离宋，连夜赶路，并约定在新郑城外会合。及至桓魋闻知孔子师徒出行的消息，派兵追赶时，孔子一行早已消失在茫茫夜幕之中。

由于匆忙逃离宋国，又是夜间分头行动，孔子师徒散了。经过几天急行，他们先后来到新郑。孔子站在东门外附近，焦急地等待与弟子们聚齐。他风尘仆仆，疲惫不堪，眼白上布满红丝，样子显得很狼狈。

子贡等人因为没有走弯路，率先赶到新郑，见城外无人，便入城寻找，四处询问。有位本地老人对子贡说：

"东门外有位高个子老头，长相不凡，脑门子像尧帝，脖颈类似尧时名法官皋陶，双肩类似我郑国大夫子产，腰以下不及禹三寸，脊背微曲，又瘦又乏，累若丧家之犬。"

子贡辞别老人，很快赶到东门外，看见孔子正向远方张望，便趋前拜见，并把那位郑国老人的话，如实告诉了孔子。孔子听后，看着大家丧魂落魄的模样，不由自主地失声大笑，并说："说我形状像圣王贤相，那可不敢当。说我像一只丧家之犬，倒是很相像啊，很像啊！"

孔子谈音乐

子路等从东门入城时与子贡相会。一会儿，弟子们陆续都来到孔子的身边，孔子这才安下心来。

子路在路上阻挡桓魋非常辛苦，吃完晚饭，一觉睡到了第二天晌午。他起床后，回忆起在路上与桓魋周旋的情况，又想起在宋国大树下演习礼仪而遭桓魋骚扰的情景，胸中不由得又升起怒火，下意识地拿起古瑟，一边鼓瑟，一边脑海中浮现出桓魋的凶恶形象和那两道杀人不眨眼的目光，曲调激越而刚暴。

孔子听见子路奏的音调透出激越刚暴之气，不禁叹息一声，冉求明白先生的心意，对孔子说："先生，子路这几天辛苦了，可能是想以此放松一下吧！"

孔子说："辛苦我是知道的，但不能弹奏这粗野鄙俗的夷狄之音，太无礼了！"

冉求说："求对音律懂得太少，请先生赐教！"

孔子说："求，你坐下，我讲给你听。符合礼制的乐曲，都是先王制定的，演奏起来都是中和之音、正道节律。这中和之声现已流行在南方，北方就很少了。因为南方是温和生育之地，中和之曲长久不衰；而北方则是残杀之地，粗俗成性，故中和之曲在北方就慢慢失去了。南方的中和之曲，是本，因为它象征生育繁盛的气氛，人们听后就心情开朗，明礼知耻；那北狄之声，则是末，因为它是残暴、淫乱、荒诞的曲声，使人听后感到不安。古代先王虞舜制定的《南风》乐曲，演奏起来，使人民感到蓬蓬勃勃欣欣向上，鼓舞人民产生奋进的精神和毅力。所以，就是到了现在，仁德的国君们还是遵照演奏不敢放弃。商纣王喜爱北狄那种鄙陋、残暴之声，人们要将这些乐曲废除，而他却要一意孤行。但他一死，这淫声乱乐也就跟随他而衰亡了。你看，仲由今天竟演奏那夷狄之曲，成何体统呢？"

冉求退避出去，将孔子所说的话告诉了子路。子路感到非常惭愧，说："我因一时抑制不住愤怒，而丧失了理智，几乎也陷入了桓魋小人之辈的罪过中，我应以先生的教诲来约束自己啊！”子路心中后悔，静思不食，身体瘦了许多。孔子知道后说：“仲由是真诚地改过了，这很好啊！”

贤大夫子产

子产

公孙侨（约公元前580年一公元前522年），字子产，春秋时郑国人，郑简公时担任卿，相当于最高的行政长官。

孔子在郑国休息数日后，便对郑国作一番考察，接触一些朝野人士，以了解当地历史典故和风土人情。

郑国是著名贤大夫子产的世居故国，虽为小邦，因子产内修仁德，外交灵活，而得以跻身于大国之间，使郑国长治久安，百姓欣悦。孔子对子产非常尊敬，“以兄事之”，多次向弟子称颂。子产虽过世二十余年了，但他的家人和下属有不少仍在郑国。子贡按照孔子的要求，对他们进行了详细的调查，并将调查到的情况，向老师作了如实汇报。孔子听后，非常高兴。

子产，即公孙侨，郑穆公之孙，公子发（子国）之子。名侨，字子产，一字子美，谥号成北子。郑简公十二年（公元前554年）为卿，郑简公二十三年（公元前543年）为正卿。执政后，实行政治、经济等一系列改革。作封洫，制丘赋，编制田亩，创立按‘丘’征赋制度；立谤政，不毁乡校，听取下层人士议论朝政；铸刑书，刑律公布于众。这些改革使郑国国力大增。

子产当政的时候，对社会贡献很大，对老百姓也是有恩惠的。孔子评价子产：“惠人也！”

在去陈国途中，孔子还给弟子们讲了关于子产的故事：有一个寒冷的冬天，子产乘车去郊外，看见几个农民在泥泞的路上行走，身为丞相的子产，竟停下车，将这几个人送到家。

弟子们听了也深受感动，子游说：“难怪先生这样赞扬子产，像这样爱民如子、勤于政事的好丞相，如今真的很罕见！”

经过几日奔波，便到了陈国的国都淮阳城。孔子和弟子们心情舒畅，准备在陈国长住一段时间。时值鲁哀公二年（公元前493年），孔子59岁。

陈国在今河南淮阳县境，是妫（guī）姓小国，位于宋郑之南，楚国之北，都宛丘（今河南淮阳县）。相传陈是舜的后裔，当时国君为湣公，已在位十年了，仍然国穷民贫，且常受大国侵扰。孔子一行到陈后，便住在陈国大夫司城贞子家。

陈湣公很快召见了孔子，他对孔子不辞艰险远道而来，喜出望外。于是，吩咐把上等客舍给孔子师徒居住。这一年是鲁哀公三年。

鲁哀公三年（公元前492年），几个诸侯国的内部动乱不已，诸侯国之间也时有征伐。

这一年的鲁国，四月遭受地震；五月，桓公庙、僖公庙先后烧毁；六月，季孙桓子、叔孙州仇带兵在启阳筑起了城墙；七月，季桓子病死；十月，叔孙州仇与仲孙无忌又带兵围攻附庸小国邾国。

这一年，宋国的乐髡带兵征伐曹国。夏天，卫灵公去世，他的孙子辄继位，称卫出公。

这一年，楚国讨伐蔡国，蔡国恐惧，向吴国告急。吴王认为蔡国都城离吴国太远，约定把都城迁到距离吴国近的地方，以便于救援。蔡昭公私下答应，但未与大夫们商量。吴军前来救援蔡国，趁机把蔡国的都城迁到了距吴国近的地方，引起了蔡国内部的大动荡。

中原大地烽火连天，干戈四起。孔子终日为此忧虑，弟子子游问道：“敢问先生，这动乱的根本原因何在？”

孔子说：“根本原因就是礼崩乐坏，各诸侯国朝纲废弛，掌权大夫们目无国君，动辄就是征伐战争，君王成了被利用的工具。言偃（子游）呀，如今大家都为了满足私人的欲望，而进行争权夺利和倾轧，这只能给百姓带来极大的危害！”

心系鲁国

鲁哀公三年（公元前492年）五月的一天，陈国国君陪同孔子在宫外漫游，行至一处，忽然听到鲁国宗庙的司铎官舍失火，宗庙被烧毁的消息。孔子说："啊！这烧毁的宗庙恐怕是桓公庙和僖公庙。"

陈国君主问："先生，您怎么知道是桓公、僖公的宗庙呢？"

孔子说："礼制能够延伸不断，这是先祖的功绩，是亲宗的仁德，只有祖宗功德绵延不断，其宗庙才不会毁掉。如今鲁桓公和僖公已经下传五世，其宗亲关系已达尽头，加上他们的后代既无功又无德，桓公和僖公宗庙的存在也就没有什么意义了，鲁国没有主动去毁掉它，而上天则以火灾来烧毁它，这是可以预断的。"

过了三天，鲁国的使者来陈国，陈国国君就问及火灾之事，鲁使者告诉陈国国君：那是五月二十八日，宗庙旁执掌司铎的官舍起火，火势越过宫墙，蔓延至桓公、僖公的宗庙，南宫子容组织众人去扑火，将文献典籍抢救了出来，但两座宗庙全部焚毁。

陈湣公对孔子预言的正确性，由衷地佩服，一天湣公对子贡说："我今天才知道圣人的可贵。"善于辞令的子贡当即对答说："您今天知夫子可贵，仍属空话，不如委以重任，让先生行道化民更为好些！"

孔子身居陈国，却心系鲁国。孔子在陈国期间，鲁国的政治发生了不小的变化。鲁哀公三年（公元前492年）秋天，鲁国正卿季桓子病重，他叫儿子季康子陪他乘辇车在曲阜城内巡视一番，当他望见城墙后，长叹一声说："四年以前，这个国家几乎强盛起来，因为齐国馈赠女乐、文马之事，致使大司寇孔丘出走，所以功亏一篑！"接着回头对季康子说："我要是死了，你继承丞相之位后，一定要召回孔丘，让他辅助政事啊！"

没有几天，季桓子去世了，季康子继承了丞相（正卿大夫）职位。办完桓子的丧事，季康子就想召回孔子。大夫公

知鲁庙灾

清《孔子圣迹图》

孔子在陈国，听到鲁国宗庙失火的消息。孔子预知烧毁的是桓公庙和僖公庙。

子鱼知道后，就对季康子说：“从前我们先君用仲尼没有善终，使他愤然地离开鲁国，周游他国，最后招致天下诸侯的耻笑。现在又要用他，如果仍然半途而废，是会再次被耻笑的。”

季康子说：“鲁国今日情况，也亟待忠贤辅佐治理，失去仲尼是鲁国的耻辱，今天仍不召回重用，那又召谁来合适呢？”

公子鱼说：“仲尼弟子冉求，曾为家臣，既有仲尼仁爱的德行，又具有施政的才能，何不召他回来？”

季康子说：“那就召回冉求。”

鲁国于是派人去陈国，告知季康子打算起用冉求的心意。冉求准备返回鲁国，临行前向先生请教并辞行。

孔子思鲁心切，他对弟子们说：“回去吧！回去吧！家乡的这些弟子志向高远而行事疏阔，又富于文采，我真不知道再从何处下手指导他们了！”

子贡知道先生思归，送别冉求时，便说：“你如果被重用了，设法请季康子把先生召回去！”

冉求也知道先生的心意，就对子贡说："只要有机会，我当然会这样做的。"

在周游列国的过程中，孔子每到一处总是宣传他的仁德之道，疾呼为政以德。弟子们耳濡目染先生的政治主张和仁爱之道，无不对先生有着敬仰之情，大家虽然饱尝各种苦难，但是同甘共苦的情谊、仁者济世的共同理想，将师生的心紧紧联系在一起。鲁国、卫国尽管不愿重用孔子，但对其弟子中的一些人却愿意聘用。弟子们不愿离开先生，孔子也难舍弟子，但他还是鼓励弟子们从政，在社会实践中得到锻炼，另外也可以通过弟子们实现和达成自己的政治理想。

冉求回鲁国后，季康子认为孔子师徒的政治主张有很多方面是可取的，尤其是以德行著称的闵子骞得到了季氏的赏识，于是又差人来聘请闵子骞为费邑的县官。孔子知道这消息后，极力主张闵子骞赴任，闵子骞厌烦政事，本不愿出任，但在先生劝说下，动身返回鲁国。

周武王的箭镞

孔子在陈国，虽未得到陈国国君的重用，但却得到了应有的礼遇，陈国国君待他为上宾，并将其迎接下榻于国宾馆舍内。

一天，有一隼鸟飞来，死在宫廷的后花园中。国君的内役将隼鸟拾起观看，发现隼身上有一支箭，箭杆是楛木做的，箭镞是石头磨制的，共长一尺八寸，隼身已被射穿。陈国君臣都不知此箭来历，国君即命人将隼和箭杆拿到孔子下榻的宾馆，去请教孔子。

孔子接过箭杆审视片刻后说："这只隼鸟来自遥远的东方，上面这枝箭杆是东夷族肃慎氏制造的。周武王灭商纣时，要路过东方的九夷百蛮少数民族地域，那九夷百蛮族都崇敬武王，纷纷归顺。其中有一个民族叫肃慎氏，进贡的是用楛木做

楛矢贯隼
明《圣迹图》

孔子到陈国，寄寓在司城贞子家。过了一年多，有隼鸟飞到陈国宫廷中，被长一尺八寸的箭射中死去。陈湣公派人去问孔子，孔子说，这是肃慎氏的箭，武王克商以后，曾分给陈国。陈湣公派人到府库中果然查到了这种箭。

杆以石制箭镞，长一尺八寸的箭矢，并在箭杆的末端刻制‘肃慎氏’铭文，周武王想以此说明自己的仁德而使远方的少数民族来尊崇，让后人也能永远以仁德治政为鉴戒，故在箭杆末端刻上铭文曰‘肃慎氏贡楛矢’，作为珍宝分给他的女儿大姬珍藏。后大姬嫁给舜帝后裔胡伪公，并分封胡伪公为陈地诸侯，即今陈国。于是，肃慎氏之楛矢随大姬带来陈国。你们派人在库中查看一下，是否有相同的箭镞？”

差人回来告知陈国国君后，国君即派人去宝库查看，果然找到了一支与隼上之矢一模一样的箭矢。陈国国君非常敬佩，前来请教，孔子说：“古代的文献资料很多，只要认真学习，就能知其原委啊！”

叶公好龙

孔子在陈国已三年了。陈国国君生活奢侈，大夫们忙于敛聚私财，劳役百姓，赋税也很繁重。孔子劝谏而无效果，感到陈国无望就想去蔡国，为此他召集弟子们商议。

子路说：“弟子们曾听先生说过，蔡国国小而贫穷，国君无能而懦弱，常常遭到邻国侵扰。”

“正因为是这样，所以我才想去，也许他们在危难之际，尚能采纳我的主张，先去尝试尝试，若不起用我们，离开就是了！”

弟子们都认为先生言之有理，于是他们离开陈国去蔡国。

在蔡国，蔡昭公无德又无能，终日担心的是强楚侵犯，而无对策。孔子虽多次与他相见，希望蔡昭公能起用他和弟子们，但他不听，他怕孔子有夺权野心，更怕起用孔子，遭受别国的攻击，因为各国都不敢重用孔子，而又不想其他国家重用孔子。时间如流水般过去，转眼在蔡又是两年多了。

这年蔡昭公被刺身亡，昭公儿子朔继位，即蔡成侯。成侯更是浑浑噩噩，置国家危亡于不顾，征发繁重的徭役，横征暴敛，对孔子更是不以礼相待。这时，楚国开始侵略蔡国，蔡国处在混乱之中。这年秋天，齐景公去世了，天下又一次处于互相兼并的混乱之中，孔子于是决定离开蔡国。

孔子和弟子们一行离开蔡国来到楚国的叶县。

叶县的县官沈诸梁，字子高，为楚国大夫。因他被封在叶地，故又称叶公。他执政较为开明，对孔子的政治主张颇感兴趣。听说孔子前来，即亲自相迎，盛情款待。

有一天，叶公召见子路，请子路介绍孔子的情况，子路借故不知而没有回答。孔子知道后，便责怪子路。子路便解释说：“我听说叶公为人并不诚实，表面好像恭敬先生，但未必是真心的。据说这位叶公特喜欢龙，很希望能见到真龙。于是，他的家具和室内装饰，多采用龙的形象，连钩子、凿子都做成龙的样子，门窗梁柱上也都雕刻着各式各样的龙。有一天终于感动了上天，上界的天龙听说叶公如此爱龙，便降下人间来探望他。叶公在梦中看见窗口探进一个龙头来，堂屋中横着一条龙尾巴，这下可把他吓得魂不附体，大呼救命而逃。原来叶公并不真的爱好龙，他所爱的不过是似龙非龙的那种东西而已。他对先生故作姿态，是不是也和爱龙一样呢？仲由认为在不十分了解之前，无须将先生的情况告诉他。”孔子点头称是。

子路问津
明《圣迹图》
孔子从陈到蔡又到叶，从叶返归蔡国，碰到长沮、桀溺在一同耕地，孔子派子路去打听渡口。

子路问津

孔子对沈诸梁作了深入观察后，觉得好龙的叶公不可以共谋大事，于是带着弟子们返回蔡国。

在途中，孔子见路旁有两个像士的人，在并肩耕作。这两人就是当时的隐士长沮和桀溺。孔子接过马的缰绳对子路说：“仲由，你去向他们问问渡口在什么地方？”子路即下车向长沮、桀溺二人走去。

子路恭敬地问：“先生，请问这里过河的渡口在哪里？”

长沮反问：“坐在车上的那个老头子是谁？”子路说：“坐在车上的是我的老师，大名鼎鼎的孔丘！”

“他应该知道渡口（不是指过江河的渡口，而是指人生之路）在哪里啊！”长沮语带讥讽地回答，说完又低头干他的农活。长沮的意思是说这个周游列国、到处传道的孔子，他现在连“路”都不晓得怎么走吗？

子路又只好问桀溺：“先生，你能指点这渡口在哪里吗？”

桀溺说：“现在的天下，到处动荡不安，就像那洪水一样恶浊地横流。你的老师能改变这种局势吗？你紧紧跟随他，这是不识时务啊！我看你与其跟着孔丘避乱逃亡，到处奔波，还不如像我们一样，自己忘记这个世界，忘记这个时代，只种我的田，其他的什么都不管。”一边说着，一边不停地干着农活。

子路回到孔子身边，将他们的话如实相告。孔子听了心里很落寞，难过地说：“鸟兽不可与之同群。有句话说，人各有志，各走各的路，远走的就去远走，高飞的就去高飞。其实他们和我一样，怀着忧国、忧世之心，只是做法不一样。他们可以丢下这个社会、这个时代不管，只管自己种田去，可是我丢不下来。假如说国家社会上了轨道，我又何必来改变它呢？就因为时代太乱了，才需要我出来济世啊！明知道这个担子挑不动，我硬是要去挑，这就是我和隐士们的区别。”

绝粮陈蔡之间

孔子和他的弟子们遇到长沮、桀溺后，心情惆怅地一路前行，不知不觉已到了陈、蔡两国接壤之处。

子路根据大家的意见，在一个僻静的小集镇中，找到一处宁静的房舍住了下来。过了数日，传来了一桩惊人的消息：吴国前来讨伐陈国，陈国求援于楚国，楚国即发兵救援，军队进入陈楚交界一个名叫城父的地方。

孔子住在陈、蔡之间的消息，迅速传到了陈国，传到了蔡国，也传到了楚国楚昭王的耳朵里。楚昭王得知孔子一行滞留在陈、蔡交界处，就立即差使者来见孔子，聘请孔子到楚国辅佐政事。

孔子受到楚昭王的聘请，心情十分高兴。虽然他对南方诸国的情况、民俗和民风不甚了解，但他很希望能去南方看看，尤其是到楚国去看看。楚昭王的聘请，是其他国家对自己所未曾有过的待遇，因此他答应使者，动身前往楚国。

孔子准备去楚国的消息，很快传到了陈、蔡两国。两国的大夫都感到不安，于是商议对策，他们认为：“孔丘是有

德有才的贤人，楚国又是个大国，如果孔丘被楚国重用，那么陈、蔡两国就危险了。”于是两国派遣许多民夫，在孔子出发之际将其一行围困在野外，任凭孔子如何讲道理，也都无济于事。在这种情况下，孔子开始给弟子讲学、诵诗、唱歌、弹琴。

在陈绝粮
明《圣迹图》
鲁哀公六年（公元前489年），楚国派人聘请孔子到楚国去。陈、楚的大夫们担心楚国重用孔子会给陈、楚带来危险，于是共同派人将孔子师徒包围在旷野里。粮食吃光了，跟随的人饿得起不来，孔子仍然讲诵诗书、抚琴歌咏。

孔子被陈、蔡两国民夫围困，已是第五天了，携带的粮食早已吃完，藜蒿野草也被挖尽吃光。大家都饥饿已极，有的饿得路都走不动，也有不少人病倒。众人想这样下去不是办法，纷纷主张动武冲出去。孔子虽然饥饿，但仍在以他的仁德操行影响着弟子，他不主张以武拼杀，认为这些民夫是执行国君的命令，他们也是受苦者，绝不能以他们的生命来换取自己的自由。弟子们听了孔子的劝说，才忍气挨饿不动干戈。孔子一边安抚弟子们的情绪，一边又耐心地做围困他们的那些民夫的工作。

这天，弟子们心怀愤怒，激动难平。孔子想，除了和弟子们讲讲《诗》，以《诗》之道，来化解这难平的愤怒，没有更好的法子。于是就叫来子路，向子路问道：“《诗》说：‘不是犀牛也不是虎，它却徘徊在旷野上。’难道我们的学说不对吗？为什么会落到这步田地呢？”

子路说：“想必是我们的仁德还不够吧？所以遭此大难；想必是我们的智谋还不够吧？所以不能脱出困境。”

孔子说："仲由，假如有仁德的人不遭厄运，哪会有伯夷、叔齐饿死在首阳山呢？假如有智谋的人一定能够畅通无阻，哪有王叔比干被剖心呢？"

子路觉得先生的话极有道理，就不再说什么了。子贡接着来见孔子，孔子叫子贡坐下后问："《诗》说：'不是犀牛也不是虎，它却徘徊在旷野上。'难道我们的学说不对吗？不然，我们为什么落到这步田地呢？"

子贡说："只因先生的学说博大到极点了，所以天下没有哪个国家能容纳先生，先生何不降低点要求呢？"

孔子说："有经验的农民虽然会种庄稼，但却不能保证一定会有收获。好的工匠虽然手艺精巧，但他造的器具未必能令人人称心如意。德行操守，就像结网先有纲一样，然后依序疏理结扎，但不一定为社会所能容纳接受。如果不坚持自己的理想，反而降低标准求取别人接受容纳，子贡，你缺乏远大的志向啊！"

孔子曰：回，诗云"匪兕匪虎，率彼旷野"。吾道非邪？吾何为于此？颜回曰：夫子之道至大，故天下莫能容。虽然，夫子推而行之，不容何病，不容然后见君子！夫道之不修也，是吾丑也。夫道既已大修而不用，是有国者之丑也。不容何病，不容然后见君子！孔子欣然而笑曰：有是哉颜氏之子！使尔多财，吾为尔宰。

——《史记·孔子世家》

子贡心悦诚服地退了出来，颜回又进去。孔子问："回，《诗》说：'不是犀牛也不是虎，它却徘徊在旷野上。'难道我们的学说不对吗？不然，我们为什么落到这步田地呢？"

颜回说："不被容纳，然后才显现出君子的本色！学说得不到进一步的研究提高，那才是自己的耻辱。至于研究成功的学说不被采用，那是国家当权者的耻辱。"

孔子听完颜回的回答，欣慰地笑着说："知我心者，回也！你发了财，我去给你当管家。"

忧道不忧贫

孔子被围困在陈、蔡之间，几天来未生火煮饭，仅以野菜充饥，脸色饥黄，身体也越来越虚弱。可他仍然从容镇定，每日神色悠闲地弹琴歌唱。子路和子贡走过来对颜回说："先生自从离开鲁国后，奔波于卫、宋等国，多次遇险，今又被困在陈、蔡之间，忍饥挨饿，命在旦夕，先生非但不怨恨，反而弹琴吟唱，难道有仁德的君子都要贫困到这步田地吗？”

颜回无法回答这个问题，就将子路、子贡所说的话如实告诉了孔子。孔子把琴一推，长叹一声说：“仲由与赐见识不大啊！叫他们进来，我要对他们说清楚。”

颜回将子路、子贡叫来见孔子。

孔子说：“贫，不一定是指经济上的困难，无志才是真正的贫，没有知识、才能也是贫，只有没有仁德的人，才算是真正的贫者。今被陈、蔡围困，无疑也是一种贫困，但对此有两种态度：一是贫而有怨，人贫气大，牢骚满腹；一是贫而无怨，不怨天尤人，能安贫乐道。多数人属于第一种人，能做到后者的少之又少，‘君子忧道不忧贫’，这句话，你们要记住啊！我们虽困于陈、蔡之间，但逆境陶冶性情，挫折磨砺君子，说不定是一件幸事呢！”说完转身鼓瑟，一副忘了眼前困境的样子。子路也被先生神情仪态感染，便随瑟曲舞蹈起来。

子贡惭愧地说：“道德高深的人，才能在穷困时保持快乐的境界啊！贫穷和困难，也不过像自然界的寒暑和风雨一样，都是暂时的。”

孔子一行遭围困已是第六天了，子贡跟随先生向围困他们的人做了不少说服工作，慢慢认识了一些人，这些穷苦的百姓也极为同情他们，只是身不由己，没有办法。这天，子贡拿出自己随身所有财物，悄悄走到这群人中间，将钱财分给众人，并请求高抬贵手，放他出去办点事，保证回来。民夫对他们本来就有同情之心，今又见许多钱财，便闪开了一条小路让子贡潜出。

子贡出围后，即去当地居民家，以玉佩与人家换了粮米一石，又立即从原路返回。

颜回和子路动手在屋檐下的土灶上生火煮饭，不一会香喷喷的米饭就熟了。颜回揭开锅盖发现饭面上有一小块黑迹，仔细一看，原来是屋檐上的灰尘掉在饭上，他忙用碗将黑色饭块盛起来，左看右看后又将碗放下了，过一会他又端起碗来，很快地将黑饭吃掉了。颜回的行动，被屋内的子贡看得一清二楚，子贡对颜回私自吃饭的行为非常不满，想将此事告诉孔子，但又不好直说，于是转了一个弯子故意问："请问先生，一个有仁德而又廉洁的人，当他遇到穷困而无路可走时，会不会放弃仁德而改变节操呢？"

孔子说："既然他经不起困难的考验而变节，又何能称得上是仁德廉洁之士呢？"

子贡说："如果颜回这样做了呢？"

孔子说："如果颜回这样做了，那他也不能算是有仁德节操了。"

子贡将刚才颜回的一举一动告诉了先生，孔子却慎重地说："颜回具有高尚德行，我很久以前就对他深信不疑了，你今天所说的还需要了解清楚，这其中是否还有其他原因呢？把他叫来，我要亲自问个明白。"

子贡将颜回叫来，孔子对颜回说："不久前，我梦见了先人，先人在天之灵正在相助我们解除厄困，我要酬谢他们，必须用饭来祭祀他们。可是，饭熟后有人先吃了，我怎么能用别人吃过的饭再去祭祀先人呢？"

颜回答道："先生，你说的情况是真的，当我揭开锅盖时，看见表面上有灰尘，我将脏了的饭盛在碗中。我想倒了这碗饭，可这粮食实在来之不易。因此，回就闭着眼睛将这脏饭吃掉了。再说，用这样的脏饭祭祀先人也不行。"

孔子说："啊，原来如此，这是对的，如果是我，也会这样去做。"

颜回退出后，孔子对子路、子贡说："回吃的是灰尘脏了的饭。我相信他有坚定不移的高尚品德，这是我观察了很久的结论，他并不是今日才做这样一件具有美德的事啊！"

子贡等听后，从内心更加敬佩颜回的德行。

立于礼　成于乐

颜回私食风波大白后，师徒们高高兴兴地品尝了一餐美味，饭后众人围坐一起，商议如何脱困的办法。

颜回说："长久困在这里不是事，日子久了，不用围困者来打，饿都饿死了，那样，老师的理想宏愿就要半途而废了。"

子路说："若能设法去楚国求救，我们就能解危了。"

孔子说："仲由之言有理，楚国军队离我们不远，若有一人火速前去报信，楚国军队一到，陈、蔡两国会自动放行的。"

子贡说："先生，赐愿前往，若能弄到一匹良马，今晚我就能到达。"

公良孺说："端木赐能言善辩，他前去当然比别人都强，至于马匹问题，良孺是陈国人，由我去解决。"

孔子说："这就好了，赐可即刻前往。不过请来救兵，最好不要轻易动用武力，只是要陈、蔡知其利害就行了。明天须得赶回，以免挂念！"

子贡和公良孺立即起身，和包围的人私下沟通后，便朝着楚国军队驻地城父驰去。

围困第七天的清晨，孔子起床洗漱后，抚琴而歌。七天来，他每日必抚琴弹唱，但都没有像今天弹奏的旋律这样舒畅悦耳，弟子们听了都感到振奋。

一曲演奏完后，孔子说："君子立于礼，成于乐，以礼规范自己的行为，端正品德；以乐陶冶性情，调适身心。道德高尚的人爱好雅音古乐，可以与先圣之心息息相通啊！"

子路附和着先生说："先生，仲由随你的歌曲舞蹈吧。"随即拿着大斧，随着先生弹奏的旋律舞蹈起来，一直舞了三个曲子，才尽兴作罢。

楚昭王派人去聘请孔子后，日日盼望孔子的到来，但等了五六天却杳无音讯，正在疑惑之时，有人通报说孔子在来楚国途中，被陈、蔡阻截，围困在陈、蔡之间，生命难保。楚昭王顿时勃然大怒，认为陈、蔡既不能容纳贤士，还要阻止贤士的自由，这分明是藐视楚国，随即召来司马，命他立刻带兵前去援救。军队行动迅速，当天就到了陈、蔡边境。

子贡和公良孺逃出重围后，公良孺就找到熟悉的人，要了一匹马，子贡星夜马不停蹄，天明时分，来到了陈、蔡边境，听当地百姓们说，楚国前来援救孔子的军队也到了前面不远的地方。子贡来不及休息，就按百姓指引的方向策马而去。

陈、蔡两国的大夫，听到楚国军队已临边界，两国都紧张起来，因为强大的楚国无法抗阻。于是就立即商议放掉孔子一行，让他们去楚国，以不让楚国军队入境为条件，各派五名使者与前来的楚国军队谈判。当子贡与楚国前来援救的军士商谈时，陈、蔡的使者也赶来了。使者传达了两国的意见，楚国司马征求子贡的意见后，答应暂不前进，但必须在此等孔子一行到达后，他们才能撤退。子贡又马不停蹄地返回孔子被困之地。这是被围困的第七天中午了，子贡回来向孔子报告了上述情况，大家都格外高兴。厄难即将结束，他们就要自由了。过了一会，陈、蔡两国派来使者遣散了围困人群，孔子师徒方脱困境，获得自由。

孔子立即上车赴楚，那些被派来围困孔子师徒的百姓都跪在地上相送。子贡亲自为孔子执缰绳赶车，他高声地说："我们这些弟子跟随先生在此遭受如此厄难，真是难忘啊！"

孔子接着说："绝粮陈、蔡之间，是丘周游列国以来，遭遇的最艰厄之事，但是，也是丘之有幸啊！你们大家以为如何？"

弟子们对先生这一说法很难理解，于是请教先生其中的道理。

二三子从丘者，皆幸也。吾闻之，君不困不成王，烈士不困行不彰。庸知其非激愤厉志之始于是乎在？

——《孔子家语》

孔子说："我曾听说过：一个国君不受困难的考验，就不能成为一个明君；一个舍身为仁的志士，不经过困难的磨炼，他的德行就不能得到显现。陈、蔡的围困，对我们都是一次很好的考验，同时也锻炼了我们的意志、决心和毅力，从这个意义上说，它就由一件坏事变成了好事，你们说是这样吗？"

弟子们听后，都有茅塞顿开之感，更加敬佩老师的高超智慧。

浣溪楚女

孔子一行离开陈、蔡边境，向着心仪已久的楚国进发，心情格外激动，尤其是一想到那富饶的南方国土，也许会成为施展政治理想的一片热土，心中更是充满了希望和美好憧憬。不过，师徒们又担心长期居于北国，不了解南方风情习俗，生活上难以习惯。

两天后，进入楚国境内。这天，大家正走在一条山谷之间的道路上，只见山间林深青翠，一条弯弯的小溪从林间蜿蜒而出。这时，有一个耳佩洁玉、亭亭玉立的女子忽然从林间小屋中走出，来到溪水之滨，埋头认真地洗起衣裳来。姿态优雅，引起了师徒一行的注意。

孔子说："赐呀，你过去与那个女子聊聊，了解了解楚国的情况好吗？"说完，即拿出盛水的壶给子贡，意思是以讨水喝为由去与女子谈话，又交代说，"你和她谈话一定要注意礼貌，态度要温和。"

子贡按先生嘱咐，来到溪边恭敬地对那女子说："我是从北方来的，从这经过去楚国都城，遇到这样炎热的暑天，想喝这清清溪水，特向你讨一壶解渴。"

女子说："这是山谷间的一条小溪，从深山中弯弯曲曲流来，长流不息注入大海。想喝水就请喝吧，何必还要问我呢？"说完接过子贡递来的水壶，迎着溪水舀满了一壶，将舀着的水在壶内摇动数下以洗净水壶，然后再舀了一壶清水，因水装得太满，她又小心地将要溢出的水倾倒了一点，跪着双膝将水壶放置在洁净的水边沙地上后，对子贡说："恕小女子碍于礼仪，不能亲手送给你。"

子贡拿着水壶回来后，把刚才与女子的对话告诉了先生。孔子说："丘已知道会这样的。"又拿出自己的琴，去掉后端调音的轸。然后把琴交给子贡，说，"你去请她调好琴音，一定要有礼貌地与她说话，看她怎么回答你？"

子贡又去到溪水边对女子说："刚才你对我说话，温和得像那清风，使我非常高兴。我这里有一张琴，但无调音的轸，希望你能帮助调好它的音！"

女子说："小女子身居偏僻之野，做着粗活，不懂得五音，怎么能为你调好琴音呢？"

子贡又回到孔子身边，将女子说的话告诉了先生。孔子说："丘知道她贤淑。"又拿出五两精制的葛丝，交给子贡说，"你再去与她说话，看她又怎么说？"

子贡又回去见那女子，对她说："我们这一行人是从北边过来的，现在到达楚国了，为感谢你刚才对我的礼遇，这里有五两葛丝赠你，碍于礼数，我不能亲手送给你，只能放在这水边，你且取去吧。"

女子说："你是过往的客人，不嫌小女子粗俗，陪我说了不少话，已心存感激。今又将这财物送给我，我怎么可以接受呢？先生请勿多礼，请赶路要紧。"

子贡回来告诉老师情况，孔子说："丘早已知道会这样的。这个女子是个通情达理之人。年轻女子尚能知道礼仪，南方楚国的风俗教化可见一斑。"

小康与大同

行程四日，孔子一行抵达负函。楚昭王在此以隆重的迎宾礼节迎接孔子一行，可以算得上空前的礼遇了。

一日，楚昭王接见孔子，见面后昭王恭谦地说："仰慕先生已久，今日能在此相见，寡人三生有幸！"

孔子回答说："丘和弟子一行，周游列国数载，历经坎坷和沿途风霜，今幸到贵国，无奇珍异宝相赠，唯有仁德治国的一些理想和主张，献给大王。"

昭王说："寡人对奇珍异宝兴趣不大，但是，先生的治国治世之道，才正是寡人梦寐以求的。"

昭王又问："先生主张仁，那仁的实质究竟是什么呢？"

"仁，就是爱人。丘主张天下的每个国君都应该爱他的人民。有了人民的拥护，国家就有了一切。失去了人民的信赖，这个国家就会消亡，国君也将失去一切。”孔子回答说。

“那么先生主张仁政的目的何在？”昭王问。

孔子说：“那就是建立一个天下大同的盛世。到了大道通行的时代，那天下就都是公正无私，成为天下人的天下，它选举贤能的人主持政事，讲求信义，推行和睦。到那时，人们不单是赡养自己的父母，也不单是养育自己的子女，而是使社会上的老人得以安享天年，壮年人得以贡献才力，小孩得以健康成长，使死了妻子的鳏夫、死了丈夫的寡妇、失去了父母的孤儿、失去了儿子的孤老、有残疾的人都能有所供养。男子各有自己的职业，女子各有自己的家庭。因此，各种不轨的图谋就会消除，盗窃、捣乱、破坏的行为就不会出现，门不掩扉，道不拾遗。以仁德大道来实现这样一个社会，这就叫做大同社会。”

昭王听后极感兴奋，却又感到困惑，思索片刻后问：“先生所说的那个社会寡人也向往不已，不过，如今世道恐怕是难以实现啊！”

孔子说：“那就退而求其次，先去实现小康社会吧！”

昭王问：“什么是小康社会呢？”

孔子答道：“先王的仁德，就是为了天下大同。可是到现在为止，天下成为一家一姓所有，人们也各自赡养自己的父母，各自养育自己的子女，创造财富都是为了自己，主持政事的人世代承袭成为制度，城郭沟池用于防御守备，礼仪制度用于调理关系。端正君臣关系，深厚父子关系，和睦兄弟关系，调和夫妻关系，设立制度，划分田地，尊重勇敢和智慧，奖善罚恶。夏禹、商汤、周文王、周武王、周成王、周公这六位先圣贤治理的时代，遵守礼仪、讲求信义、辨明过错、推行仁爱、讲求礼让、向民众发布行为准则，如果有不遵从的人，在官位的也要罢免，让众人以他为祸首。这就叫做小康社会。”

大道之行也天下為公選賢與能講信修睦故人不獨親其親不獨子其子使老有所終壯有所用幼有所長矜寡孤獨廢疾者皆有所養男有分女有歸貨惡其棄於地也不必藏於己力惡其不出於身也不必為己是故謀閉而不興盜竊亂賊而不作故外户而不閉是謂大同

孫文

孙中山大同书

今大道既隐，天下为家。各亲其亲，各子其子。货力为己。大人世及以为礼，城郭沟池以为固，礼义以为纪，以正君臣，以笃父子，以睦兄弟，以和夫妇，以设制度，以立田里，以贤勇知，以功为己。故谋用是作，而兵由此起。禹、汤、文、武、成王、周公，由此其选也。此六君子者，未有不谨于礼者也。以著其义，以考其信，著有过，刑仁讲让，示民有常。如有不由此者，在埶(shi)者去，众以为殃。是谓小康。

——《礼记 · 礼运》

萍实通谣

清《孔子圣迹图》

楚昭王渡江，在江面上见一个奇物，体大如斗，红似朝阳，便差人将此物送给孔子鉴别，孔子认出此物名叫萍实，传说只有有道的国君才能得到此物。

萍实

孔子在楚国，虽然未任实职，但楚昭王每逢重大国事都会向他询问。孔子成为一个没有名分的参政者，倒也感到轻松和宽慰。

有一天，楚昭王渡江，忽见江面有一个不知名的物体，体大如斗，红似朝阳，向他乘坐的船只迎面飘来，飘到船边那物就不动了。昭王见此物，心中感到非常奇怪，便命人将此物捞上船来，船到江岸后，他即差人将此物送给孔子，请他鉴别来历。

孔子看了后，对来者说：“你回去告诉国王，这东西叫做萍实，你要国王用刀剖开后吃掉，只有善于治理国家的国君才有可能获得这样的宝物。”

差人照孔子的回答报告楚昭王，昭王非常高兴，即命人剖开来吃，其味之鲜美世上少有。

孔子的弟子们听到这件事后，都感到奇怪，心中想先生身居北方，怎能如此熟悉南方之异物呢？于是就来请教孔子。

孔子笑着对弟子们说："你只要平日留心民谣，就能认出萍实来！"

颜回问："回仍不明白，敢请先生详细告诉我们吧！"

孔子说："平时我们不是经常听到小孩子们唱童谣'楚王渡江得萍实，大如斗，红如日，剖而食之美如蜜'吗？这童谣不是在楚国应验了吗？"

众弟子听后恍然大悟。

以鱼祭天

一天，孔子和弟子们外出游览。楚国境内，泽国水乡，河渠纵横，仁德的君子对水莫不崇敬而流连。孔子和弟子们来到一条小河边，看到活蹦乱跳的鱼儿，暑热顿消。

正在他们看得高兴时，一位老渔翁向他们迎面走来，从渔篓中取出一条大鲤鱼，送给孔子。

孔子说："老人家，您费了那么大的力气在这暑热中捕鱼，是多么辛苦，我们能看看你捕鱼，就满足了，怎么可以接受您辛勤捕来的鱼呢？"

老渔翁说："既然先生对捕鱼感兴趣，收下这条无用的鱼又有何妨？"

孔子说："这是条鲜鱼，怎说无用呢？"

老渔翁说："先生，你看这天气暑热，如果我把这鱼拿到市场出卖，集市离这里太远，走到集市，这鱼可能就腐臭了。我想把它丢掉也觉可惜，不如把它献给你们这些君子！"

孔子听后，便收下鱼，并向渔翁再三表示谢意，老渔翁高兴地离别而去。孔子吩咐弟子们打扫干净一方土地，准备以鱼祭祀上天，弟子们不解其意。

子贡不高兴地说："先生，这条鱼是他人想丢弃的东西，今先生却将别人废弃之物拿来祭祀上天，这是何意?"

受鱼致祭

清《孔子圣迹图》

孔子在楚国，渔人献鱼，孔子不受，渔人说：天气炎热，鱼很快会腐臭，不如献给你们这些君子。孔子于是以鱼祭祀上天。

孔子说：“我看你们对我的做法都不高兴，以为我失去身份而要别人的废弃之物。你们来，我告诉你们，我曾听说，将那些多余的东西分送给别人，不让它腐败的人，是圣人之德啊！今天受圣人的赐物，就是接受他的仁德，难道这条鱼不可以接受，不可以用它祭祀上天吗？”

弟子们听后，点头称是，随即按先生的指点以鱼祭祀上天。

子西沮封

孔子在楚国与昭王来往密切，昭王在很多事情上都听取孔子的意见，但却影响了楚国权贵的利益。因而，他们慢慢地不仅限制孔子一行的行动，而且不断地挑拨他与昭王的关系。

楚昭王想把有户籍登记的七百里土地封赠给孔子，使他能留在楚国辅佐政事。

子西沮封

明《圣迹图》

孔子到了楚国，楚昭王想把书社之地七百里赐封给他。楚国的令尹子西认为孔子有贤弟子相助，再有了封地，将不利于楚国，楚昭王于是取消了赐封。孔子也离开楚国，返回卫国。

一天，楚国大夫（令尹）子西向昭王进谏说：“子西闻听大王想以七百里土地封给孔丘，可有此事么？”

昭王说：“寡人已有这个想法，正想与你们商议，令尹，你有何看法？”

子西说：“请问大王，您派往诸侯国的使臣中，有像子贡这样的人吗？”

昭王说：“没有！”

“大王的辅佐丞相，有像颜回这样的人吗？”子西又问。

“没有！”

“大王的将帅，有像子路这样的人吗？”

“没有。”

“那么，大王的各主事官员，有像宰予这样的人吗？”

“也没有。”

子西接着说：“楚国的始祖从周天子受封时，封号只是个子男爵位，土地只有五十里。如今孔丘讲述三皇五帝的治国方法，申明周公、召公辅佐周天子的事业，大王如果任用他，那么楚国还能保住世世代代统治方圆数千里的土地吗？当初周文王在丰，周武王在镐，从统辖百里的诸侯，最终称王于天下，现在孔丘如果拥有七百里土地，又有众多的贤能弟子辅佐，我看这不是楚国的福音，甚至还将会对楚国带来灾难！”

楚昭王对孔子及其政治理想与道德并不真正了解，只是看重他为政的可取之处，现在经子西这样一说，昭王不但未封土地给孔子，反而增加了对他的戒备。从此，昭王开始冷淡孔子和他的弟子们。

名不正　言不顺

孔子受到楚昭王的冷落，非常失望。这一天，他在房中奏琴，聊以解忧。

楚国有个名叫接舆的隐士，从孔子的门前经过，听到里面的琴音，就跟着唱起来：“凤啊！凤啊！这个乱世出来干什么？过去的不可以挽回，将来的还来得及改正。算了吧！算了吧！这个时候出来救世是非常危险的！”

孔子侧耳倾听，那人接着唱道：

“天下有正直的仁义道德，那是因为圣人成全而来的，天下失去仁义道德，也是因为圣人而产生的。今日的天下，能够免去刑罚就不错了。给人民带来福利，轻得就像那羽毛，能解决什么问题呢！而那灾祸接连降于大地，毫无办法来躲避它。完了啊，完了啊！在这个时候，你给百姓以仁德，有何用啊，有何用啊！你指点一块地方让我去吧，使我从迷惑中明白明白吧！我也想实现自己的仁德，可实现这仁德是多么曲折啊！我想站稳脚跟，却无立足之地，就连那山丘和树林也互相对立不和了。要知道啊，因为桂树皮可以食用，就遭到砍伐；那树漆可用，就遭到人们去割破它的皮。人们都知道去采用那些可用的东西，不会去采用那些无用的东西的。”

楚狂接舆

清《孔子圣迹图》

楚国隐士接舆，从孔子的门前经过，听孔子的琴声，于是和琴而歌："凤兮！凤兮！何德之衰，往者不可谏，来者犹可追。而已！而已！今之从政者殆而！"

孔子一听，知道是隐士高人，说出的话富含深意，就想与他深谈一下。接舆却加快脚步溜走了，避开与孔子见面。这使孔子陷入了沉思。

孔子在楚国无法实现政治主张，而且处境也十分难堪，尤其是遇到了长沮、桀溺、荷蓧人及接舆等隐士的讽劝，有的弟子也显露出了失望情绪。

一天，从卫国传来一个消息：卫国国君出公辄的父亲蒯聩没有继承卫灵公王位，仍流亡在外，其他诸侯国对此事屡加指责。这时，孔子又有一些弟子在卫国做官。卫君辄很想让孔子来卫国执掌政事，孔子对此也很感兴趣，因为，鲁国与卫国本就是世代交好的邻邦。孔子对弟子们说："鲁国、卫国的政治，同兄弟一样。"

子路听说卫君辄欲召孔子，便问道："先生，卫君正等待先生前去执政，先生去后打算先做什么呢？"

孔子回答说："一定要先正名分！"

子路又问："正名有这样重要吗？老师，人家说你是个迂夫子，你真是迂啊！正名不正名有什么关系呢？"

孔子说："鲁莽啊，仲由！君子对于他所不了解的事

子路曰：卫君待子而为政，子将奚先？

子曰：必也正名乎！

子路曰：有是哉，子之迂也！奚其正？

子曰：野哉，由也！君子于其所不知，盖阙如也。名不正，则言不顺；言不顺，则事不

成；事不成，则礼乐不兴；礼乐不兴，则刑罚不中；刑罚不中，则民无所错手足。故君子名之必可言也，言之必可行也。君子于其言，无所苟而已矣！

——《论语·子路》

情，是不随便讲话的。名分不正，则言不顺，事情也就办不好了。事情办不成，礼乐就不能兴隆。礼乐不兴隆，刑罚就不会恰当。刑罚不恰当，百姓就不知道怎样做才好。所以君子把名分先订正过来，说话就一定会顺理，说话顺理就可以办事了。君子对自己说的话，从来都是认真负责的啊！”

于是，孔子一行决定从楚国返回卫国，这一年，孔子63岁。

子路当县长

孔子和弟子们离开楚国，驾着车马前往卫国，途中经过蔡、陈、杞、宋等国，昼行夜宿，风尘仆仆，数日后终于到达了卫国国都帝丘。

卫国蘧伯玉与孔子政治主张相同，都是有德行的君子，感情也非同一般。蘧伯玉成为卫国大夫后，顺从民意，政绩不俗。卫灵公去世，出公即位后，也重用蘧伯玉，孔子在卫国的弟子也都先后从政。请孔子来卫国，既是出公的打算，也是蘧伯玉日夜所想的事。

孔子来到卫国后，受到良好的礼遇。但因为周游列国，劳碌奔波，加上精神上的刺激，体力上的疲劳，他感到需要很好地休息一下。

时间如流水，不知不觉，孔子一行来到卫国又是数月了。

蘧伯玉要重用子路，任命他去做蒲地的县长，孔子对此也欣然同意。子路将要去蒲县时，前来请教先生，听取先生的从政教诲。

子路说：“由即将去蒲县赴任，特来拜见先生，聆听先生对我的教诲！”

孔子说：“仲由呀！你对蒲县的情况调查了解了吗？”

子路说：“仲由了解到蒲县这个地方青壮年多，听说有些人桀骜不驯，很难治理。”

孔子说："你知道这些情况，那就好了。你坐下，我来谈一点治理蒲县的意见给你听。你去做县官，就是当地的行政长官，考虑问题要克服急躁的毛病。要以宽容正直的胸怀容纳那些比自己要强的人，能以爱人和宽恕的态度对待一切人，就可以在任何环境中，得到百姓的拥护。在处理问题时，能采取温和而又果断的措施，那就可以抑制邪恶的事情发生。如果你能把我说的这些加在一起应用，你就是一个正直而为人尊敬的县官了，治理蒲县也就没什么困难了。"

子路说："先生教诲，由当铭记在心。由也知自己恃勇行事，一时难以克服，虽曾受先生批评，遇事却还是难以掌握自己。"

孔子说："你是有这个毛病。一个有仁德的人，对任何事情总是首先考虑成熟，用理智去引导自己的耳目。这样所做的事，所作出的决定才能是恰当的。小人则只凭耳目感觉到的一时一事，不加分析率性行事，这就很容易产生弊病。因此，遇事要先从内心有个通盘的考虑，考虑成熟后再去做。"

仲由恭敬地告辞了先生，前去蒲地上任。

小儿辩日

孔子在卫国居住，无官一身轻，倒也清闲，经常与弟子去郊外出游散心。

一天，他们来到郊外村庄前，见两个小孩在那里争论不休。两小孩天真活泼，非常可爱，孔子就迈步来到他们身边。

一个小孩说："太阳早晨出来时，离我们最近，而到了中午就离我们最远。"

另一个小孩说："太阳早晨出来时，离我们最远，到了中午时分就离我们最近。"

"早晨太阳出来时，大得像车子上面的顶盖，到了中午时，却小得像个盘子，这不是远处的东西看去小些，近处的东西看去当然大些吗？”

“那太阳早晨出来时，大地都是清清凉凉，可是到了中午时，那太阳就热得像烧开了的水一样照在我们的身上。这不是近才有这么热，远就凉吗？”

孔子见两小孩争辩得激烈，也无言相答。小孩就问：“老爷爷，我们说的谁对？”

孔子说：“小朋友，你们说的，我这老爷爷也无法说清楚。”

“老爷爷，大家都说您有很多知识，为什么连我们问的您都答不出来呢？”

孔子说：“小朋友，爷爷也是个平常的人啊！”

与小孩告别后，有弟子问：“先生，这是个很有趣的问题，我们也不知道，您为什么不说清楚呢？”

孔子说：“这的确是我无法答复的问题，我为什么要欺骗小孩呢！世界上万事万物，都能够知道吗？何况我孔丘也是个平常之人。知道就是知道，不知道就是不知道，何必胡说八道去骗人呢！在这样的大千世界中，一个人对万事万物的认识，是知者有限，而未知者无穷啊！”

子贡的连环计

游说田常

子贡

子贡能言善辩，以口才著称，为孔子弟子中最富外交才能的活动家。司马迁评说：“故子贡一出，存鲁、乱齐、破吴、强晋而霸越。”

孔子在卫国，听说齐国大夫田常篡君专权，欲图谋反。但田常却惧怕齐国卿大夫高氏、国氏、鲍氏和晏氏的势力，于是拥兵自重，调动他的军队首先来攻打鲁国。孔子对此非常忧虑，就将弟子们都召集来，对他们说：“鲁国是祖宗陵寝的所在地，是我们的父母之邦。今齐国要去攻打鲁国，不可不去救援它，我不忍心看到鲁国遭到侵犯。”

于是，孔子叫来子贡，对他说：“鲁国有难，我们应设

命赐存鲁

清《孔子圣迹图》

田常拥兵自重，要调动军队来攻打鲁国，孔子非常忧虑，便命子贡设法相救。

法解救。我知你智略过人，现派你去办这件事。赐啊，鲁国安危系在你身上，此行担子沉重，凡事小心啊！”

子贡告别众人，首先启程前往齐国。到了齐国，游说田常道：“赐近闻讯，田大夫正准备攻打鲁国，赐不是鲁国人，但从师孔丘在鲁多年，对鲁国的情况甚是了解，我对田大夫进告一言：鲁国是个难以攻打的国家。”

田常问：“难在哪里？”

子贡说：“鲁国的城墙又薄又低，它的护城河又窄又浅，它的国君愚昧不仁，大臣昏庸无能，它的士兵和百姓又厌恶战争，这样的国家不能跟它交战。你不如去攻打吴国，吴国的城墙又高又厚，护城河又宽又深，甲胄又坚固又崭新，兵士又精干又充足，宝器和精兵都在手中，又派贤明的大夫镇守着它，这样的国家是容易攻打的！”

田常听后气愤得变了脸色，他说：“您认为困难的，是别人认为容易的；您认为容易的，是别人认为困难的。你岂不是在戏弄我吗？”

子贡又恭敬地说：“请问田大夫，那你为什么要去攻打鲁国呢？如果是为了国内忧患，就必须去攻打那些强国；如果忧患来自国外，就要首先去攻打弱国。据我所知，今日田大夫的忧患是来自国内，听说田大夫在国内三次被封爵但都没有成功，这是因为大臣中有嫉恨您而不听国君之命的。你若是想以战争打败鲁国扩展疆土，以此来显示你的才能与功劳，战胜鲁国后，功高震主，群臣嫉妒。你上和国君有嫌隙，下和大臣相争夺，这样你就危险了。因此说，你不如去攻打吴国。”

这一番话切中了田常的要害，他于是就转变口气问：“那你谈谈攻打吴国的道理。”

子贡接着说：“攻打吴国如果不能取胜，田大夫你拥兵在外，君权削弱在朝。这样，控制齐国的就只有你田大夫了。”

田常说：“你说的很有道理，然而我的军队已进入鲁国，如果再从鲁国撤退而进军吴国，大臣们会怀疑我有所企图，这又该如何办呢？”

子贡说：“请你立即停止进攻，不要再打鲁国，我请求出使吴国，让他们以救援鲁国的名义来攻打齐国，那时，你就以兵马去迎战吴国。”

田常认为子贡说出了自己的心里话，很有谋略，于是就将子贡提出的意见一一应允下来，并允许子贡南下出使吴国，游说吴王。

夫差

春秋时期吴国末代国君，吴王阖闾之子。公元前494年，即在夫椒（今江苏吴县西南太湖）打败越兵，囚越王勾践于会稽山。勾践被释放回国后，卧薪尝胆，于公元前473年，乘吴与晋、鲁交战，国内空虚，攻破吴国国都，夫差自杀，吴国灭亡。

游说吴王

子贡说服田常后，立即启程南下吴国去游说吴王。

子贡对吴王说：“如今已拥有万辆兵车的齐国企图征服千辆兵车的鲁国，鲁国灭亡后，齐兵再进攻吴国，我个人可真为大王感到担忧。如果吴国出兵救援鲁国，一则可以显扬声名，以此安抚泗水以北的鲁国诸侯；二则还可以牵制晋国，那情况就不同了，名义上是以正义之师抚弱抗暴，实际上一石二鸟，没有比这更大的利益了。聪明的人是不会犹豫不决的。”

吴王说："您说得有道理。但是我曾经与越国交战，囚越王于会稽山上。越王勾践卧薪尝胆，有报复我的企图。因此，只有等到我攻打了越国，然后才能按您说的去做。"

子贡说："越国的实力比不上鲁国，吴国的强大比不上齐国，大王放弃齐国却去攻打越国，那么齐国就会先灭了鲁国。如果保存越国，向天下诸侯显示仁德，救援鲁国，攻打齐国，威压晋国，诸侯国一定相继来朝见吴国，那么称霸的大业就指日可待了。大王如果畏惧越国复仇，我请求东去越国会见越王，叫他出兵跟随大王，共同讨伐齐国。"

子贡的这番话，正迎合了雄心勃勃企图称霸天下的吴王，吴王高兴地说："如果能按您说的做到，那我就派您去说服越国，若越国依从，我就照先生说的去做。"

游说越王

子贡心想，越王深受吴国之害，复仇心切，只要有利于越国强大、吴国削弱的计策，那越王一定能言听计从，于是胸有成竹地向越国而去。

那越王听说子贡要来，即命人清扫道路，并亲自到郊外迎接。又将子贡安顿在贵宾馆舍。过了不久，又亲自驾车来到馆舍，看望子贡。

越王见子贡后询问说："敝国是蛮夷小国，先生屈驾来到这里，有何见教呢？"

子贡说："近来我劝说吴王救援鲁国攻打齐国，他心里想这样去做，但害怕越国复仇，他说：'等我攻打越国之后才能这样去做。'"

越王勾践说："我曾经不自量力，竟和吴国交战，结果被困在会稽山上。我对吴王恨入骨髓，日夜想着报仇雪恨。请问先生，我应该如何去做？"

子贡说："吴王为人凶猛残暴，重臣伍子胥由于直言进谏而被他杀死，如今太宰嚭执政，此人阳奉阴违，怀篡逆不臣之心。现在大王如果想出动军队伐吴，先用重金贿赂他，用谦卑的措辞迎合他，让他作为在吴国的内应，那伐吴就有成功的希望了。另外，我北上朝见晋国的国君，使他出兵共同攻打吴国，必定能削弱吴国。等吴国的精锐部队全消耗在与齐国作战中，重要装备又被牵制在晋国，大王就趁他疲惫交困的时候去攻打，这样一定能使吴国彻底失败。”

越王勾践听后非常高兴，连忙答应一切照办，并送给子贡黄金二千两、一把剑和两支精制矛。子贡没有接受就告辞了。

游说晋国

子贡说服越王后，又回到吴国向吴王汇报。

子贡对吴王说：“我恭敬地把大王的话告诉了越王，那越王非常惶恐。他说：‘我很不幸，小时候就失去了父亲，又不自量力，竟然得罪了吴国，以致自己的军队被打败，自身受耻辱，囚在会稽山上，幸得大王的恩赐，回归故土，祭祀祖先。这恩德我死也不敢忘记，还敢图谋什么！’越王态度诚恳，我相信是他的心里话。”

吴王听后当然高兴，只待越王前来。五天后，越国派遣大夫文种来到了吴国。见了吴王，文种叩头说：“东海差役之臣勾践的使者臣子文种，叩见大王。听说大王将派遣仁义之师，讨伐强敌，救援弱国，围困强暴的齐国而安定周王朝，请允许把我越国境内三千士兵全部出动，我请求亲自身披坚甲，手执锐器，冲锋陷阵。所以越国下臣文种奉献祖先珍藏的宝器，二十件铠甲、斧钺、屈卢矛、步光剑，特前来慰劳吴军将士。”

吴王非常高兴，对子贡说：“让越王亲自跟我征伐齐国，这样做可以吗？”

子贡说：“不行呀！使人家的国内空虚，尽用人家的士兵，又要让人家的国王跟从您，这样是不仁义的。大王可以接受他的礼物，收下他的军队，但不必越王随行。”

吴王听从了子贡的话，就不再要越王随从出征，立即出动吴国九个郡的部队，前往攻打齐国。

子贡见吴、越两国已按他的安排开始行动了，就离开吴国前往晋国，见到晋国国君后就说："我听说，计谋不事先确定，就不能够应付仓促的事变，军队不事先训练，就不能够战胜敌人。现在齐国跟吴国将要交战，吴国如果打败了，越国一定乘机扰乱它；如果吴国战胜了齐国，它一定会逼近晋国边境，威逼晋国，称霸天下。"

晋君听后大为恐慌，说："这该怎么办？"

子贡说："晋国现在势力强大，只要尽快修造兵器，休养兵士，以逸待劳，只等吴军到来定能战胜。"晋君答应了，并且积极地开始准备。

子贡又离开晋国前往鲁国，将自己的连环计策告诉了鲁定公，然后启程回到了卫国。这时吴王率领的军队跟齐国人在艾陵作战，沉重地打击了齐国军队，俘获了七个将军的兵马，却不回师，果真又率领部队逼近晋国边境，同晋军在黄池遭遇。吴国和晋国交战，吴军大败。越王听到这一消息后，立即渡江袭击吴国，在距离吴国都城七里远的地方驻军。吴王夫差听到这个消息后，立即率领部队离开晋国同越军在五湖一带交战。三次战斗都以吴军惨败告终，城门失守后，越军就包围了王宫，杀死了吴王夫差和他的相国，吴国灭亡。

孔子评论说："派子贡出使，救鲁之难，是我的主意，但是，子贡使用连环计挑动四国混战，有悖仁义之道。今后，你们千万要慎用计谋啊！"

越大夫范蠡

字少伯，春秋楚国人，与文种辅佐越王勾践20余年，苦心竭力，终于雪耻灭吴，被尊为上将军。范蠡认为勾践为人可与同患难，难与同安乐，遂携西施泛舟齐国，后至陶经商，成为巨富，自号陶朱公。后世商人尊为始祖，民间奉为财神。

吴越之鉴

能言善辩而又富于政治谋略的子贡，达到了乱齐保鲁的目的，使孔子欣慰。不过由于子贡的连环计而使晋国强大，打败了吴国，还使越国又称霸于南方，尤其是四国大动干戈，劳民伤财，生灵涂炭，孔子感到有些忧虑。

这天，大家又来到孔子身边，谈论起吴越兴亡的教训来。

颜回说："这次齐国失败，根源在于田常藐视君王失去

勾践服役

越被吴打败后，越王勾践和大臣范蠡作为臣隶跟从吴王回国，大夫文种留守越国。勾践和范蠡在吴国为吴王服役三年，吴王看到他们两人勤劳服役，以为没有反抗的意思，就放他们回国。

仁义，吴国的失败在于太宰嚭的奸佞和夫差的骄横，可见国家的兴衰，全在于国君的近臣大夫，选贤任能是国君治国之道啊！”

孔子说：“是的，国君无道就有佞臣的胡行，仁德丧失，就会出现征伐战争！”

子路说：“难怪先生教诲我们说一个贤明的国君治国，首要的大事就在于用人！”

孔子说：“是的，刚才我已经说了，治国之道，首要的就是远小人，近君子。”

子路问：“先生，仲由曾听说晋国正卿大夫中行桓子就是这样的人，结果他却失败了，这又是何故呢？”

孔子说：“中行氏虽然尊重有仁德的贤能之人，但不能去使用这些人。他看不起那些没有仁德的人，却又不能把他们从掌权的职位上赶去。结果是有仁德的贤人得不到重用而怨恨他，没有仁德的小人知道自己被他看不起而仇恨他。怨恨和仇恨并存在这个国家中，就产生了内部的分裂。邻国的敌视者知其情况后，就集结兵士于晋国城郊。中行氏虽想去抵抗，却不能号召全国一心对敌了，他也就只能以失败而告终。”

颜回问：“那越王勾践何以能从一个战败国一举战胜吴国，称霸南方呢？”

孔子说：“勾践除了重用贤能的范蠡、文种等大夫外，自己以身作则，卧薪尝胆，励精图治，锐意雪耻灭吴。他的精神，不但感动了他的大夫们，更是把全国的百姓都团结起来了，最后才灭掉了吴国。所以说，民心向背才是一个国家兴衰的根本原因。水可载舟，也可覆舟。前车之鉴，后人之师啊！”

衣钵弟子颜回

颜回要到宋国去办理一桩公事，临行前特地向老师辞行，他说：“我从未离开过先生，也没有独立地办理过公事。今天奉命要去宋国办事，心中忐忑不安。请问先生，我应该怎么做呢？”

孔子说：“能做到恭敬忠信就行了。对别人谦恭，就会减少忧患；对别人尊敬，别人也会尊敬你；对别人忠实，别人就会和你做朋友；对别人诚信，别人也就会信任你。如果你随时都能从这四个方面来要求自己，不但能办好一件事，就是去治理国家政事也可以。”

颜回叹道：“一个人修养内在德行很不容易啊！我愿做一个身虽贫却像富人一样的满足，身虽贱却以庄重自居，虽无勇却仪表威严，与他人交往做到终身不留下忧患的贤德之人！先生认为回这样的想法如何？”

孔子说：“这很好啊！若能做到虽贫穷却像富人一样满足，这就能知足而无贪欲了；若能做到低贱而以高贵自居，就能做到谦让而有礼仪了；若能做到无勇而能威严，就能做到对人恭敬而使自己终身无患了。能说出这样大道理的人，除了颜回，谁还能说得这样透彻呢？”

颜回肃然起立说：“先生太夸奖了，我永远是先生的弟子，永远也学不尽先生的品德。我只想在去宋国之前，请教先生如何做一个名副其实的君子。”

孔子说：“一个君子的品德，在于爱人时要有仁德，思考问题时要有智慧，处理问题时，给自己的不能太重，给别人的不能太轻，能做到这些就是一个君子的仁德了。”

颜回说：“敢问先生，还应该注意什么？”

孔子说：“千万不能不学习就随便行事，不慎重考虑就随便收受东西，这一句话送给你勉励吧！”

颜回感慨地说：“老师的德行和学识，就是仰望起来，愈显得高大，钻研探讨起来愈觉得深厚。它往前看是在前面，转眼间又像在后面，真是不容易把握。好在老师善于一步一步地引导，用文化典籍来丰富我的知识，用礼仪制度来约束我的行为，使我既有渊博的知识，又有思想的原则，走博约结合的道路。我受老师的教育，大有‘欲罢不能’之感，有时候自己想想算了，不再研究了，可是总停不下来。尽自己所有的才能、力量跟老师学习，然后感到很不错，很

颜回

颜回是孔子最喜爱的弟子。天资聪颖，勤奋好学，闻一知十，尊师尚仁，重道笃行。“不迁怒，不贰过”。品行高尚，被孔子列为“德行”科之首。孔子称“回之仁贤于丘也”。

颜渊喟然叹曰：仰之弥高，钻之弥坚。瞻之在前，忽焉在后！夫子循循然善诱人，博我以文，约我以礼，欲罢不能。既竭吾才，如有所立卓尔。虽欲从之，末由也已！

——《论语·子罕》

成功，好像自己建立了一个东西，自己觉得很不错，站起来了，可以不靠老师了，可如果冷静下来一反省，还是不行。虽然跟着老师的道路走，照着老师那样去做，但是，又不知道从哪里入手才好呀！”

名师出高徒

子路在蒲县做了三年的县官，治政有方，政绩显著，在卫国有着很高声誉。孔子为此很高兴，想亲自去蒲县看一下。这天子贡随了孔子去蒲县。

孔子乘车刚刚进入蒲县的境地，就高兴地说：“好啊！仲由在这里做官，做到了恭敬别人，别人也恭敬他！”当车子进入县城时，他又说：“做得好啊，仲由能以忠信的态度宽恕百姓，也就得到了别人的信赖。”当他下车进入县官办事的公廷时，又说：“好啊！仲由能明察事理，办事果断了。”回来的路上，子贡问道：“先生，您并未看到子路办理政事，来到这里就三次称赞他做得好，弟子实在有些不明白。”

孔子说：“是这样的：我进入蒲县境地时，那整整齐齐的田地耕作得比其他地方都要好，田间杂草除得干干净净，那沟渠修整得完完整整。如果不是他以恭敬的态度待人，取得百姓的信赖，百姓会听他的话这样做吗？而且是百姓尽心尽力才能做到这样好呀！我进入县城时，看到城墙和房屋都筑得很坚固，而且很美观，那些树木郁郁葱葱茂盛林立，这就是他施政时以忠信和宽恕的表现，否则，百姓是不可能不乱砍乱伐的，不偷盗更是不可能的。进入他办公的房屋，庭院中清静幽闲，没有一个吵吵闹闹的人，那些为他办事的官员都到下面办理自己的事情去了，这就是他办理政事明察下情而果断，因此，那些奸邪的恶事也就少了，也就没有奸邪之事来干扰他的政事了。从这些看来，我三次称赞仲由是有根据的，恐怕还有好的政绩没有说出来呢！”

子贡说：“先生评价极是。”

求仁得仁

孔子周游列国，因不能实现自己的主张而流露出一种失落感。在卫国居住的数年中，弟子们为了不让先生过于伤感，经常来到他家里进行安慰。有一天，子路来见孔子，问："弟子曾听说大丈夫为人处世要能屈能伸，这应该怎样理解呢？请老师赐教。"

孔子说："能屈能伸是处理问题的一种灵活性。但它是有条件的，关键在于一个'仁'字，屈节者必须以成仁为目的，求伸者也必须是适当的时候。就是受屈的时候，也不能放弃自己的仁德节操，能伸之时，亦不能违背道义。"

子路出去将先生的话告知了冉求，冉求想，莫非先生愿屈节求仕？不久他见到了子贡就说："老师将要协助卫出公吗？"

子贡说："好吧！让我去问一问。"于是就到孔子住处，问道："先生，伯夷、叔齐是什么人呢？"

孔子说："他们是古代的贤人。伯夷是商纣王时孤竹国国君长子，父亲死时遗嘱立三儿子叔齐继承王位，伯夷听从父亲的安排。而叔齐则在父亲去世后，坚决不继承君位，要让给长兄伯夷，而伯夷又坚决不同意，弟兄互让，结果都投奔到周文王姬昌处。文王刚死武王发兵灭商时，弟兄认为父亲刚死就用兵而为不孝，就一同跪在武王马前劝阻，武王不听，伯夷、叔齐就一同逃到首阳山上，为保节操不吃周朝赐给的粟米，双双饿死在首阳山。"

子贡说："他们有什么遗憾的事吗？"

仲尼说："他们求的是仁，得到的是仁，有什么遗憾的呢！"

子贡疑团尽释，走出来对冉求说："老师不会协助卫君的。"

冉有曰：夫子为卫君乎？子贡曰：诺。吾将问之。

入，曰：伯夷、叔齐何人也？曰：古之贤人也。曰：怨乎？曰：求之而得仁，又何怨！

出，曰：夫子不为也！

——《论语·述而》

齐鲁之战

樊迟

姓樊，名须，字子迟，鲁国人，孔子弟子。

鲁哀公十一年（公元前484年）春，齐国发兵攻打鲁国。齐军到达清池时，季康子对他的家臣总管冉求说："齐军驻扎在清池，必然要来侵犯鲁国，怎么办？"

冉求说："季、孟、叔三位中留一人守家，其余两位跟随国君去边境抵御。"

季康子说："这不行！"

冉求说："那就在鲁国境内近郊抵御！"

季氏就将此事告诉了叔孙、孟孙，可是这两人都不同意这样做。冉求说："如果不同意，那么国君就不要出去。由您一人率领军队，背城而战。鲁国的卿大夫各家战车的总数比齐国要多，即使您一家的战车也多于齐国，您担心什么呢？他们两位不想作战是很自然的，因为政权掌握在您手里。您在世的时候，齐国人攻打鲁国，鲁国却不能作战，这是您的耻辱啊！"季康子听后点头称是。

冉求退出后就检阅部队。孟懿子的儿子孟孺子泄率领右军，颜羽为他驾御战车，邴泄作为车右。冉求率领左军，管周父为他驾御战车，樊迟作为车右。

季康子统率甲士七千人，冉求带着三百个武士作为自己的亲兵，老的小的防守宫室，驻扎在南门外边。

鲁军和齐军在郊外作战。齐军从稷曲攻击鲁军，鲁军不敢过沟迎战。樊迟对冉求说："大家不是不敢过沟，而是不相信您，请您把号令申明三次，然后带头冲过沟去！"冉求遵照樊迟的话办了，他带头前冲，大家就跟着冲过了沟，鲁军攻入齐军阵中。

这时，鲁国的右军奔逃，齐国军队紧紧追赶，齐大夫陈瓘、陈庄徒步渡过泗水，鲁国将领林不狃等被齐军杀了。冉求指挥大军从容迎战，直冲齐军阵地，打乱了齐军布局，齐军大败，全军溃逃。鲁国军队砍下了齐国甲士的脑袋八十个。晚上派去侦察的兵士报告说："齐国人逃跑了。"冉求三次请求追击，季康子没有答应，战争就这样结束了。齐鲁之战，显示了冉求卓越的军事才能。

孔子读本　第五篇

立说

孔子燕居像

孔子回国

冉求统率军队，打败了齐国的进攻。战事结束后，季康子对冉求的军事才能甚为赞许，冉求乘机游说：“冉求一介书生，本不懂军事，只是师从先生学到了一点皮毛而已。”

季氏说：“先生从没有打过仗，怎能从他那里学来呢？”

冉求说：“先生是有道的圣人，对于人世间的事都是通的。兵者，不祥之器，平时不愿谈而已。鲁国有这样的大圣人而不能用，却被邻国重用，这是鲁国的耻辱啊！”

季康子于是问：“我欲召之，可乎？”

冉求当然十分同意，满心高兴，但他表面不露声色，严肃地回答说：“您若真想把他召请回来，就得诚意地相信他，不让小人阻碍他，那才可以呢。”

于是，季康子入宫晋见哀公，商议请孔子回国。这时卫国的孔文子想去攻打太叔疾，就去征求孔子的意见，孔子厌恶战争，拒绝了孔文子，并准备启程归鲁。正巧季康子派公华、公宾、公林携带厚礼前来迎接，孔子就此回到了鲁国，结束了周游列国的生涯。

孔子离开鲁国历时14年，前后居留的有卫、宋、曹、郑、陈、蔡、楚七个诸侯国，其中在卫近十年，在陈四年多。在这周游列国的漫长岁月中，孔子的政治理想和救世宏愿，虽然充满艰辛坎坷，未能实现，但有一点值得安慰的是，他的弟子大多步入仕途，子路任蒲地县长，高柴任卫国的士师，子夏任卫灵公的行人，也间接达到了他求仕传道的目的。尤其是他南下陈、楚，了解到淮夷官风民俗，改变了过去“夷狄虽然有君主，却没有礼仪”的看法，产生了“南人可亲”的观念，进而充实了他关于仁的思想。

孔子回归鲁国，年已68岁，时值鲁哀公十一年（公元前484年）。

丘陵作歌

明《圣迹图》

鲁哀公十一年（公元前484年），孔子68岁，在卫国。鲁国执政大夫季康子派人携带礼物请孔子回国。孔子归国，作丘陵之歌，抒发自己的感慨。

黍米和鲜桃

季康子在曲阜城郊以最高国礼迎接孔子。鲁哀公将孔子安置在自己的公馆内居住。孔子下车后，直至公馆，哀公在公馆的主台阶上亲自迎接。孔子自贵宾台阶而入，以君臣之礼见过哀公。落座后，哀公命侍者赐以鲜桃，侍者恭敬地将赐品摆放在孔子的面前。

哀公说：“请先生吃桃吧！”

孔子立身谢过哀公后，就吃起哀公所赐的果品。孔子见盘中盛着黍米和鲜桃，于是，先吃黍米，再吃鲜桃。哀公的近臣和侍者见后，捂嘴窃笑，揶揄孔子连桃子也不会吃。

哀公说：“先生，这黍米是用来擦净鲜桃皮毛的，不是吃的！”

孔子说：“我知道这黍米是用来擦净鲜桃的，然而那黍米是五谷之首，国君在祭祀宗庙之时，也把黍米作为上等祭祀礼品，而果品中最上等的有六种，桃子属最下一等，祭祀是不能用的，不能登上宗庙祭祀大堂。我只听说，有仁德的人总是以卑贱的东西去擦净珍贵之物，没有听说过用珍贵之物去擦洗卑贱东西的。今天以五谷中的长者去擦洗果品中最下等的鲜桃，臣认为这样去做有违尊卑之礼，故不敢胡乱行事！”

哀公和近臣听后都愕然相对，羞愧不已。

哀公说："寡人没有想到吃桃都蕴藏这样深刻的道理，先生真不愧渊博通达的圣人啊！足可为寡人的老师！"哀公沉思片刻，接着问："请问先生，那古代舜帝戴的帽子是什么样子呢？"

孔子低头拈须不语。

哀公问："寡人不懂而请教先生，先生却低头不予回答，是何原因呢？"

孔子说："微臣正在想如何回答。原以为国君要从国家大事问起，却未料到只问及舜的帽子，故而一时无语，请国君原谅！"

哀公问："请问先生什么才是大事呢？"

孔子说："那虞舜为天下的帝王，他在治理国家的政事中，终日想的是如何让百姓过上好的生活，厌恶的是以刑罚杀戮百姓；他终日想的是要选择有德才的贤人去取代那些不能遵守和实行仁德的小人。舜帝的仁德，就像那天地般浩大，他的政事就像一年四季那样有规律地运行，所以天下都沐浴着他的春风，四方朝贡，天下太平。凤凰来仪，麒麟献瑞，连那鸟兽也能因他的仁德而顺从于他。今日国君首先不问这些治国的大事，而去问舜帝戴的帽子，所以，微臣无言以对。"

哀公接着说："先生在外十多年，虽须发斑白，但精神依然，寡人想请先生官复原职，完成从前未竟的事业。"

孔子看出哀公也是个昏君，心想自己如果以近七十高龄在鲁从政，恐怕也难以有所作为，于是婉言谢绝道："丘有意报效国君，只因今年已经68岁，精力衰退，力不从心了！不过，丘愿为您当当参谋，出出主意。再说，丘还想整理古代文献，以传后世。"

季康子插言说："这也是先生的实话，就请国君把先生作为告老重臣来对待，遇有大事，随时请教吧！"

哀公应允并赐孔子金帛，孔子拜谢后随季康子出宫。季氏又设宴为孔子洗尘，并让其弟子冉求、樊迟作陪。

冉求说："我追随先生数十年，知先生志向高远，但却

贵黍贱桃

清《孔子圣迹图》

孔子归国，哀公赐桃与黍，黍本为擦净桃皮之用，但孔子以为黍为五谷之尊，桃为果品之下，于是，孔子先食黍后食桃。

生活清苦，未置私产，衣食问题也未解决。如果只有先生一人，我可以终身供奉，只是先生随行的弟子众多，我实在无力兼顾。先生对鲁国贡献巨大，且为今日天下闻人，应该以大司寇俸禄每月支给！”

季氏说：“理当如此，每月就由你支取后送给先生。”

孔子转身向季氏拱手道谢。这席酒他们一直饮到尽欢而散，孔子方由冉求驾车送归寓所。

哀公问政

孔子回到鲁国的消息，很快传开了。他的故旧好友，邻里乡亲，中都百姓的代表，都纷纷前来探望，还有那些国君的近臣也都前来拜访孔子。孔子对来拜望的人，不分尊卑一律按平等礼仪对待。数月来礼尚往来的应酬，虽使他精疲力竭，但内心却很高兴。

一天，哀公召见孔子。孔子命子贡为他驾车上朝晋见哀公。君臣相见后，哀公向孔子请教如何治理鲁国。

孔子回答说："政之急莫大乎，使民富且寿也。"意思即让人民富裕长寿。

哀公道："请先生说得详尽一些！"

孔子说："减轻赋税，少敛钱财，民众就富裕了，不出事端就不犯罪，不犯罪民众就不受刑罪，不受刑罪，生活安乐，民众就长寿。"

孔子曰：薄赋敛则民富，无事则远罪，远罪则民寿。

——刘向《说苑》

哀公说："如果这样做，寡人就会贫困了。"

孔子说 ："《诗》云：'恺悌君子，民之父母。'和乐有德的国君，是老百姓的父母。没有儿子富有而父母贫穷的。"

鲁哀公回味着孔子的用意，感到孔子在替百姓打算，却不为君王着想，于是便又问道："怎样做才能使百姓服从？"

孔子回答说："启奏国君，选用正直之人，置于邪行者之上，则民服；选用邪行之人，置于正直者之上，则民不服。"

哀公又问："什么样的人才算是正直的人呢？"

孔子解释说："见利而思义，见危而献身，安贫而乐道，不食诺言者，是为正直之人。"

哀公连连点头说："先生说得好啊！不过，如此正直之人，到哪里去找呢？"

孔子说："这样的人不容易找，但也不是找不到。有的人是生来就聪明智慧，又知识渊博；有的人是经过学习才知识渊博起来的；有的人是经过刻苦努力才得到知识的。这三种人虽然得到知识的途径不同，但是，他们最终达到知识的境界是一样的。就实行方面来说，有的人自然而然地就实行起来，有的人在引导之下才实行起来，有的人是被迫勉强地实行起来。这三种人尽管自觉的程度不同，但是，最终达到成功的境界都是一样的。总之，经过学习和修养就可以成为一个正直的人。爱好学习就接近于智了；能够身体力行，就接近于仁了；知道廉耻就接近于勇了。知道这三个方面，就懂得了修身的道理；懂

侍席鲁君

清《孔子圣迹图》

孔子归国后，鲁哀公问政，孔子回答："政之急莫大乎，使民富且寿也。"

得了修身的道理，就知道了治理人事的道理；知道了治理人事的道理，就知道怎样治理国家了。"

哀公又问："道理虽如此，不过，治理国家的具体措施有哪些呢？"

孔子回答说："治理国家有九条措施。这九条措施是：修身，尊敬贤者，孝敬父母，敬重大臣，体察群臣，体恤百姓，招徕百工，体恤商贾行旅，亲和诸侯。"

哀公说："请先生说得详细一点好吗？"

孔子说："修身就能够立足于道；尊敬贤德的人就不会有疑惑；亲敬亲人，伯叔兄弟就不会有怨言；敬重大臣，就处世不会糊涂；体谅群臣而士人就会回报；体恤百姓，爱民如子，百姓就会互相劝勉；招徕百工，财用就会充足；体恤商贾行旅，四面八方的人就来归顺；亲和诸侯，天下的诸侯就会敬畏你。"

哀公说："说起来容易，做起来难，那如何才能做到这些呢？"

孔子说："治理国家的措施虽有九条，看起来很复杂，但实行起来却在一个‘诚’字。当然，还有一个‘预’字也不能忘：无论做什么事情，事先有所准备就会成功，如果事先没有准备就会失败。”

子曰：凡事豫则立，不豫则废！
——《礼记·中庸》

正民先正官

孔子回到鲁国后，首先是接待前来拜望的宾客，接着就被哀公召去咨询政事。但他无心再从政，投奔门下的弟子日益增多，他既要讲学答问，又要整理文献，准备著书立说。因此，很少有时间到外面走动。丞相季康子对孔子非常敬重，他很想和孔子长谈一次，请教一些治国的道理。一天，季康子主动上门拜访，宾主见面后各依礼而坐。

孔子说：“丞相以重礼迎丘归国，使丘结束了14年之久的流浪生活，得以落叶归根，恩重如山，实当厚报，然丘不敢越礼，故先拜谢国君，后谢丞相，还望丞相恕罪！”

“先生何出此言，为人臣者，理当如此！望先生不必客气。我今来此，是向先生请教何谓政治？”

孔子回答说：“政者，正也。丞相率先行正路，百姓谁敢肆行偏邪呢？”

正说着，冉求来报告，说又抓住一些盗贼，不知作何处置。季康子见国内盗贼为患，苦于无法管束，感叹道：“盗贼四起，抓不胜抓，这么多的盗贼从何而来？”

孔子坦诚相告：“这事在上而不在下，如果为官者自己都不贪图财货，就是奖赏盗贼，他们也不会去行窃。”

季康子听了孔子这番话，心中有些不悦，便命令冉求说：“把抓来的那些盗贼统统给我杀掉！”

孔子说：“丞相治理政事，为什么一定要用杀人的办法呢？正民先正官，吏治好了，民风自然就会好。君子之德是风，百姓之德是草，风从草上吹过，草必定随着风倒，这个浅显的道理，难道丞相还不晓得吗？”

季康子反问：“先生力倡‘仁政’、‘德治’，莫非是不要刑罚的吗？”

孔子从容镇定地回答说：“丘倡导以仁化民，以德治天下，并非废除刑罚。治国，当宽猛相济。政宽，则百姓慢，慢则当摄以猛；政猛，则百姓苦，苦则施以宽。宽以济猛，猛以济宽，宽猛相济，则政和而民服。”

子游

姓言，名偃，字子游，孔子唯一的南方弟子，学成南归，从游弟子无数，对吴地文化的繁荣作出了很大的贡献。

百行孝为先

闵子骞在孔子的弟子中，是出了名的孝子，深得孔子的赞许。

闵子骞幼时母亲亡故，父亲续娶后生了两个弟弟。继母对闵子骞不好，在严寒的冬天，他的弟弟穿着温暖的丝棉袍，他穿的是用芦花做衬的棉袄，冻出病来后，父亲才发现他穿的不是丝棉衣，于是大发雷霆，要将继母休弃。闵子骞立即跪在父亲面前求情说：“有继母在，两个弟弟都能穿棉袍，若是继母不在，恐怕两个弟弟也和我一样都穿芦花做的棉衣，望父息怒，儿毫无怨言。”继母为之感动，深感愧疚，从此对闵子骞也像亲生子一样对待。他的父亲和两个弟弟都称赞其孝友之德，邻里乡人更传颂其孝悌感人事迹。

有一天，闵子骞因母亲病重，欲辞官回家照看母亲。孔子对他的孝心大为赞誉：“在家尽孝，在朝尽忠。孝子多忠臣，你可以算忠孝两全之人。”

孔子和闵子骞谈论时，弟子们都在场，待闵子骞退下去后，他们就和孔子谈及孝道来。

最先发言的是有若。他认为，孝顺父母、友爱兄弟是仁德的基础，还认为提倡孝道和悌道可以减少犯上作乱的事发生。接着讲的是子夏，他主张“事父母能竭其力”，即当父母活着时，做儿子的，理当竭尽心力，报答父母养育之恩。曾子紧接着说，还应“慎终追远”，即父母百年以后，也要谨慎恭敬地办理父母的丧事，按时祭祀上代久远的祖先。

孔子说：“我看还要加上一条：对待父母的态度，不论是在当面还是不在当面，不论是说的还是做的，都要一个样，而且要一以贯之，做到这一点，就可以称得上是孝了。”

子游问：“能够养活父母就算是尽孝了吧？”

孔子说：“如今所说的孝，似乎只要能够养活父母便行了，但那狗和马不都是有人饲养吗？如果只谈养活父母而对父母不尊敬，那又和饲养狗、马有什么区别呢？对父母没有敬爱之心，就不是真孝。”

子夏问：“对父母尽孝，最难做到的是什么呢？”

孔子回答说：“在父母面前经常做到和颜悦色是很难的。有了事情，做子弟的多操劳些；有好酒好菜，做父兄的先吃先喝。除此之外，还要‘敬’，要有好的态度，对父母态度不好也不是真孝。”

子夏又问：“如果父母有过错，应该怎样尽孝呢？”

孔子说：“对父母的孝道，全在于儿子的诚心敬意。父母如果有不对的地方，只能是微言劝阻，若父母不接受劝阻，仍然要恭敬他们，虽然担忧，但不能违抗和埋怨他们。父母在，不远游，游必有方。父母之年，不可不知也。一则以喜，喜其高寿；一则以忧，忧其年老。”

子曰：父在，观其志；父没，观其行；三年无改于父之道，可谓孝矣。

——《论语·学而》

子夏说：“对父母的孝道可以说出许多条，但实现父母心愿，诚心地尊敬他们，和颜悦色地对待他们，这三点却是不可缺少的。先生，这样概括对吧？”

孔子说：“是这样的，不过说起来容易，做起来难，我希望你不但说得到，更要做得到。”

曾参受教

曾参家宅后有个菜园，父亲曾点种植了许多蔬菜瓜豆，以备随时采摘食用。有一天，曾参放学回家，见瓜地野草很多，就拿起锄头除草。他不懂农事，更不熟悉农活，拿着锄头只管向野草多的地方乱刨，不料把瓜的根也刨断了。这

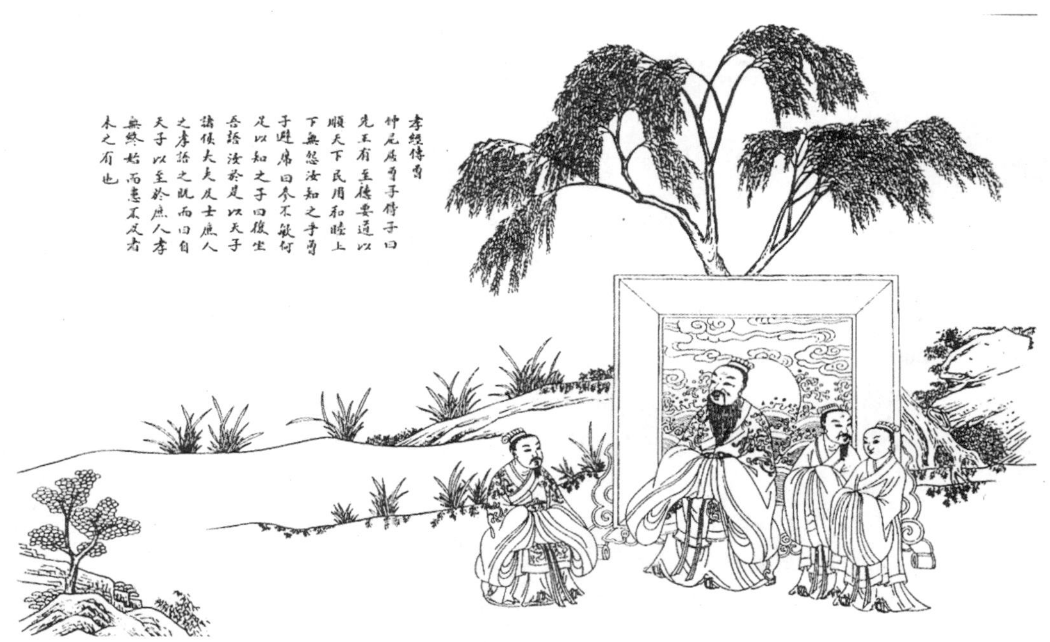

孝经传曾

清《孔子圣迹图》

曾参，乐道养亲，以孝著称，主张“慎终（慎重地办理父母丧事），追远（虔诚地追念祖先），民德归厚”。

时曾点回来，曾参就对父亲说：“有三条瓜根被我刨草斩断了。”

曾点埋怨说：“谁叫你来除草的，你又不懂农活，只会把锄头当作玩具乱砍，可晓得这瓜种是我从很远的地方找来的良种，竟被你断送了。”

曾参说：“没有关系的，儿已把它的断根与藤连接牢了，再施点肥料还是可以结瓜果的。”

曾点怒火上冲，大声吼道：“人头砍断了，还可以接起来活吗？做错了事情，还敢出言顶撞，这还了得！”说罢，随手执着木杖向曾参劈头盖脸狠击两下。曾参昏倒在地，人事不知，片刻之后，方才苏醒。他爬起来走到曾点面前说道：“以前参得罪父亲，受父亲杖责，很是疼痛，今日父亲大人杖责之力很轻微，莫非年高力弱了？”曾参退入卧室，弹琴唱歌，示意自己并未受伤，好让父亲放心。

孔子知悉此事后，摇头叹息道：“误断瓜根，本是小事，做父亲的不该用大杖打儿子，而做儿子的被打晕在地，更不该鼓琴唱歌来安慰父亲。”

这一天曾参见先生召唤，即来到先生面前，垂手侍立。

孔子说："参啊！你不是农夫，何苦要自寻烦恼去锄草呢？受杖责以至昏倒在地，生命不是儿戏，为什么还要鼓琴作歌，安慰父亲呢？我来跟你讲讲舜的孝道吧！舜极孝顺父亲瞽瞍，而瞽瞍却溺爱次子象，他听信象的谗言，欲置舜于死地，舜于是躲开了，让父亲找不到。平日舜在父亲小棰责打他时就忍受，大杖责打他时就逃走，不使瞽瞍得不义的罪名。这样，舜才不失为一个著名的孝子。现在你委身以待暴怒，晕死而不逃走，若被大杖打死，你父岂不背上了不义之名！你这样做，是极大的不孝。"

曾参说："今闻先生教诲，方才知觉罪过不小。不过参既触怒了家父，杖责无妨，就是杖伤亦无怨恨！"

孔子说："参呀，身体肤发受于父母，如此不爱惜自己的身体，也是不孝啊！"

曾参听后，心中惭愧，对孔子说："感谢先生教诲，参今日才明白孝之义，当终身铭记。"

曾参

约公元前505—公元前435年，字子舆，春秋末鲁国人，孔子弟子。后世尊称曾子，著有《大学》。

子曰：临之以庄，则敬；孝慈，则忠；举善而教不能，则劝。

——《论语·为政》

孝的实质是爱

一天，季康子与孔子谈论孝道。

孔子说："孝的实质是个'爱'字，爱父母，固然是孝，爱黎民百姓，也是孝，而且是大孝。你对待百姓有发自内心的庄严情操，老百姓对你自然就恭敬了。你自己对父母孝顺，对兄弟友爱，对下属慈爱，你对老百姓能有像爱父母和爱儿女一样的心肠，老百姓就会向国家尽忠。如果你真心实意地提拔那些有仁德的人，对不仁德的人不嫌弃他，耐心地教育他，老百姓就会自然地要求上进。"

这一天，孟孙懿子也来向孔子请教孝道。

孟孙问："请问先生，什么是孝？"

孔子回答说："无违。"

孟孙听了这话后，似懂非懂，告辞而去。谈话之时，恰有弟子樊迟在旁，他也很难理解。

樊迟问：“弟子实不懂其中深意，‘无违’就是不违背，不违背什么呢？请先生指教！”

孔子说：“我说的意思是父母在世，要以礼侍奉他们，父母逝世，要以礼安葬他们，还要以礼祭祀他们。”

樊迟说：“这样讲，我就懂了。‘无违’就是无违于礼。我看孟孙大夫对此也是似懂非懂的，不知先生为何不与他讲明？”

孔子说：“孟懿子的身份与你不同，他是从政的人，对天下人要负公道的责任，视天下人如父母，那才是真孝，这是大臣的风度。所以‘无违’，就是不可违反人心。”

子曰：父母唯其疾之忧。

——《论语·为政》

孟懿子的儿子孟武伯也来向孔子问孝，但孔子的回答和回答他父亲的话却是两样的。孔子说：“对父母能付出当自己孩子生病的时候那种程度的关心，才是孝道。”

问一得三

诗礼堂

位于今曲阜孔庙后部承圣门后，《论语·季氏》记孔子教子之处，长五间、进深三间的清代建筑。

陈亢是孔子的学生，名子禽。他很有个性，经常研究老师，并对老师常存怀疑。有一天，子禽拉着孔子的儿子伯鱼（名鲤）问道：“你是先生的爱子，大家都羡慕你啊！先生常跟你开小灶吧？能否向我介绍一二？”

伯鱼说：“父亲施教，至公无私，我和诸位同学一堂受教，没有特殊的优待。只是有一日，父亲独立在堂前，鲤在他面前快步经过时，他问道：‘鲤啊，可曾读过《诗》？’我答道：‘还未曾读。’他说：‘不读《诗》，出口就不能成章。’因为不学《诗》，知识不够渊博，则不论写文章、说话都不行，所以我退下去后就开始学《诗》。另一天，他又独自立在堂前，我又快步从堂前经过，父亲问：‘鲤，可曾学过《周礼》？’我回答他说：‘没有。’他说：‘不学《周礼》便在社会上无法站稳脚跟。’所以，我回去后便学《周礼》。”

过庭诗礼
清《孔子圣迹图》
孔子独立庭院，儿子鲤经过，孔子问：学诗否？答曰：未也。孔子说：不学诗，无以言。又一日孔子立于庭院，鲤经过时碰到，孔子问：学礼乎？答曰：未也。孔子说：不学礼，无以立。

子禽听了伯鱼的话，非常高兴，他说："我问一件事，却知道了三件事：第一，知道学《诗》的重要，知识渊博的重要；第二，知道礼的重要，礼是先生学问的中心；第三，知道先生真是圣人，没有私心，对自己儿子的教育和对其他学生的教育都一样。"

删修"六经"　述而不作

孔子返鲁，已进入垂暮之年了。他既不为时用，这时也无意求仕，而对整理古代文化典籍的愿望则十分急切。

中华民族历史悠久，文化发达，典籍、文献极为丰富，但在长期流传和战乱过程中已经残缺不齐。孔子便立下搜集、整理、恢复古代典籍和弘扬传统文化的宏愿，并且一边教学，一边着手进行这一工作。

颜回很久没有在孔子身边，非常想念先生。这天，他来到了孔子寓所。

颜回向先生请安后，问："听说先生很忙，无暇歇息，请问先生，除教授弟子外还在做些什么呢？"

孔子长叹一声说："如今周天子王室衰微，诸侯称霸，礼崩乐坏，先王之道几乎丧尽，《诗》、《书》、《礼》、《乐》、《易》等典籍也残缺不全，错谬不少，需要修订和整理。还有历史教学的内容也不理想，现存的'鲁史记'与'周史记'，史料芜杂，真伪难辨，急需新编一部《春秋》，以供教学之用。我日夜想的，就是如何抓紧残烛之年，尽早地完成删《诗》、《书》，定《礼》、《乐》，系易辞，著《春秋》的任务。"

颜回说："先生，这是一件前无古人的浩繁文化工程啊！恐怕有很多困难吧？"

孔子说："是啊！夏代的礼仪制度，我能够讲清楚的，只是夏代的后继杞国，可惜没有足够的文献证实这些制度。商代的礼仪制度我能够讲清楚，只是商代的后继宋国，可惜也没有足够的文献证实这些制度。如果杞国、宋国的文献充足，我就有充分的依据了。"

颜回又说："先生为何对夏、商的礼制懂得如此之多呢？"

孔子说："我考察了夏、商两代的礼仪制度后才知道。殷（商）代继承了夏代的礼仪，为适应时代需要，有所增减。周代继承了殷（商）代的礼仪，也有所增减。周代的礼乐制度是借鉴了夏、商两代的礼乐制度建立起来的，文德隆盛得很哪！我遵从周代的礼乐制度，所以我现在要编定《书》、《礼》。"

颜回说："《诗》，可以说是中国文化的百科全书，先生打算如何将它删定？"

孔子说："是啊，那古代流传下来的《诗》共有三千多篇，其中有许多重复的内容，有一些内容也很不适合用于教育。《诗经》的删辑工作上要采自商代的始祖契、周代的始祖后稷，中间述说商、周两代的盛世，直到周幽王、周厉王的政治缺失。我将《关雎》篇作为《风》的开始，《鹿鸣》篇作为《小雅》的开始，《文王》篇作为《大雅》的开始，《清庙》篇作为《颂》的开始。删改后的《诗》尚有305篇，每篇都是佳作，它的思想可用一句话概括，就是‘思无邪’。如果给每首诗配上合乎《韶》、《武》、《雅》、《颂》乐曲的音调，让百姓们歌唱欣赏，不仅能使先王的礼乐制度得以继承，而且能使王道更加光大。”

颜回问：“先生整理六经的工作进行得怎样了？”

孔子回答说：“《诗》的删定，已经结束，眼下正在给每首诗谱写乐曲。同时为其他五经的编修做好准备。这一工作非我一人可以完成，还要你们协助。编修六经有几点基本原则：首先，述而不作，尽量保持原文献的文辞和风格不变样。其次，不语怪、力、乱、神。治国不能迷信鬼神，要按事的规律办事，依天理，顺民情，尽地宜，行教化，和谐发展。这就需要把一些杂乱妄诞的成分删除，尽可能保留一切有价值的东西。其三，‘攻乎异端，斯害也已’，批判那些不正确的议论，这祸害自然就会停止，也即驳斥一切邪说，体现古代文化的‘仁义’精神和‘礼’的规范性，以及‘中庸’之道的思想实质。”最后，孔子说：“我的政治主张今世是无法实行了，只有整理六经，传之后世。”

添孙丧子

孔子返回鲁国后，既要每日向弟子们讲学，又要删《诗》、《书》，定《礼》、《乐》，著《春秋》，忙得不亦乐乎。

这一天，儿子伯鱼匆匆前来拜见。伯鱼跪地禀告说：“启禀父亲，托祖先仁德荫庇，您的儿媳今日已生下一子，特来报喜！”

孔子一生颠沛坎坷，晚年高龄添孙，事业后继有人，久历风霜的面容上，露出了难得的笑容，对伯鱼说：“好

子思

孔子之孙，名伋，字子思，战国初哲学家。受业于曾子，著有儒家经典《中庸》。

孔鲤墓

孔鲤为孔子独子，字伯鱼。孔鲤墓位于孔林孔子墓东侧。宋徽宗崇宁元年（公元1102年）封“泗水侯”，后碑书“二世祖墓”，此为孔氏后人对孔鲤尊称。

啊，上天成全了你的孝道，也了却了我一桩心事，你要好好地养育他，以传承先祖家风！”

伯鱼叩首说：“谨遵父命，孩儿将尽力为之。敬请为小子赐名。”

孔子即说：“好，让我想一下吧！”拈须闭目片刻后说：“孔氏家族，祖先贤德，淳厚家风，代代相传。他的名就叫伋（jǐ），为了让他终生不忘祖先美德，就将他取字子思吧！待他稍微懂事时，就将此含意告诉他！”

孔子非常疼爱孙子，望着子思红润的面庞，脸上浮现出无限仁慈的笑容，只感到自己来日不多，不可能亲自启蒙教育他了。然而，喜不常驻，仅仅三个月的天伦之乐，伯鱼急疾已入膏肓，不治而亡。晚年的孔子白发人送黑发人，内心极为悲伤，小殓时见了儿子一眼，就在弟子们搀扶下，回到了寓所。

子贡为伯鱼操办丧事，前来请示孔子丧葬事宜。孔子说：“伯鱼一生，既无官职，又无建树，只能用庶民的葬礼，不要惊动四方，一切从俭吧。”

子贡说：“棺已备好，尚在筹办椁木，衣服正在赶制之中。”

孔子说：“衣服以小殓所着之衣就行了，无须再办，那椁木更不能用，应按埋葬庶民的标准行事。如果加上椁木，就已失去了礼仪，我虽然有财力把丧事办得隆重，但我不能这样做，必须遵从礼制！”

子贡说：“先生年事已高，请多节哀，弟子一定遵从先生指示。”

子贡出去后，孔子闭目深深哀痛。颜回懂得先生的痛苦，来到先生身边，终日陪伴先生。

解读《礼记》

孔子见鲁国的礼仪日益崩溃，回想周游所见，列国也已把《礼记》抛得所剩无几。他想：仁与礼不可分，礼是仁的表现形式，如果失去礼，又怎能实行仁呢？而要恢复礼、弘扬礼，就得研究《礼记》，整理和修订《礼记》。他把编定成稿的《礼记》，先做教材使用，广泛听取弟子们的意见，并和他们一起讨论，最后定稿。尤其值得注意的是，那些和他一起周游列国的弟子中，涌现出不少深明老师主张，知识渊博、经验丰富、出类拔萃的人，他们提出的意见，往往切中要害，对丰富和发扬《礼记》起到了重要作用。

一天，孔子和弟子公西赤研究《礼记》。公西赤字子华，亦名公西华，衣冠整齐，仪容端肃，应对得体，是一个标准的外交人才。

孔子说："赤，你一定认为此书尚有不妥之处，有什么意见，可径直说来！"

公西赤说："这部书，上承先王之德，下昭万代之行，是先生伟大德行的结晶，以它来规范人的行动，可使国家安定，天下太平。"

孔子说："赤啊，你是我弟子中的优异者，就不要客气了，有何建议，就快点说出来吧！"

公西赤说："我想这是一部关于社会组织、政治体制、社会秩序和道德规范的书，规定的条目太多、太细，不易把握，如能用几句言简意赅的话来概括，让学习者能够抓住礼的本质，该有多好啊！弟子妄言，敬请先生原谅学生冒昧！"

孔子听后，高兴地说："赤啊，'当仁不让于师'，你的意见很好，我完全接受。"

公西赤一听，连忙说："赤在先生面前，永远是个学生！"

孔子又说："是啊，你是我的学生，而且是我弟子中出类拔萃的学生。但是你还要记住如下的话：'三人行，必有我师焉，择其善者而从之，其不善者而改之。'这是你应该有的态度，也是我一生遵循的重要原则。"

公西赤说："谢谢先生的教诲，赤当永远铭记在心！"

孔子认为公西赤的提议正确，就陷入了思考之中，半晌才说："我想加上这样几句，你看行吗？"

公西赤说："先生请讲，我来记录。"

孔子说："礼的内容很丰富，有冠礼，有婚礼，有丧祭礼，有朝聘礼，有乡射礼等等。在这诸多的礼节中，应以婚礼为根本。另外，我平时和你们讲的有关礼的一些话，也可以加进去，诸如：'克己复礼为仁'，'人而不仁，如礼何'，'礼之用，和为贵'，'不知礼，无以立'，'为政以礼，礼者政之本欤'，'能以礼让为国者何有'，'礼，与其奢也，宁俭。丧，与其易（轻率）也，宁戚（悲伤）'，这些都可以帮助领会礼的精神实质。"

公西赤说："好啊，真是精辟。请问先生，为什么在礼仪中要以婚礼为根本呢？"

孔子说："婚礼，两性结合，人伦之大礼，上用以侍奉宗庙，下用以延续后代，所以婚礼应为礼的根本。"

公西赤说："这册书，可以定稿了吧？"

孔子说："就这样吧，你回去叫弟子们照这书学习讨论，如发现新问题及时告知于我，以便再作修改。"

《春秋》的微言大义

子夏

名卜商，春秋末卫国人。小孔子44岁。孔子死后，于西河行教，名重天下。

子夏，姓卜，名商，字子夏。是孔子的高才弟子之一，擅长"文学"（即古代文献），在协助孔子整理"六经"、著书立说方面，出力最多，贡献最大。

一日，子夏去见孔子，孔子说："商啊！《春秋》的前半部文献，你整理得很好，我在编纂中很是得心应手，你应再抓紧时间整理鲁国的历史，好让我尽快编写完毕。"

子夏问："先生编写《春秋》的原则和态度是什么？"

孔子说："八个字：'述而不作，信而好古。'这是我从一位长寿老人那里学来的。他姓钱，名铿，是商代的贤大夫，颛顼帝的曾孙，封于彭城，传说活了七百岁，人称'彭祖'。他对古代文化的态度，是传述而不创作。我不仅用这个原则来编写《春秋》，而且用它来整理《诗》、《书》、

《礼》、《乐》、《易》五经。”

子夏又问：“请先生具体谈谈编写《春秋》的打算，好吗？”

孔子回答说：“有四点打算：一、拟写成一部编年体‘春秋’史，继承夏、商、周三代法统，以鲁国编年史为线索，上起鲁隐公元年（公元前772年），下至鲁哀公十四年（公元前481年），记载12个国君，共计242年。二、史料要真实，历史事件、天文现象（如日食、月食）发生的年、月、日都要精确无误。三、观点要鲜明，该褒则褒，该贬则贬，决不含糊其词。例如：吴、楚的国君自称为王，我写《春秋》中将会贬称他们为子。又如践工会盟，实际上是晋国国君召周王去的，是对周天子的侮辱，我在《春秋》中就避讳这种说法，只写：‘周王巡狩来到河阳。’依此类推，《春秋》的内容就以此为准绳，褒贬当时的人和事。四、方法要科学，即一方面要以写史传人为主，极力冲淡神话色彩，另一方面要‘微言大义’，将自己的思想渗透到字里行间去，让乱臣贼子望而生畏。”

孔子接着说：“我年已七十，剩下的时光不多了，要使这部书尽早问世，还需要几个弟子协助。商，如果你事务繁忙，一个人来不及，可请子游帮你抄录资料。”

待子夏、子游，还有子张，将有关资料抄回之后，孔子便开始编写《春秋》了。由于废寝忘食，夜以继日地工作，他身体明显地消瘦下去。子夏、子游、子张等弟子见先生如此辛苦，三番五次地欲来帮助整理，都被他拒绝了。孔子作的《春秋》，太精当准确了，以至于弟子们不仅不能增删，而且提不出任何意见，动不得一个字。《春秋》这部著作凝聚着孔子的心血，后世评价：“孔子作春秋，乱臣贼子惧。”孔子自己也说：“知我者，其惟《春秋》乎？罪我者，其惟《春秋》乎？”

孔子作春秋处

曲阜城南息陬乡张曲村，有“孔子作春秋处”碑。明代立。

不对田赋

清《孔子圣迹图》

季氏欲增加田赋，孔子对冉求说：“我不懂什么田赋。”

臧否田赋

孔子和子夏正在谈论《春秋》时，冉求匆匆而来。子夏见冉求到来，就拜辞先生退了下去。

孔子问：“莫不是你又奉命来召我么？”

冉求答道：“不是奉君命，而是奉季氏差遣前来请教先生的。”

“那季氏有什么事要你问我呢？”

冉求说：“季氏认为过去的赋税之法，税额太轻，现在他想将田地与家财分开各为一赋，称为田赋，差我前来敬请先生定夺，以便颁布施行。”

孔子听后，不悦地说：“我不是富家子弟，亦不是理财家出身，不懂什么田赋！”

冉求说：“先生从前为鲁国的司空，几年之功，使全国无荒废之田地，怎么能说不是理财家呢？先生今为国老，国家政事，待先生一言而定，对此事为何不肯答复呢？”

孔子沉默无言，冉求一连请问三次，仍是一字不答，弄得他十分尴尬，只好恭恭敬敬地站在一旁。过了许久，孔子才慢慢扭过头对冉求说：“君子施行政事，对百姓的施舍要力求丰厚，行事要不偏不倚，取税要尽量微薄，这是为政者必须坚持的原则，鲁国旧有的马一匹、牛三头的征收赋税之法，已完全够用了，何必另立新法呢？如若舍礼法而妄行，贪得财利而无厌，那么，虽分田财各为一赋，百姓不能负担，征收者还嫌不足，后果会如何呢？季孙若想按法度办事，那么周公的典章法规都在那里，何必要来问我孔丘？如果季氏硬要逞私意妄行加赋，这又何必还来问我呢？求啊！你为季氏聚敛私财，公室田地半数已归季氏，他的欲壑何时才能填满呢？”

冉求答道：“这次想增税赋，一则是上年灾荒欠收，收赋不满半数；二则吴国要求季氏出兵会同吴国征伐齐国，以报昔日之仇。军队粮饷缺少，不得已才想增收税赋，以解决急用。季氏征赋，都是由他自作主张，求不过是奉命执行而已，怎敢帮助他聚敛呢？”

孔子说：“吴王要求会师讨伐齐国，应当想别的方法解决，不应该以加重赋税来困扰百姓。民心向背与战争的胜负大有关系，如果民心离散，那后患就不堪设想了啊！”

冉求说：“这事关系重大，先生既为国老，不应该不加过问，还是请先生速去与季氏商量为好！”

孔子即与冉求同车来访季氏，孔子说：“冉求告诉我，丞相为应吴国要求会师讨伐齐国，想实行田赋新制。丘以为这是舍本求末的下策，不但加重了鲁国百姓的负担，而且又与齐国结了怨，请慎思而行。”季康子听后不语，孔子见状，亦感无话可说，便立即起身告辞。

痛哭颜回

颜回陪伴先生，终日与先生探讨学问，借以分散先生内心的悲恸。数月来，孔子有这名弟子在旁谈《诗》论

望吴门马

清《孔子圣迹图》

孔子与颜回登泰山，颜回望吴门马，因目力衰退，错认为是一匹白布。不久，颜回死。

《礼》，心情慢慢舒坦开来。

有一天，孔子要颜回伴他去泰山一游。颜回高兴不已，即命人驾车前往。车至山前，二人下车步行来到山顶，孔子手搭凉棚，向东南遥望，见在那很远的山头上，有一匹白马，转头对颜回说：“你看得见前面那很远的小山头有什么东西么？”

颜回仔细打量后回答说：“好像一匹白布在飘动。”

孔子说：“你的目力已不如我了，那白色的物体有尾巴摇动，定是一匹白马，怎么是白布呢？”

说罢，二人又往那山神庙中游览了片刻，下山登车回家。颜回回到家中，身感不适，病情日益加重，仅二十余天竟然离开了人世。孔子比丧子还要悲伤地说：“这是上天要我的命啊！这是上天要我的命啊！”众弟子纷纷上前劝慰。

孔子说：“困于匡时，他曾对我言道：‘夫子健在，回何敢先死呢？’如今我尚在，他却自食其言，离师而去……”

子贡问道：“先生独生子伯鱼兄过世，赐未见先生如此悲痛，如今颜回兄去世了，先生却悲痛欲绝，不知为何？我劝先生还是节哀为好。”

孔子哽咽着说：“赐啊，鲤死尚有其子在，孔门后继有人；如今回殁世，有谁来继承丘之道，丘之学问呢？‘仁政’、‘德治’之理想将由谁实现呢？此事不伤心，还能有什么伤心的事呢？”

可怜颜回家贫如洗，孔子只得向子贡、冉求、樊迟等人收集捐赠办理丧事。颜回在世时，深得同窗之心，葬礼甚为隆重。孔子手扶灵柩，泪流满面。

安葬颜回后，他的父亲颜路前来送祭肉给孔子，孔子庄重地出来迎接。回过头来，悲恸又起，即入室弹琴以解哀思，然后才与弟子们分吃祭肉。

再说孔子豢养了一条爱犬，出则随行，回来就守住门口，终年由颜回喂养。自颜回死后，爱犬也不吃不喝，数日后竟然死去。孔子对子贡说：“赐啊，你带人将此犬埋葬于旷野吧。”子贡按照先生的吩咐照办了。这一切又增添了孔子的悲伤。

颜回墓

颜回生于公元前521年，卒于公元前481年，小孔子30岁。享年41岁。后人尊为“复圣”。

诠释《乐记》

半月来，孔子常常独自一人在室内抚琴低唱，声韵苍茫悲凉，仿佛在抒述着一个伟大的心灵来到人世间的劫难与风霜，以及茫茫黑夜中那人间的光亮和希望。弟子们除听他讲学外，不敢随便去惊扰。

子夏每日在孔子左右，过了一段时间，当他听到先生演奏那《韶》、《武》之乐时，便知道他一定又在推敲修改《乐记》。

这一天，子夏问：“先生，您莫非在修改《乐记》？”

孔子说：“是啊，你是怎么知道的？”

子夏接着说：“先生琴声时断时续，若不是在推敲旋律，怎能会这样演奏呢？另外，先生惜时如金，可是，不

儒家经典

久前，鲁国太师来访，先生不仅热情接待，与他畅谈音乐之理，而且花了许多时光与其共进午餐，先生若非因为《乐记》的删订，恐怕没有这么高的兴致！”

孔子说：“是啊，是啊，你坐下来，我们随便谈谈话，也是有益的。”

子夏问：“前些时候，魏文侯来访，向先生请教关于古乐的知识，我怕耽误先生的时间，没有通报，便替先生回答了来人提出的问题。这样做，不知妥否？”

孔子说：“来人提出什么样的问题？你又是怎样回答的？说出来我听听。”

子夏说：“他问古乐演奏的过程，我回答说：‘一曲古乐之演奏过程，即进退齐一，音和而宽广，弦、匏、笙、簧诸乐各就其位，会守于鼓，先击鼓后鸣铙，然后调之以相（古乐器），促之以雅（古乐器）。君子都是这样来说明乐理和古乐理的。’魏文侯对我的回答感到十分满意。”

孔子说：“你讲得对，讲得好呀！你真是个全才，不仅懂《诗》，懂《春秋》，懂《礼》，而且懂《乐》。好，我们就来谈谈音乐问题吧！”

子夏问：“请问先生，音乐是怎样产生的？”

孔子说：“音调发源于人的心中，而人心的活动，又是由事物引起的，有感于物而动，故形于声，声音相互呼应，产生变化，变化而形成旋律，就叫做音调。排列音调而加以演奏，再配合上舞动干戈、羽毛，就叫音乐。音乐，是音调产生出来的，它的根本就在于人们的心情对事物的感触，所以，哀痛的心情所感触的，声调就急促；快乐的心情所感触的，声调就缓和；喜悦的心情所感触的，声调就宣畅；愤怒的心情所感触的，声调就高亢；恭敬的心情所感触的，声调就正直；亲爱的心情所感触的，声调就柔和。这六种表现都不是生来就有的，是有感于事物而产生的活动。”

子夏又问：“音乐对人起什么样的作用呢？”

孔子说：“音乐对人的教育作用很大，甚至比礼更重要。‘立于礼，成于乐’，意思就是说由礼所得的，还要经过乐才能完成。”

子夏紧接着问：“难道乐和礼有相通之处吗？”

孔子说：“乐既与礼相通，又与政相通。宫音代表君，商音代表臣，角音代表民，徵音代表事，羽音代表物。五音和谐，则国泰民安，如果五音混乱，且交错而相互侵凌，则出现慢音，亡国之音出现，国之将乱也！”

子夏再问：“应以什么样的标准评价乐的优劣呢？”

孔子说：“有两方面的标准：一是‘善’（政治标准），一是‘美’（艺术标准）。尽善尽美的音乐，最好；尽美而不尽善的音乐，次之；既不善又不美的音乐，则是不好的音乐。我在齐国听到舜时的《韶》乐，三月不知肉味，可说是最高水平的音乐了。因为它在‘善’和‘美’两个方面，都达到了最高的境界，即‘尽善尽美’的境界。所以我对颜回说：‘乐则韶舞。’治理国家用的音乐，应该是《韶》这个乐舞。那周武王用的《武》乐，就差一等了，因为它虽‘尽美’，但未‘尽善’。至于郑国的音乐，那就很糟糕了，所以我告诉颜回，要‘放郑声’，即要禁止郑国的音乐流行，因为‘郑声淫’，它太淫荡，既不符合美的标准，更不符合善的标准。”

子夏说：“先生和鲁国太师讨论音乐问题时说：‘乐其可知也。始作，翕如也。从之，纯如也，皦如也，绎如也。以成。’这段话是什么意思呢？请先生赐教。”

孔子说：“我说的是一首乐章进行的过程。这个过程有三个阶段，即开端（‘始作’）、展开（‘从之’）及结束（‘以成’）。具体说来就是：音乐开始的时候，好像含苞待放的花蕾，轻轻地舒展，慢慢地发声，由小而大，但很纯正。后来到了高潮，激昂慷慨，或非常庄严肃穆。最后这个曲子奏完了，但是还是余音缭绕，后面好像还有悠悠未尽之意。这便是成功的音乐。这成功，不是就政治标准而言，而是就艺术标准而言。”

子夏最后问：“先生，您的《乐记》一定是整理好了？”

孔子说：“是的，这段时间，我将夏、商、周三代的乐曲作了认真的研究，择其美好的保留，删了掺杂在其中的淫声乱调，也将现在流行而优美的新声增补进去。稿子已经撰写完毕，待我仔细审查后，就可以交由弟子们去学习了。”

说儒

数月来，孔子因连遭不幸，一直没有朝见哀公。哀公知孔子心情，也无怪罪之意，只是他很想与孔子一起叙谈，领教一番道理。冉求于是领命来见孔子，转告了哀公欲召见的意思。孔子也觉得应该去拜见国君了，于是更衣上车，由冉求驾车直奔宫殿。行君臣之礼后，孔子与哀公并坐叙谈。

哀公问：“先生今日的穿戴异乎寻常，不知这是否就是人们所说的儒服？”

孔子回答说：“我小时候住在鲁国，穿的是大袖子的衣服，长大后住在宋国，戴的是章甫的帽子。我只听说过：君子的学问要渊博，穿戴要入乡随俗，并不知道什么是儒服。

儒服儒行

清《孔子圣迹图》

鲁哀公召见孔子，见孔子着装异于常日，于是问孔子穿的是不是儒服。孔子答道：“我穿的是长袖宽袍，戴的是章甫的帽子，不知是不是儒服。”鲁哀公又问何为儒行，孔子答道：“儒行自立，近情刚毅，自守宽裕，举贤援能，特立独行者也。”

如果国君觉得我是个儒者而穿戴又有自己的特色，那说它是儒服也未尝不可。”

哀公问：“先生是当今最大的儒者，而且劝子夏说‘女为君子儒，勿为小人儒’。请问先生，什么是君子儒呢？”

孔子回答说：“君子儒，是谋道者，重在明道济世；小人儒是谋食者，重在取自身之利。如果把子路的果敢精神、子贡的宽大胸怀和冉求的多才多艺结合起来，那就是个行道救世的大才，也就是我所说的‘君子儒’了。”

哀公问：“先生说到冉求和子路，使我想起了一件事，就是季氏将伐颛臾时，作为季氏的家臣总管的冉求和子路，事先将此事向先生汇报，并请求指教。由此使我想到，先生和弟子之间，除了师生关系外，是否还有主从关系？”

孔子回答说：“国君提出这个问题，不无根据。我和弟子们，得意时在一起，困难时也在一起，特别在周游列国期间，屡陷危境，大家都能同心同德，共渡难关，如果没有一定的组织，是不会办到这一点的。大凡一个群体，都有自己的理想和要求，有一定的组织和原则，有各种活动的仪式，有自

孔子像　宋 马麟绘

己的服装，有自己的钱财。我们有共同追求的目标，这个目标就是建立一个不违反礼教规定，但又经过改良的仁道的社会。为了实现这一目标，我广招门徒，培养了七十二贤人，又让他们分工负责，辗转授业，形成了一支人数达三千的队伍。我让有不同特长的出类拔萃的弟子分工负责，如让子路负责总务工作，让冉求负责财务工作，让子贡负责外交事务等。为了实现上述目标，我还劝弟子们去从政，并推荐不少弟子当了官。如子游为武城宰，仲弓为季氏宰，子夏为莒父宰，子羔为费宰，子路为卫国薄大夫等。这个群体有一定的纪律和原则，遵守它，受到称赞，违反它，则受到处罚。如冉求帮助季氏聚敛财富，背叛本门宗旨，我就号召弟子鸣鼓而攻之。子路让百姓挖沟，用自己私人的小米做饭给挖沟者吃，是越礼的做法，我就派人去把子路的饭罐子砸了。”

孔子继续说：“我的弟子，从国籍上看，来自鲁、卫、齐、陈、宋、楚等不同国家；从身份上看，贵者、贱者、贫者、富者均有。他们在儒者群体中地位的高低，完全是按照其实际才能安排的，与血缘年龄无关。因此，可以说，儒者群体是一个超越了邦国、冲破了家族血缘关系而建立起来的新的社会群体。”

哀公问：“那儒者的使命是什么呢？”

孔子回答说：“儒者的使命有二：一是宣扬道德教化，二是充当执政者的参谋。我说过：‘邦有道，则仕；邦无道，则可卷而怀之。’就是说，天下有道时就出来做官，天下无道，就归隐，独善其身。各国当政者在制定政策时，经常询问我，听听我的意见。有的他们听了，有的则没有听；没有听，我也不勉强他们。我们儒者，是一个从事道德教化的、当政者的幕僚群体。”

哀公问：“儒者的主要建树是什么呢？”

孔子回答说：“我认为主要建树，是构筑了一个如何做人的学说。在人类的生活中，有三大类矛盾：一是人类与自然的矛盾，二是个人与社会之间的矛盾，三是个人与个人之间的矛盾。儒者对于这些矛盾都有自己的理解，都有自己的态度，都有自己解决的办法。对于人类与自然的矛盾，其解决办法是‘顺天命’，对于个人和社会的矛盾，其解决办法是‘仁’和‘礼’的统一，对于个人与个人之间的矛盾，其解决办法是‘忠恕’之道。儒者对于矛盾的态度，是调和、折中。它总的理解是，认为整个宇宙本来是一个大和谐，人与天地之间应该是‘和’的关系。个人与个人之间，也应该是‘和’的关系。我们的这个看法，有人可能赞成，也有人可能不赞成或不完全赞成，但有一点可以肯定，就是它是言之成理的，要超越它，或否定它，都必须先经过它！”哀公听了孔子这番宏论后，连声赞曰：“圣哲圣哲！真是一位圣哲啊！”

论士

由于“儒”与“士”同属知识分子范畴，所以，当孔子回答哀公问“儒”之后，便有不少弟子前来问“士”，孔子对“士”作了全面的诠释。

最先问“士”的是子贡。他说：“请问先生，怎么样才叫做士？”

孔子回答说：“立身处世要有羞耻之心，出使到四方去，不辱没国君所交付的使命，这可以称为士了。”

> 子曰：行己有耻，使于四方，不辱君命，可谓士矣。
> ——《论语·子路》

子贡又问：“这太高了，士也有各种各样的，次一等的是怎样呢？”

孔子回答说：“在宗族里，人们都称他为孝子，在邻里中，地方人士都说他友爱，就可以称为士了。”

子贡又问：“再次一等的该如何呢？”

孔子回答说：“言必信，行必果。这种人，虽然是见识浅陋、不一定能处理国家大事的平常人，但他言行无误，在做人方面还是可以叫做士的。”

子贡再问：“现在一般从政的人，先生以为他们怎样？”

孔子说：“唉！他们都是些为了找个饭碗吃饭的人，根

本不把国家大事摆在心上，这样的人，是车载斗量的普通人物，太多了，怎么能算作士呢！’

子路也来问“士”。

孔子的回答，就和回答子贡的有所不同了。他针对子路的不足，说道：“相互勉励，相互切磋，和乐友爱，可以称为士了。朋友之间要相互勉励，兄弟之间要和乐友爱。”

子贡、子路的问“士”，引起了孔子的深思。他认为，仅就子贡、子路二人的优点和缺点来讲“士”，是很不够的，还应强调“士”必须以“道”为最后的依据。于是，他利用讲课的机会，向众弟子说：“士志于道，而耻恶衣恶食者，未足与议也，士而怀居（怀恋安逸舒适），不足以为士矣。君子谋道不谋食。耕也，馁在其中矣；学也，禄在其中矣。士志于道，朝闻道，夕死可矣。”

子曰：士志于道，而耻恶衣恶食者，未足与议也。

——《论语·里仁》

孔子的这番话，给了弟子们深刻的教育和启示。弟子曾参曾发扬师教，对“士志于道”的精神从正面加以阐释，他说：“士不可以不弘毅（‘弘’指伟大的胸襟、恢宏的气魄和深远的眼光，‘毅’指真正的决心、果敢的决断和正确的见解），任重而道远。仁以为己任，不亦重乎！死而后已，不亦远乎！”

曾参的这段话，对后来的儒者、知识分子产生了深远的影响。

君子之道

哀公自听孔子论“儒”后，对孔子更加佩服。一天，他对孔子说：“通过多次与先生谈话，寡人觉得先生真不愧为当今圣人！”

孔子听后，连忙解释说：“国君之言，实为过誉。若圣与仁，则吾岂敢？圣人，吾不得而见之矣，得见君子者，斯可矣。”

哀公说：“按照先生的说法，当今之世，不但圣人看不见了，就连真正够得上称君子的人也不大容易看见了。先生之言，未免有些过分，难道先生自己连个君子也称不上？”

孔子说：“是的，君子的修养有两个方面：一是学习诗书六艺，即学习‘文’；一是躬行实践。在前一方面，我也许可以和其他的人相比；但在后一方面，我还没有完全成功。”

子曰：文，莫吾犹人也。躬行君子，则吾未之有得。

——《论语·述而》

哀公问：“究竟什么样的人才可以称为君子呢？”

孔子回答说：“质朴胜过文采就显得粗野，文采胜过质朴就显得浮华。只有文采和质朴之间配合得恰到好处，才能称为有风度的君子。”

哀公问：“这里所说的‘文’与‘质’，和先生所说的‘礼’与‘仁’有何关系？”

孔子回答说：“是互相贯通的。‘文’通于‘礼’，‘质’通于‘仁’。做一个真正的君子，必须在‘文’、‘质’之间配合得恰到好处。同样，做一个真正的君子，也必须是以内心的‘仁’为根本，同时外在的行为方面又完全合乎‘礼’。君子无终食之间（一顿饭的工夫）违仁，造次（匆忙的时候）必于是，颠沛（困顿的时候）必于是。仁是君子的本质。”

哀公问：“先生既然把‘仁’看成是君子的本质，那么，是否可以说‘君子’就是‘仁者’呢？”

孔子回答说：“学问修养合于君子的标准，有三个条件。第一是‘仁者不忧’，第二是‘智者不惑’，第三是‘勇者不惧’。称为‘三达德’。第一个条件是君子的最高境界，达到这个境界的君子，也就和‘仁者’没有区别了。当然，‘君子’并不一定都能达到‘仁者’的境界。”

哀公问：“‘仁者’既是‘君子’的最高境界，这‘君子’要成为‘仁者’，应该怎样去做呢？”

孔子回答说：“第一步要‘修己以敬’，即要以非常严肃、庄重、恭敬的态度，来修养自己的内心；第二步要‘修己以安人’，即自己的修养做好了，还要进一步利于自己周围的人；第三步要‘修己以安百姓’，即还要进一步利百姓、利天下，利所有的人，做到这一点，不容易，就是尧舜做起来也有毛病可以挑剔。我这样讲，是因为子路好勇，是一个行动型的人物，他最关心的是‘君子’如何才能有益于社会；如果不这样回答他，他是不满足的。再如司马牛来问君子，我的问答又是另一种情形，因为司马牛是一个多言而急躁的人，这样的人常不免于忧惧，于是我强调‘内省不疚’，指出做到了‘内省不疚，就可无忧无惧’。总之，‘君子’要达到‘仁者’的境界，要从两个方向上去修养：一要‘反求诸己’，即加强自己的内在修养；二要‘推己及人’，即在利人、利社会的过程中提高自己。这二者是统一的，谁把二者统一起来，谁就达到了‘仁者’的境界。”

哀公说：“‘反求诸己’和‘推己及人’是有区别的。前者可由‘君子’自作主宰，只要立志和持之以恒去做，是可以获得成功的。后者则不同，它碰到的，是一个不以个人意志为转移的外在世界，只靠主观努力是难以办到的。这是个大难题，不知先生如何解决？”

孔子说：“国君所言极是，‘推己及人’确实是个大难题，就连尧舜也不能做到没有缺憾。但是，再难也要努力去做，否则，就不能称之为真正的君子。我说过：‘不知命，无以为君子也；不知礼，无以立也；不知言，无以知人也。’‘命’，即天命，或指宇宙的法则，和时代的趋势；‘礼’，指长期演变而来的人伦秩序；‘言’，指人们的正确思想或各种错误思想。三者都外在于‘君子’，但都是‘君子’所必须了解的。一个人若不知天命而妄动，或对时代的趋势缺乏前知之明，则无法为君子；一个人若不了解人伦秩序，就不能自立于人世间，就会随着环境变化而不能特立独行；一个人若不掌握圣人之道，不会分析各种错误言论及其产生的根源，就不能正确地评价一个人、认识一个人。总之，做一个‘君子’、做一个‘仁者’，既要有高尚的道德修养，又要有丰富的社会和自然知识。”

孔子曰：不知命，无以为君子也。不知礼，无以立也。不知言，无以知人也。

——《论语·尧曰》

哀公问贤

哀公闲暇之时，经常召见孔子，谈上下古今之事，论治国平天下之道。

这一天，哀公退朝无事，想召见孔子入宫讲《礼》论《乐》，但又念他年老，来往艰难，于是命人驾车，直向孔宅而来。行抵孔宅，守门之人得知消息，便急忙去报告孔子。孔子闻哀公驾到，急忙扶杖出迎。

哀公说："那夏桀商纣无道而遭毁灭，固然是罪有应得，但是，当时那些忠君爱国的臣子，事前不疏导君主为善，到了国君已经荒淫无道才去谏阻，岂不晚矣！何况他们也不是尽言劝说于君，更不是用则可生、不用则死地争谏。因此，寡人认为，夏桀商纣的灭亡，那些所谓忠臣也有不可推卸的责任。不知先生以为如何？"

孔子严肃地说："君主之言是在责备贤能者的道义，但是，那些忠臣不是不想忠心侍奉他们的君主。君主既不能用，而奸佞又充斥朝廷，所以君子本着明哲保身的宗旨，就不得不逃避谗言陷害而离开出走！丘从前读《诗》读到《正月》时，见到那些小人谗言陷害正人君子的描写情景，也不得不害怕起来。那些有德行而不能通达的君子，处世是十分危险的啊！他的行事如果按君主不仁道的要求去做，不拨乱反正而依世俗行事，那么这个君子的仁道就因此而废弃了；如果以自己的仁德违反君主的意志，离绝了世俗，那么他的仁德大道虽不至即刻废止，可是自身的危险随时都可发生。如果一个贤人生在政治黑暗道德败坏的社会中，他一个人硬是要去扭转这个社会局面，那他不是被人称为妖孽就是被人称为狂妄了！因此一个贤能的人在恶浊社会中如果得不到上天的庇佑，恐怕他就不可能善终！龙逢、比干这两个人，可以算得是贤德之士了，但他们所遇到的国君却是夏桀、商纣。桀、纣的时代，不是一个振兴仁德的时代，他们二人却偏要从振兴仁德去做，这就叫做生不逢时，所以龙逢终于被夏桀杀死，比干终于被商纣残害，二人均不能到老善终。因而《诗·正月》有这样一句：'都说天穹无比高邈，不敢不深深弯腰。都说大地无比深厚，不敢不小步轻走。’这就是上下畏罪、无所自容的意思啊！主公能够对于此事深加考虑，就可知道那些做臣子的是多么不容易了。”

哀公说：“那桀、纣的不仁，实为天下罕见，龙逢、比干的忠诚也是少有啊！”

孔子说：“殷鉴不远，倘若国君时刻警惕，那天下的政事也就能通达了。”

群经之冠《易经》

鲁哀公与孔子相处日久，受益匪浅，觉得与这样一个知识渊博的人在一起，真是一桩乐事。不久，他又命人驾车来孔府宅院求教。

哀公说：“近来听说，先生不但对《易》进行了整理，还对《易》作了诠释，称为《易传》，先生如此精通奥秘经典，寡人实在敬佩，愿就此请教。”

孔子说：“《易》是六经之首，大道之原，其智慧高超玄妙，思想博大精深，但语言晦涩难懂，非短期可掌握。丘自幼学《易》，一生不知读过多少次，但终未穷究其理。虽然我已写完了《易传》，但总觉得尚有未尽之意。如果上天让我再多活几年，我必仔细审察，再作修改，力求做到不贻误后世。”

哀公说：“先生不必过谦，单就您将那穿竹简的皮条翻断了三次，便可知道您对《易》的研究之深了。请问先生，应当怎样去研究《易》呢？”

孔子说：“首先，要知道《易》即《易经》有三种：一种叫《连山易》，一种叫《归藏易》，再一种叫《周易》，总称为‘三易’。《连山易》是神农时代的易，《归藏易》是黄帝时代的易，《周易》相传是周文王在羑里坐牢时所作。‘三易’的不同之处在于：《连山易》以艮卦开始，《归藏易》以坤卦开始，《周易》则以乾卦开始。三易中的

韦编三绝

清《孔子圣迹图》

孔子自卫返鲁，终不能用，研究《易经》，用功之勤，连编竹简的绳子都断了三次。

《连山易》和《归藏易》，虽然遗失了，但其影响不可不注意。其次，要明确《周易》的重要价值。《周易》不是一般的文献，它是经典之中的经典，群经之冠。它虽然是一部占卜的书，但也反映了天地人千变万化的规律，也应当把它看为培养人、完善人、修己达人的义理之书。第三，《周易》中包括了三个大原则：变易、简易和不易，也叫做‘三易’。变易，是说宇宙间万事万物都在变，没有不变的事物；简易，是说宇宙万事万物及变化错综复杂，在我们懂了原理、原则以后，就非常简洁了；不易，是说变化的万物之中蕴含着不变的规律、道理。这是《周易》的三个原则。第四，还要懂得《周易》中的三个基本概念，就是理、象、数。万事万物都有它的理、它的象和它的数，《周易》每一卦、每一爻、每一点，都包含有理、象、数三种含义在内。理、象、数通了，就能知变、就能通达，万事就能预知了。”

哀公问：“《周易》这部书的内容与结构是怎样的？”

孔子回答说：“《周易》这部书的结构不同于其他的

伏羲

三皇五帝之首。相传他是人首蛇身，与女娲成婚，生儿育女成为华夏的始祖。相传伏羲氏作八卦图。

书。其他的书，都由一篇篇构成，篇序的排列和组合并不十分严格，《周易》则由六十四卦构成，其排列与组合有确定意义，不允许颠倒。这是一个特点。《周易》的结构还有另一个特点，就是用筮和卦来表达思想。筮就是数，卦就是象。所以也可以说《周易》的特点就是用象数表达思想。”

哀公问：“为什么不用语言而用卦象呢？”

孔子回答说：“有两个原因：一是《易》要表达的思想具有最大的抽象性，也即具有最大的灵活性和适用性，一般的语言不能做到这一点，一般的语言只能表达具体的、确定的东西。二是《易》原本是卜筮之书，具有神秘的色彩，这神秘的色彩，只能用卜筮和卦象来表现，不能用语言来表现。如果用语言来表达吉凶，指示人们的行动方向，纵然合乎实际情况，人们也不会相信。”

哀公问：“《易》用什么样的象来表达思想呢？”

孔子回答说：“《易》之象主要有两种：第一是阴阳。用——符号代表阳，用－－符号代表阴。千殊万别、千变万化的世界，归根结底不过是阴阳二气的变化。阴阳是《易》最大的象，也是世间万物最大的象。第二，《易》中第二层次的象是实物。六十四卦由八卦组成，八卦各有象。八卦的象很灵活，随时可以变化。乾象天，坤象地，震象雷，巽象风，艮象山，兑象泽，离象火，坎象水。八卦还可以像许多许多实物，世间万事万物全可以用八卦来表示。实物之象，其抽象程度虽然不如阴阳高，但它仍然是抽象的象，不是具体的象，它代表的是事物的类，八卦代表的是八种不同的事物。”

哀公问：“先生讲到八卦、六十四卦，请问，何谓八卦与六十四卦？二者之间的关系又是怎样的？”

孔子回答说：“八卦是三画卦，卦名是乾、坤、震、艮、坎、离、兑、巽。太极生两仪，两仪生四象，四象生八卦。具体说，《易》从太极开始，一分为二，出现两仪，即阴与阳。阴用－－符号表示，阳用——符号表示。阴与阳两仪相交，便产生四象。四象生八卦，八卦相荡为六十四卦，八卦是三画卦，六十四卦是六画卦。”八卦分别代表宇宙中八种类型的事物，反映的是一个静态的世界，六十四卦则不同，它比八卦具体得多，反映动态的世界，它能把千变万化中的世界表现得生动透彻，淋漓尽致。

哀公问："六十四卦的卦与爻是什么关系呢？"

孔子回答说："六十四卦的每一卦都由爻组成，爻在卦之中，爻与六画卦同步产生，二者密不可分。卦爻都是讲天下之物的，也都是讲阴阳的，而卦从静态的角度观察，重在反映阴阳之物，反映物之象，物之赜。爻从动态角度着眼，重在反映阴阳之物，反映物之变。卦代表一个时代，六爻则代表一个时代中的六个发展阶段，或看作一卦变化轨迹上的六个点。卦是物之体，爻是物之用，卦爻的关系是体与用的关系。"

哀公说："先生讲的《易》理多么深奥啊！由此可以推知先生撰写的《易传》的价值和意义。可以说，如果没有先生作《易传》，显微阐幽，揭开《易》的实质和特点，《易》的许多问题恐怕很难理解。《易传》充分体现了先生超人的智慧和圣人的境界，其光辉将永照人间。"

孔子说："国君过奖了。解释《易》中难懂的卜筮语言，发掘《易》的思想内涵，这是我撰写《易传》的主要目的，国君已看出这点，说明我的目的已经达到了，这是值得安慰的事。"

二人谈至晌午方散。

麒麟现　吾道穷

鲁哀公十四年（公元前481年）春，鲁国社会安定，百姓安居乐业。狩猎之期又将到来，这是国家的大典，与祭祀一样要求隆重举行，鲁哀公十分郑重地择定了吉日，准备去西部山区狩猎。

狩猎的这一天，上至国君，下至微官小吏，都早早齐集于朝廷。鲁哀公坐朝见过群臣之后，便带领文武百官出宫，文武官员乘车的乘车，骑马的骑马，步行的步行，前后拥着哀公。弓上弦，刀出鞘，干戈耀日，剑戟映辉，旌帜招展，仪仗煊赫，出了西关，直往郊外峻岭而去。

到了山野之下，哀公便停了车骑，亲自率领文武百官到那森林茂草之中寻觅野兽围猎。人喊马嘶早已把森林中的野兽惊吓得四处奔逃，围猎的君臣官吏，漫山遍野地叫喊追捕。正在这时，只见森林丛中，蹿出一只梅花鹿朝着哀公奔来，又掠身而过，快速逃窜，哀公一见，即打马上前，张弓搭箭，瞄准那鹿射去，弓弦乍响，那鹿应声倒地。群臣见后，漫山遍野欢声雷动。

狩猎自辰时开始，至未时，哀公便传命停止围猎，大小百官都将所猎之物送到国君马前敬献，哀公大喜，正准备启程回宫，叔孙氏奔到马前向哀公行礼奏道："臣围猎到那山麓，忽然见到一只异兽从树林中跑出，奔走迅速，非麂非鹿，毛色斑烂而角晶亮，臣等连连放箭，都不能中，幸而臣的驾车之士子诅商身强力壮善于奔跑，臣见此兽大异，希望能将它猎获，就命子诅商追捕，果然被他追上，将异兽砍断一只脚后才将它捕获，特来敬献。"那子诅商将异兽背来献于哀公马前。哀公与群臣仔细观看，只见那只异兽形状似鹿，但比鹿稍大，它的尾巴像牛，蹄又像马，头上长着一只肉角，光亮滑润，不同凡兽；背部的毛发都是巴掌大的旋轮，五彩缤纷，色泽鲜明，日光下耀人眼目；腹部的毛色淡黄，长有旋轮，分披左右，也很有光泽，活像狮子的模样。哀公看后不知此兽来历，问群臣，也个个面面相觑，茫然不知。

哀公说："这只兽如果活捉来了，将它喂养在花园之中，倒是一种世间稀有的奇观！可惜如今已断足而死。"

季氏说："这种不常见的东西突然出现，大概是不祥之兆啊！国君不可以带回朝去，不如就丢弃在这西郊，免致灾祸！"

子贡插话："此兽来历不明，吉祥不吉祥，一时也无法断定，不如暂放在这里，回朝之后，派人前去请教先生，问个明白。如果真是不祥的话，就丢弃在这里；要是祥瑞的话，再来将它取回朝去也不算迟！"

西狩获麟

明《圣迹图》

鲁哀公十四年（公元前481年）春，鲁国打猎打死一头异兽，形状像鹿，长有肉角，孔子认为麒麟是仁兽，天下有道才会出现。现在天下无道，麒麟出而被杀，“吾道穷矣”，于是停止了鲁国史书《春秋》的编写。

哀公说：“子贡说的有道理，孔子是博物君子，无所不知，定知此兽的来历。”

说罢，君臣们载着猎物高兴而归。

鲁哀公回到朝中，大摆宴席，欢宴群臣。宴毕，又将所猎的野兽，依照官职的大小，分给了众官，然后命叔孙氏以一只全鹿赐于孔子，嘱他前去询问异兽的事宜。叔孙氏请子贡同行，至孔宅见过孔子。

叔孙氏道：“今日哀公狩猎于西郊之野，我猎得一头异兽，似麋而有角，毛色灿烂，季氏恐是不祥之物，就请国君暂时放置在西郊之野，先来派我请教先生，此兽何名，是否吉祥？”

孔子闻言，脸上掠过惊异之色，过了一阵才说道：“此兽丘未亲眼看到，无法说出它的来历，更不知是吉是凶，必须亲眼去看一下，才能判断。”

子贡便命人驾车，陪同孔子去西郊。不到一个时辰，便到了放置异兽的地方，孔子下车一看，惨然地说：“咦，这是麒麟啊？为何在这里出现啊？为何在此时出现啊？我一生所行的仁道难道就到这里完结了么？”

那叔孙氏一听异兽是麒麟，便知是个祥瑞之物，心中自然高兴，连孔子伤感叹息之声也没听到，便命人将麒麟抬到自己的车中，与孔子拱手告别，迫不及待地驾车回朝，去向哀公报告喜信。

孔子见了这死麒麟后，心中十分感伤，不觉以衣袖掩面涕泣。子贡见到这种情况，心中感到纳闷，自己随从先生多年，从来没见过他这样伤感涕泣过，就是当年颜回死了，先生也只说："是上天惩罚我啊！"现在见到一只死麒麟却说所行的仁道就此完结了，这真是令人不解。麒麟不是祥瑞之兽么？它的出现是吉祥之兆，本当高兴才是，可先生为什么反而伤心哭泣呢？

回到家中，孔子又长叹道："唉！我所要行的仁道，就此结束了！"

子贡不解先生之意，问："赐曾闻麒麟是仁兽，是祥瑞之兆，先生今日见了，反而伤感落泪，这是什么原因呢？"

孔子回答说："赐啊！你好好想想，麒麟固然是仁兽，然而却不会随便出现；其出必有明王在位，以示祥瑞于世。故帝尧时，麒麟游于郊外，百姓知道这是吉祥之物，不忍心伤害它的生命；周朝即将走上兴盛的时候，那凤凰鸣唱于岐山之上，万民都知道这是祥瑞，争着去描绘它的图形，麒麟也一度游息于岐山。所以自尧至今，麒麟两次出现于世，此次再现，无明王在位，非其时也，故斩足而亡于粗野人的手中，这叫我如何不感伤呢？"话刚说完，孔子又哭泣起来，泪如雨注。

子贡又问："先生见到这麒麟后，为何多次自语：'吾道穷矣！吾道穷矣！……'"

孔子叹息说："丘就像麒麟一样啊！麒麟出现因不遇明王而遭杀害，丘生不逢时，不遇明主，我的思想学说在如今的世道中是难以行得通了，恐怕已到穷途末路的时候了！"

子贡说："先生之道，博大精深，今生不用，后世可期。它已寓于六经之中，六经的精神，可传至万古而不灭，夫子之道，亦然。"

孔子说："赐，你去通知弟子们快来这里，我有话要对他们说，我是多么想念他们啊！"

子贡应诺后即退出，孔子和衣躺在床上沉思。

跪受赤虹

明《圣迹图》

孔子回到鲁国，结束了十几年的周游列国生涯，但鲁国不用孔子，孔子也不求仕，整理古代文献，序《书》、传《礼》、删《诗》、正《乐》、赞《易》，以诗书礼乐教育弟子，弟子三千，身通六艺者有七十二人。

绝笔

子贡听了孔子的感伤之言，内心非常难过。他遵照先生的指示，将在鲁国的弟子一一作了通知，要他们前来与先生见面。弟子们都从四面八方赶来，聚集在孔子身旁。

这一天，孔子将弟子们叫到厅堂之中，依序就座。他手扶拐杖步履艰难地走到自己的位置旁边，慢慢地坐下，看到这些钟爱的弟子后，他长久不语，两行热泪直流。这种心情弟子们都能体会，也跟着掩面流泪。

子贡首先说："我等弟子受先生教诲多年，先生金石之言当永世铭记。有我们这班弟子和后辈的子子孙孙，先生之道将代代相传。先生的思想学说，已载于六经之中，必旷万古而常存，与天地同久远。敬请先生宽心，以珍重身体为要。"

孔子仍在伤感之中，子夏说："请先生宽心，弟子们在此聆听先生的教诲！"

孔子见众弟子聚集身旁，望着这些心爱的弟子，心中稍感宽慰，于是抹干眼泪，振作精神道："几天前，麒麟出现在它不应该出现的时候，故而遭到杀害。恐怕我所要实行的仁德道义也在此时终结了。我的著作也可以绝笔了，好在我所删的《诗》、《书》和《易传》以及制订的《礼》、

《乐》早已完成了，我已反复考察，再也没有什么地方增删了。只有《春秋》一书，自周平王东迁，即鲁隐公元年（公元前722年）记起，终于鲁哀公十四年（公元前481 年），也就是前几天我见到麒麟时为止，所记之事共历二百四十二年，也可算得列举无遗。虽然往后的事情还无穷无尽，那记述的责任，只好付与诸位了。我以见麒麟之时为绝笔之期，就算将此书结束。我的学说在有生之年不能完全实现，唯有希望后世有明王出世，将它传之于千秋万代！”说到这里，孔子伤感之情又起，半晌无声地喘着气，弟子们立即上来，为他捶背摩胸，端来茶水……

孔子喘息稍定后，接着说：“丘二十岁之后，立志弘道，不辞跋涉风尘，奔走列国。无奈也正像这被害的麒麟一样，不遇清平盛世，就强行出现，不但不能遇到知己，反被他人诋毁！曾记得初次遇厄在匡人手中，几乎因相貌像阳虎而遇难，接着在宋遇到桓魋，因嫉妒于我，又险遭伐树之灾，在卫国蒲地，又被公叔氏所困，遭那不白之恨。其后，又困于陈、蔡之间，绝粮七日，弟子险些都因饥饿而死……凡此种种，都是你们所知道的。孔丘之所以如此不避危难，正是为了想找到一位圣明的国君，让我实行自己的学说和理想。可是如此大的天下，却没有一个人能真正知我，正如那杀死麒麟的鲁国一样。幸而我退隐得早，还保留了一条性命，比起那死去的麒麟，算是侥幸得多了！你们今后为人处世，最重要的是要谨慎。还希望你们能继承我的志向，发扬光大我的学说，使它流传后世；果能如此，丘就再也没有什么可遗憾的了！”

孔子说完后，静坐不语，子贡说：“先生的话，弟子们将永记在心。盼先生珍重身体，弟子们也好多受教诲。”

孔子端坐在如山的书简前说：“丘一生荣辱，不在心上。今六种典籍编定，可传后世，先世文化，尽在此矣！”说完后，抚摸着书简，深情地吟哦：

斯文在兹，
尽善尽美。

诗以兴邦，
乐以和众。
礼以立人，
易以兴替。
书以知鉴，
春秋知政，
万古流传，
以尚仁年。

子路殒命

自麒麟被狩猎捕杀之后，孔子精神则日益萎靡。鲁哀公知道后内心深感不安。他也经常来见孔子，闲聊宽慰。

这一天，哀公又来到孔府，两人不知不觉谈到了生死问题。

哀公问："古人说：'死生有命'，那么，是'智者多寿'呢，还是'仁者多寿'呢？"

孔子回答说："人有三种死法，与仁智无关，更不是天命注定，都是和自己的行为相联系的。"

哀公说："什么叫三死呢?"

孔子答道："一死于病，二死于刑，三死于兵。一个人在生活中，如果冷暖失调，饮食不节，纵于女色，病必置他于死地；一个人居在下位而去逆犯上级，贪得无厌，刚愎自用，必然触犯刑罚而遭处死；以少犯众，以弱侮强，自不量力，在兵事中必遭杀害。这三种死并非正常的死亡，实在是自己造成的杀身之祸。若说志士仁人，洁身自好，举止行为合乎仁义，喜怒适当，和蔼待人，生活有序，那三死就不会发生。当然，人总是要死的，仁者、智者都不能永远地活着，但较之三死者，他们的寿命是长一些的。"

子路墓

公元前480年，子路在卫国宫廷内乱中，为保卫孔悝而战死。后葬卫国。

二人叙谈不觉已到中午，孔子送别哀公后即进午餐。当孔子正在进餐之时，在卫国任官的高柴匆匆闯了进来，他向孔子报告说："仲由（子路）已在卫国宫廷政变中战死！"

孔子听到这一噩耗，如五雷轰顶，手中拿着的筷子不觉掉落在地上，两行热泪夺眶而出。

原来，那孔悝之母孔姬是蒯聩姐姐，姐弟密谋废除卫公辄，用计将卿大夫孔悝挟持在宫中相逼，卫公辄趁机乘车出逃。仲由闻讯连夜前来救孔悝，城门紧闭，无法入内，东方发白之时，高柴正去巡城，守城士卒报告子路在外叫城，高柴即登城劝仲由不要卷入这个政治漩涡，可是仲由回答："由吃的是孔悝俸禄，他既有难，我怎能避开呢？请开城门吧！"正在这时，公孙疾奉蒯聩之命，率战车五十乘出城追拿卫公辄，子路就挨门而入，被公孙疾挡住并说："辄已出逃，先生入城干什么？"子路回答说："由平生最痛恨平时受人俸禄，不离左右，遇难就借故逃避，由决不愿仿效这种无耻行为。"说完，径自入城，直奔孔氏堂前，只见孔悝已被孔姬、蒯聩左右挟持，便高声大呼："仲由在此，孔大夫还不快逃！"这时孔悝已失去自由，不敢下堂。子路挺剑而进，想救回孔悝。蒯聩见事已成功，若孔悝逃走，不免又要节外生枝，于是就命石乞、盂原下堂迎敌。子路奋力而战，石、盂两人双戟并举，力战二十余回合。子路被石乞一戟削断了冠缨，他一时心慌，不能招架，身受重伤，就丢掉手中的兵器大呼道："大丈夫死不免冠，容我结缨自尽。"说时手取冠缨整结。孔悝在堂上高呼："不可伤我仲由！"话音未绝，子路被一班兵将乱刀砍为肉泥。

孔子听到高柴介绍的情况后，失声恸哭，在场的几个弟子亦痛哭不已。

这是鲁哀公十五年（公元前480年）闰十二月。

梦断周公

子路性情率直，勇武过人，做事有时有些鲁莽，孔子也常常规劝，他对老师十分尊敬，但是，仍然保留自己对事物的看法，有着独立判断是非的精神，比如孔子见南子，子路就当面质问老师的行为。孔子与子路师徒间，是一种超越了世俗的道义之交，有一份难以割舍的深厚感情。今子路之死，更加重了孔子内心的伤痛。他手扶拐杖，步履艰难，饮食锐减，精神萎靡，很少出门，除向弟子们解答《诗》、《书》、《礼》、《乐》、《易》、《春秋》等著作的问题时精神振奋些外，其余时间均闭目静坐，缄口不语。弟子们都非常难过，似乎感到师生之间相聚的日子越来越少了。因此，除远居外地的弟子外，就近的子贡、冉求、子夏等人，则每日必来侍奉先生。

有一天，子贡进来，见先生在翻读书册。

子贡说：“先生这般高龄之身，理应调养珍惜，不当如此劳累！”

孔子说：“朝闻道，夕死可矣。不过，我的身体与过去相比，确实很差了。我在少壮时期，凡遇到疑难之事，一时不能解决，每到夜间，必然会梦见周公，由他为我解惑。可是现在却不知怎么了，我已经好久没有梦见周公了。从前并不想梦见他，可是无意中就会梦见，如今有心想要梦见他，却终究不得如愿了。唉！我的身体确实不行了。”说罢又微微叹息起来……

周公

周公帮助父亲文王、辅佐兄长武王完成伐纣大业。周公辅政，“一饭三吐哺，天下归心。”是古代历史上典型的贤相，有“圣人”之称。

弟子三千　贤人七十

孔子绝笔《春秋》后，身体一天不如一天，为使先生不感到寂寞，弟子们常前来看望他，这使孔子从内心里觉得宽慰。

这一天，来了很多弟子，大家在一起高谈阔论，妙语连珠，灼见迭出，孔子听了心情非常愉快。于是说：“我最近对自己一生作了个概括：‘吾十有五而志于学，三十而立，四十而不惑，五十而知天命，六十而耳顺，七十而从心所欲，不逾矩。’这是我一生修养的过程，五十岁以前是求知

宰我

姓宰，名予，字子我，通称宰我，春秋末鲁国人。以言语见称，利口辨辞，颇有独立思考的精神和独到的见解，孟子称赞他“智足以知圣人”。

的阶段，‘六十而耳顺’，是向智慧飞跃的开始，‘七十而从心所欲，不逾矩’，则是这一飞跃的完成。在表面上看，七十岁的‘不逾矩’，即不违周礼，似乎还是三十岁那个样子，其实，完全不是。因为经过了‘不惑’、‘知天命’、‘顺天命’这三个阶段，我的循规蹈矩完全出于自然，没有一点勉强造作，我的精神已完全达到自觉、自由的程度。”

孔子接着说：“另外，丘平生最得意之事，就是有这么多贤良弟子。我一生教授的弟子不下三千，通晓六艺的有七十余人，你们都是有才能的人。当初随我在陈、蔡之间蒙难的学生，有些已不在门下了。他们当中，论德行，属颜渊、闵子骞、冉伯牛、仲弓；论言语、口才属宰我、子贡；论执掌政事，属冉求、子路；论掌握文献，属子游、子夏。恕我直言，这些弟子，也不都是十全十美的，也都有自己的缺点。如高柴就有点朴拙，曾参就有点鲁钝，子张就有点固执，子路就有点粗野，还有那颜渊穷得什么都没有，而子贡则不安于天命。我讲你们的不足之处，是为了勉励你们戒骄戒躁，勇往直前，想你们也是能够理解我的心情的。”

弟子们听后，均说先生的品评正确，并一致表达对先生的敬意。这时，孔子却长叹一声，说：“只是那颜渊、仲由今日不能前来，引起了我的伤感。真是贤人哪，颜回用一个竹筐子盛饭，用一只瓢喝水，住在陋巷里，别人都忍受不了这样的忧患，他却自得其乐。如今他先我而去了，怎能不让我伤心！那生性喜欢逞勇斗力，志气刚强直率的子路，也是我最喜欢的一个学生。经常被我批评的，是他；最敬重我的，也是他；最敢向我直言的，还是他。如今，他也先我而去，我又怎能不伤心啊！”

子贡忙说：“也是天命注定，人死不能复生，还请先生珍重，以免弟子们挂念！”

孔子停了一会后又说：“以前，我多次批评过宰我，批评他变三年之丧为一年之丧的想法，批评他白天睡觉，而且批评得很严厉，说他‘不仁’，说他‘朽木不可雕也，粪土之墙不可圬也’，现在看来这样批评未免有些过分。其实，宰我是有不少长处的，他勇于改革，他要改革‘三年之丧’的葬礼，固然不对，但他的改革精神却不可轻易否定。他胸襟开阔，我那样地严厉批评他，他却没有怨恨我，更没有因此离开我，就是在陈、蔡绝粮最困难的时期，也一直跟随着我。宰我很尊师，他曾和子贡在一次谈话中说：‘以我看来，先生贤于尧、舜远矣！’这虽然言过其实，但其敬我之心却是真诚的。他也很知人，一次出使楚国，楚昭王要把一辆华丽的车子送给我，宰我就对楚昭王说：‘若夫观目之丽靡，窈窕之淫者，夫子过之弗之视，遇之弗之听也。故臣知夫子之无用此车也。’于是他就代表我拒绝接受这一礼物，可见宰我是很了解我的。他在语言、口才方面有突出的才干，所以我在总结各科的优秀学生时，把宰我列到‘言语’科，并将其排在能言善辩的子贡前面，还经常派他出使齐、楚各国。总之，宰我既有缺点，也有优点，对其要作全面的评价，而且要从根本方面评价他。宰我的基本方面是好的，应当把他划入优秀学生的行列中，尽管他在品行上有些毛病，但经常予以批评帮助，这些毛病还是可以改正的。我过去对他的批评，是爱护性的，不是嫌弃性的，是一时的气话，我这是恨铁不成钢啊！”

众弟子听后，异口同声地说：“先生，您放心好了，我们会按照先生的教导去对待宰予的。”

哲人其萎乎

鲁哀公十六年（公元前479年）夏历仲春之际，大地回春，万物生机盎然。

这一天，孔子清早就拄着拐杖在宅外散步，太阳从尼山那边冉冉升起，温暖的阳光照到了孔宅。孔子望着尼山，凝视着朝阳，久久驻立，神态似乎陷入了沉思。

两个月之前，子路在卫国政变中丧命后，因为哀痛，孔子的身体急剧衰弱。近几天来，孔子却一反常态，精神似乎好起来了，有时还读点书，脸上挂着笑容，弟子们看了都很

梦奠两楹

明《圣迹图》

鲁哀公十六年（公元前479年），孔子病重，子贡拜见，孔子问子贡为什么来得这么晚，并伤心地唱道：“泰山其颓乎！梁木其坏乎！哲人其萎乎！”泪随歌下。孔子说，昨天梦中坐奠两柱之间，很像殷人殡丧的制度，感到自己快要死了。

高兴。

中午，子贡退朝后还没有回家，便直奔先生的住宅而来，他刚一跨进院墙门内，便听到厅堂之中有歌声。他想：先生能唱歌也许是因为近几天来精神好转的缘故。但他又想：先生精神忧郁之时也总是以歌来消遣的呀！于是他侧耳倾听先生唱歌的内容，只听得从凄婉歌声中唱出的歌词是：“泰山其颓乎？梁木其坏乎？哲人其萎乎？”

子贡一听，感到一种不祥之兆，他随歌声望去，只见孔子手中拿着手杖一边唱，一边走入内堂，面对门户而坐。子贡便长叹一声，自言自语地说：“泰山如果真的崩塌了，叫我还去敬仰什么？梁柱如果真的毁坏了，大厦还有什么依托？哲人如果真是振作不起了，叫我何处去求天道性命之学！唉！今日先生唱出如此心声，恐怕是要生病了吧。”他想到这里就急步进入内堂，见过先生，行礼后站在一边。

孔子忧郁地说：“我近来常常梦见自己坐在大堂的两柱之间。赐啊！你可知道，依古礼规定，夏之人死后棺木停于东阶，周之人死后棺木停于西阶，殷之人死后棺木停于厅堂两柱间。丘，殷人也。我既是殷代后裔，梦境又是坐于两柱之间受人祭奠，那就意味着我快要死了。死后望你们依古礼将我的棺木停于两柱之间。”

子贡说：“先生何出此言？做梦的事，如何能看作是真的呢？先生年事虽高，但精神还未衰，也不至于丢弃赐等一班弟子而去呀！”

孔子听后默默无话。这时，公西赤、子游等弟子都陆续来到他身边。

从此，孔子卧床不起，弟子们个个紧张起来，有的请医，有的买药，忙着医治先生。他们轮流守护着先生，个个衣不解带，日夜不离，就像侍奉自己的父亲一样。孔子一则年岁已高，经不起病魔的折磨，二则早年周游在外，受尽风霜劳苦，晚年又不遗余力从事著作，精力耗损过甚，故不病则已，一病就没有回生的希望了。任凭弟子们想方设法调治，病情也无一点转机。众弟子束手无策，唯有相对叹息流泪而已。到第七天，孔子病势突然加重，昏昏沉沉，不省人事，牙关紧闭，连药也灌不下去了。大家知道难以回春，便立即着手准备身后之事。当天傍晚，弟子们都来到了先生的身边，望着先生流泪。突然，孔子头动了一下，眼睛慢慢睁开，慈祥而又深情地望了弟子们一眼，然后又安详地睡去了。

孔子墓

位于孔林中部偏南，碑刻“大成至圣文宣王墓”，明正统八年黄养正书。后碑为金刻“宣圣墓”，前碑为采自泰山上的封禅石。

鲁哀公十六年（公元前479年）夏历二月十一日傍晚申时，孔子寿终正寝。

圣人仙逝，弟子们顿足号啕，悲恸至极。半晌后，子贡说：“先生离去之时，正是我们诚心孝敬他老人家之日，当下行孝的最好方式，就是办好先生的丧事。赐曾记得，当年先生失去颜回就如同失去了自己的儿子一样，失去子路也是如此。先生一生待我们如同亲生，现在我们失去了先生，就应该如同失去了自己的父亲一样才是。”

子贡的话得到众弟子一致拥护，大家按照葬父的礼制，都穿戴好孝服，并推举公西赤主持殡葬之事。

鲁哀公得知孔子去世，连夜就写好诔（lěi）文前来祭吊说：“上天怜悯我，不肯留下这位老人。只余一人在位，孤独无助地承受着。唉，悲哀啊，尼父呀，今后我还能向谁请教呢？”

公西赤领命主殡葬之事后，从入殓的习俗、衣冠的穿戴、棺椁的规格，到灵堂的陈设，都考虑得细致入微，一切

治任别归

明《圣迹图》

孔子葬在鲁城北泗水之上，弟子们都服丧三年，相揖而去，唯子贡再守墓服丧三年，共六年才离去。

安排都兼顾夏、商、周三代明王的丧葬规章礼仪，既显示了先生的丰功伟绩、道德文章，又表达了弟子们的尊师之道。

孔子一生行教，走到哪里就在哪里讲学授徒，所以他的弟子遍布天下。著名的七十二弟子中，除了殁世的以外，也都赶来为先生送行。出殡那天，弟子们披麻戴孝，似白雪覆盖大地，顿足号啕，哭声直上云霄。陬邑的父老乡亲，中都的平民百姓，朝廷的文武官吏，排成一望无际的人流，护送着这位生不逢时的伟大圣人。

孔子逝世后，弟子们为他守墓三年，以尽哀思，三年后，众人都散去，唯子贡不忍离去，又守了三年墓方才离去。

高山仰止

孔子生不逢时，济世救民，行道天下的宏愿和理想无法实现，一生坎坷，颠沛流离，死后却得到殊荣。

孔子死后的第二年，鲁哀公下令将孔子生前所居房屋改为庙堂，“岁时奉祀”，以纪念孔子。庙堂里收藏着孔子的遗物——衣、冠、琴、车、书和一些礼器等，以供人们观瞻，至汉朝二百余年香火不断。

公元前202年，刘邦称帝建立西汉。汉高祖经过曲阜时，用最高的祭天大礼——太牢来祭祀孔子，“汉祖崇儒，躬拜镢里。太牢之祀，百代伊始”。汉高祖是历史上第一个用祭天大礼祭祀孔子的帝王，自汉至清，历代帝王到曲阜祭孔者不绝。

孔子逝世百年后，孔子之孙子思的门人孟子非常景仰孔子，孟子说：“自生民以来，未有盛于孔子也。”孔子贵仁，孟子取义；孔子尊君爱民，孟子认为民贵君轻，“人人皆可为尧舜”。孟子继承并发展了孔子的思想学说，与孔子并称为“孔孟”。

荀子对孔子也十分推崇，荀子评价孔子：“无置锥之地，而王公不能与之争名，在一大夫之位则一君不能独畜，一国不能独容，成名况乎诸侯，莫不愿以为臣，是圣人之不得执者，仲尼是也。”意思是说，纵使穷到无立锥之地，但王公大人不能和他这种人争名望。这样的人如居大夫之位，那么一个君主也不能独自奉养他，一个国家也不能独自容纳他，他的功名超过诸侯，君主没有不想让他成为自己臣下的。这就是没有执政权势的圣人，仲尼就是这样的人。

孔子去世三百年后，西汉司马迁在《史记·孔子世家》中写道：“诗有之：‘高山仰止，景行行止。’虽不能至，然心向往之。余读孔氏书，想见其为人。天下君王至于贤众矣，当时则荣，没则已焉。孔子布衣，传十余世，学者宗之。自天子王侯，中国言‘六艺’者折中于夫子，可谓至圣矣！”

孟子

约公元前372年–公元前289年，名轲，字子舆，鲁国邹（今山东邹城）人。传世有《孟子》七篇。战国时期儒家代表人物。受业于子思，继承、发挥了孔子的思想，成为仅次于孔子的一代儒家宗师，有“亚圣”之称，与孔子并称为“孔孟”。

历代对孔子的封谥

周敬王四十二年鲁哀公诔为尼父；
西汉孝平皇帝元始元年追谥成宣尼公；
东汉孝和皇帝永元四年改封褒成侯；
北魏孝文帝太和元年改谥文宣尼父；
北齐高帝封为素王；
北周静帝大象二年封邹国公；
隋文帝赠先师尼父；
唐高祖武德七年诏以周公为先圣，孔子为先师；
唐太宗贞观二年封为先圣，十一年尊曰宣父；
唐高宗永徽中改为先师，寻复追为先圣；
唐高宗乾封元年追封太师；
唐中宗嗣圣元年封隆道公；
唐则天显皇后天授元年嘉封隆道太师；
唐玄宗明皇开元二十七年谥为文宣王；
后周太祖广顺二年封至圣文宣师；
宋真宗大中祥符元年追谥玄圣文宣王，五年又改谥至圣文宣王；
元世祖中统三年改号大成；
元成宗大德十一年加号大成至圣文宣王；
明太祖洪武元年封宣圣文宣王；
明嘉靖八年改封至圣先师孔子；
清世祖顺治二年诏称大成至圣先师孔子。